U0643710

德国人眼中的
斯大林格勒战役
第六集团军之死

[英] 乔纳森·特里格　著　　　刘萌　译

民主与建设出版社
·北京·

© 民主与建设出版社，2023

图书在版编目（CIP）数据

德国人眼中的斯大林格勒战役：第六集团军之死 /
（英）乔纳森·特里格著；刘萌译. -- 北京：民主与建
设出版社，2023.9
书名原文：The Battle of Stalingrad Through
German Eyes: The Death of the Sixth Army
ISBN 978-7-5139-4400-7

Ⅰ. ①德… Ⅱ. ①乔… ②刘… Ⅲ. ①斯大林格勒保
卫战（1942-1943）－史料 Ⅳ. ① E512.9

中国国家版本馆 CIP 数据核字（2023）第 203651 号

The Battle of Stalingrad Through German Eyes: the Death of the Sixth Army by Jonathan Trigg
Copyright ©Jonathan Trigg, 2022
Originally published in 2022 by Amberley Publishing Holdings Limited.
Copyright in the Chinese language translation (simplified character rights only)：
©2023 Chongqing Vertical Culture Communication Co., Ltd
All rights reserved.

著作权登记合同图字：01-2023-4594 号

德国人眼中的斯大林格勒战役：第六集团军之死
DEGUOREN YANZHONG DE SIDALINGELE ZHANYI DI-LIU JITUANJUN ZHISI

著　　者	［英］乔纳森·特里格	
译　　者	刘　萌	
责任编辑	宁莲佳	
封面设计	戴宗良	
出版发行	民主与建设出版社有限责任公司	
电　　话	（010）59417747　59419778	
社　　址	北京市海淀区西三环中路 10 号望海楼 E 座 7 层	
邮　　编	100142	
印　　刷	重庆市国丰印务有限责任公司	
版　　次	2023 年 9 月第 1 版	
印　　次	2024 年 1 月第 1 次印刷	
开　　本	787 毫米 × 1092 毫米　1/16	
印　　张	19	
字　　数	300 千字	
书　　号	ISBN 978-7-5139-4400-7	
定　　价	119.80 元	

注：如有印、装质量问题，请与出版社联系。

致谢

　　像以往一样，在写作本书的过程中，有许多人给予了我巨大帮助，我要在这里向他们表达感激之情。首先，我要特别感谢二战老兵们，他们慷慨地奉献出自己的时间，热情地为我提供了大量帮助。要知道，他们同我谈论的这些亲身经历可能是整个人类历史上最为恐怖的。在此，我要特别对伊瓦尔·科内留森（Ivar Corneliussen）、鲁道夫·冯·里宾特洛甫（Rudolf von Ribbentrop）和维尔纳·布洛克（Werner Block）表示感谢。我同样要感谢帕特里克·埃里克森（Patrick Eriksson）针对东线德国空军提出的专业建议，特别是关于斯大林格勒空运的细节。我还要向詹姆斯·贝林格（James Beringer）致敬，他一直默默无闻、孜孜不倦地为他的外祖父斯蒂芬·里特利博士（Dr Stephen Ritli）撰写传记。经过几年与斯蒂芬的交谈，以及在斯蒂芬不幸去世后耐心地翻阅他的文件，詹姆斯已经能完成一部巨著，这既是对斯蒂芬·里特利个人经历的总结，也是对匈牙利第 2 集团军军人生活的详细记录，还是对那个时代的独特见证。斯蒂芬·里特利曾在东线担任随军牧师，并以某种方式从斯大林格勒的恐怖战斗中幸存了下来。我希望他的故事能被更多人听到。

　　我要再次对为我提供了海量书信藏品的柏林邮政和电信博物馆基金会表示感谢。我满怀欣喜地看到，其博物馆收藏的德军战地军邮信件在我的上一本书——《德国人眼中的巴巴罗萨行动》中发挥了重要作用，对于本书而言也是如此。如果说这两本书有什么不同的话，那就是读者通过从巴巴罗萨行动开始阅读，然后继续翻阅这些德国老兵在 1942 年和夏季攻势中的战斗故事，会感到更加满意。说到这里，我也深深地感到悲哀，因为我在热切地阅读了许多年轻人的家书后，得知他们的故事将在斯大林格勒战役中结束。博物馆的收藏整理工作仍在继续，我只能认为这是一项"西西弗斯式"的任务，因为国防军成员和他们的家人之间往来发送的信件数量有数千万封之多。但这仍是一份值得投入的工作，因此我为博物馆迄今为止所取得的成就鼓掌，并预祝他们未来一切顺利。与此同时，能够阅读这么多来自德国国防军的普通军人的信件，这对我而言是一份厚礼，我对此万分感激。

引言

斯大林格勒，在人们普遍的认识中，这座城市于 1942 年下半年 ▓
爆发的战斗就是第二次世界大战的转折点。标准的说法是，纳粹德国 ▓
年击败苏联，不过在严寒的冬天里，其企图最终遭遇失败。不甘 ▓
1942 年夏天再度发动大规模攻势，试图彻底赢得东方战争，但这一 ▓
往遥远的高加索地区，夺取传说中的油田。起初，德国人"复制 ▓
不断取得胜利，昂首阔步向前推进。他们的装甲部队不断突破 ▓
垂头丧气的苏军沦为战俘，艰难而茫然地向战俘营跋涉。

然后，就在最后胜利唾手可得之际，德军突然发现自己 ▓
充满破碎建筑和扭曲残骸的工业废墟之中；这座城市的名字 ▓
的代名词。在硝烟弥漫的瓦砾中，战斗艺术的大师们发现 ▓
"绞肉机"中。在这片战场上，他们优越的战术、武器和 ▓
下水道中的苏军毫无作用。在这场最伟大的战役中，德 ▓
短板表现得淋漓尽致。对此，斯大林格勒战役的苏军指挥官瓦西里 ▓
Chuikov）心满意足地回忆道：

他们没有勇气直视全副武装的苏联士兵的眼睛。有一次，我们发现一位敌军士
兵，他身处一个距离后方很远的前沿阵地中……每隔 5 到 10 分钟，他就会用他的

冲锋枪连发射击，显然是为了鼓舞士气。我们的士兵可以找到这样的"战士"，然后悄悄地靠近他们，再用子弹或刺刀解决他们。

崔可夫所言不虚，确实有一位"Landser"（德国前线士兵的绰号，类似于英国人的"Tommy"）在寄给家里的信中写道："只要有一点风吹草动，我就扣动扳机，用机枪连发发射曳光弹……要是你能理解这有多么恐怖就好了。"不过，崔可夫在战役的最后几周也说过这样的话："他们（德国守军）继续生活在希望之中，并且拼了命地抵抗，常常是真正战斗到最后一颗子弹。我们几乎没有抓到什么俘虏，因为纳粹分子就是不肯投降。"这位苏联元帅的前一个断言听起来更像是一种宣传声明，而不是对现实的描述，后一个断言则说出了令人恼怒的真相。

然而，根据对这段战史的标准叙述，随着战役继续进行，苏联红军凭借高超的战技，利用大量新组建的、装备精良的部队，切开了敌人脆弱的侧翼。德军侧翼的守军是由罗马尼亚人、意大利人和匈牙利人等轴心国盟友组成的，这些部队不仅素质很值得怀疑，也不那么可靠。当这些热情不足的盟友扔下他们的武器，在雪地里拼命逃跑时，"猎人"变成了"猎物"，因为曾经十分强大的德国国防军第6集团军发现自己已经被困在城中，而长期以来，他们在城中持续作战，就是想要征服这座城市。希特勒和他懒惰无能的空军总司令——赫尔曼·戈林（Hermann Goering）否决了军事专家们的意见，坚持让被包围的部队就地坚守，挺过苏联的严冬，并让空中运输为其提供所需的全部物资，从而把失败变成了一场灾难。空运很快陷入困境，戈林承诺的物资没有一星半点被送到受困大军的手里。冬天的寒冷折磨着德国人，他们开始被饿死，但激烈的战斗仍在持续。

几个星期过去了，斯大林格勒"口袋"里的生活变得更加悲惨，特别是在被大肆宣传的、被誉为足以解救被围部队的地面攻势未能取得突破的时候。虚弱的德国人拒绝投降，继续战斗，直到不可避免地被俘。随后，成千上万的德国人被噩梦般地囚禁起来，只有极少数人能活着回家。这是一场德国人永远无法挽回的失败，巨大的损失使他们的战争组织从那时起便陷入了瘫痪。以上就是人们对斯大林格勒战役的普遍看法，这种看法在许多方面都非常准确。的确，戈林的空运是一场灾难，但从来没有被当作一个严肃的军事命题来对待，而且苏联红军旨在包围第6集团军的所谓的"天王星行动"虽是一次出色的反攻，但远非斯大林格勒战役的全部。事

4

实上，这场战役的全貌远比任何故事都要更加迷人。

在盟军为击败邪恶的纳粹德国所进行的漫长而又代价高昂的斗争中，选择任何一场战役，并绝对肯定地说这场战役是整场战争的转折点，那都是一个大胆的举动。毕竟，在1943年夏天，德军在库尔斯克的失利造成了更为严重的后果。然而，想要对1941年纳粹德国入侵苏联的行动（巴巴罗萨行动）的最终失败避而不谈，而只用单纯的眼光来看待斯大林格勒这场关键战役，这是非常困难的。这正如德军装甲指挥官埃瓦尔德·冯·克莱斯特（Ewald von Kleist）对巴巴罗萨行动的评价："胜利的希望很大程度上建立在这样一种前景上，即入侵会在俄罗斯引发政治动荡……并且如果斯大林遭受惨败，他就会被自己的人民推翻。"克莱斯特将德国人的观点总结得很好。或许，唯一值得商榷的地方是，希特勒认为会导致苏维埃国家崩溃的是红军的军事失败而不是民众的起义。不管克莱斯特的评论是否符合现实，几乎没有争议的是，当希特勒臭名昭著的宣言——德国国防军只需要踢开大门，整个破败的房屋就会倒塌——没有实现时，纳粹德国的东方战略就被搁浅了。那么，究竟如何才能赢得战争呢？

事实上，当时德国人还不知道这些。在此之前，他们入侵过的每一个国家都投降了，这些国家的政府要么乞求和平，要么被迫流亡海外。但当大不列颠和她的帝国站稳脚跟时，希特勒没有找到答案，而在苏联时，他也同样没有找到答案。以希特勒为首的所有德国人，都在考虑即将到来的最后胜利——期待已久的"Endsieg"。届时，第三帝国将控制一个横跨欧陆的帝国，从而拥有其所需要的全部资源，还不必担心英国对世界航道的掌控。然后，柏林可以在闲暇时——可能是在丘吉尔被打发走，白厅的糊涂傻瓜们接受了不可避免的结果时——与伦敦打交道，并达成某种协议。但要做到这一点，纳粹必须首先通过摧毁苏联来巩固其帝国，而大多数德国人都认为这个目标尽在掌握中。这正如面容油滑的党卫军情报主管沃尔特·谢伦伯格（Walter Schellenberg）所说的那样："我们仍然站在令人眩晕的高处，纳粹领导人相信胜利就在眼前。"

有趣的是，谢伦伯格在自己的回忆录中写他强烈地感觉到，与斯大林式的共产主义达成某种政治和解才是正确的前进方向，但这很难不被认为是"事后诸葛亮"。事实上，希特勒无意与斯大林或苏联人民达成任何形式的和解，这位纳粹霸主对他们只感到深恶痛绝。由于病态地执迷于自己的意识形态，这位纳粹最高领导人无法寻找一份政治解决方案，唯有诉诸武力。因此，斯大林只能在灭亡或胜利之间做出选择。不难猜测，这位苏联领导人肯定会选择后者。

1942 年，德国在东线战场缺乏切实可行的战略，无法赢得胜利，但这并不是希特勒一个人的责任。德军总参谋部同样无计可施。正如其无法也不愿阐明一条政治上的前进道路，并且也未能在 1941 年取得全面军事胜利一样，纳粹德国的军事智囊团对上述问题同样无所适从。我们的老朋友埃瓦尔德·冯·克莱斯特也谈到了同样的问题，他承认"当时没有进行长期斗争的计划。一切都建立在于 1941 年秋季前结束战争并取得决定性胜利的想法上"。由于未能取得"决定性胜利"，将军们唯一的答案就是再来一次同样的行动，再发动一次大规模进攻。但对哪里发动进攻，又为了达到什么目标呢？更喜欢执行军事行动而不是制定大战略的将军们，听从了希特勒的意见。希特勒不把攻占莫斯科或全面摧毁红军作为战略目标，而是把注意力聚焦在了他确信自己了解而他的将军们（很明显，希特勒觉得他们智力低下）不了解的主题——经济上。当"大德意志总参谋部的绅士们"谈论着前进、突破和包围时，希特勒却在谈论煤炭、钢铁，尤其是石油。因此，随着 1942 年新年天气转暖，德国国防军再次发动攻势。但在苏联人看来，令人费解的是，纳粹并没有试图攻占莫斯科，而是在南方发动进攻，向神秘而多山的高加索地区的"石油天堂"推进。

高加索地区实际上是连接欧洲和小亚细亚的巨大大陆桥，其西濒黑海，东临里海，是一个幅员辽阔、历史悠久的地区，也是众多民族和族群的家园，这里既有基督徒，也有穆斯林。这亦是一片偏僻的土地。一百多年来，从外部频繁造访此地的都是一些探险家和冒险者。直到 19 世纪，罗曼诺夫沙皇的军队才一块又一块地蚕食了这片土地。当地人曾尝试过摆脱俄罗斯（后来是苏联）的统治，但都以克里姆林宫的血腥镇压而告终。后来，克里姆林宫在发现高加索的地表下方大部分都是无穷无尽的石油潮时，就更加坚定地要攥住此地的山脉和峡谷。正是这种丰富的自然资源推动了苏联潜在的工业化进程，使苏联的石油资源几乎与美国的一样丰富。

然而，高加索地区甚至距德国东线军队（Ostheer）部署在最前沿的阵地都很遥远。事实上，从格尔德·冯·伦德斯泰特（Gerd von Rundstedt）的先头部队所在地到里海石油城市巴库的距离大约是 800 英里（1 英里约为 1.6 千米）——比这老将在巴巴罗萨战役中成功推进的距离还要远一点。为了攻下距离如此遥远的目标，纳粹集结了一支庞大的军队。这支军队不仅包括第三帝国于战争的第三年所能拿出的最好的部队，而且还包括四个来自盟友的整编集团军，这四个集团军将在未来的战斗中发挥极其重要的作用。

不过，就像巴巴罗萨行动一样，柏林低估了发动一次成功的进攻所需的要素，并且当红军表明其已从一年前的夏天吸取了教训，拒绝傻站在巨大的包围圈中，等着被摧毁时，德国人发现自己已经进入了一个死胡同，而这个僵局正是他们亲手制造的。由于没有取得一场压倒性的胜利，纳粹在作战上肆意妄为的嗜好再次抬头，他们将步兵部队与装甲部队派往不同的方向，打算攻取截然不同的目标。斯大林格勒从来不是这些进攻的目标之一。它之所以成为目标，更多是缘于偶然事件和希特勒与生俱来的固执，而不是缘于任何战略计划。双方为这座城市展开的激烈战斗，使这场战斗本身被赋予意义。第 6 集团军及其指挥官弗里德里希·保卢斯（Friedrich Paulus）意外地成为德国在东方战争中的"进攻矛头"，或者说"进攻重点"（schwerpunkt）。

事实上，德国第 6 集团军是一个拥有强大力量的军事组织。然而，斯大林格勒的战斗却暴露了当时德国国防军最大规模野战部队的内在矛盾，也暴露了其指挥官的矛盾——这位将军擅长参谋工作，但在斯大林格勒时严重失职。尽管德军士兵在白热化的巷战中表现出了一定的脆弱性，但正是保卢斯的战斗指挥削弱了他自己的军队。

整个秋季，保卢斯都在尝试使用"棍棒"而非"剑锋"来打击苏军，他想要通过强大的火力和猛烈的攻击来压倒对方，从而赢得战斗的胜利。挫败这样的战略并不容易，但也不复杂，随着红军逐渐适应了这样的进攻节奏，德国人——更具体地说是他们的指挥官——却感到不适应了。一个实力超强且泰然自若的作战组织被迫在不断爆发的零星战斗中消耗力量，这是一种巨大的浪费，因为这些战斗只能带来一个结果，那就是大量的流血和死亡。谨慎的保卢斯最终在一系列攻势中耗尽了他的部队。这些攻势更像是第一次世界大战的消耗战，而不是第二次世界大战的机动作战。在当年秋季的 9 月和 10 月，正是这些战斗致命地削弱了第 6 集团军的实力，然后任由它自生自灭。

缺乏想象力的保卢斯与苏联人形成了鲜明对比，因为红军在 11 月中旬发起了天王星行动，切断了第 6 集团军的生路。天王星行动的成功一直被人们认为是纳粹德国的盟友软弱的表现所导致的，但现实情况要微妙得多，特别是一些罗马尼亚部队在缺乏空中支援和重型武器的情况下，仍然进行了激烈的抵抗，随后才在混乱中撤退。

苏联在天王星行动中的成功，也应该放在这次进攻的"老大哥"——火星行动，几乎是在同一时间于战场北部发起的行动，旨在摧毁中央集团军群（Heeresgruppe Mitte）下辖的第9集团军——血腥失败的背景下来看待。火星行动在规模上远超天王星行动，却成了沉重打击红军的血腥"绞肉机"，因为第9集团军指挥官沃尔特·莫德尔（Walter Model）表现出了保卢斯明显缺乏的果断和狡猾，而苏联人则显得迟钝而笨拙，这与纳粹在南方的斯大林格勒战役中的表现相似。

那时，随着保卢斯的部队被苏军包围，德国人开始幻想利用空运来解除困境。关于斯大林格勒空运的主题，与斯大林格勒这场战役的许多其他主要方面一样复杂而又矛盾。这是希特勒绞尽脑汁想出的一个神话，他疯狂地想要将其坚持执行下去，但事实证明，这仅仅是一个神话。德国空军的高层人物被深深地卷入了这个显然带有缺陷的战略中，但当战略不可避免地出错时，他们却热衷于与它保持距离，这就像一些陆军将军，他们最初认为可以取代空运计划、拯救德国军队的突围计划也将是一个代价高昂的错误。

与空运有关的第二个谬论是，正是由于空运的食物不足，才导致了第6集团军的厄运。这犯了将问题过度简单化的毛病。事实上，弹药和燃料的缺乏对被困士兵造成的伤害更大。这两样远比德国陆军配给的面包（kommissbrot）更重更大的东西，才是维持第6集团军继续生存的关键。至少在开始时，大多数人还能靠丁点口粮勉强生存，但由于没有子弹可以发射，也没有汽油可供他们自己和重型武器在战场上机动，他们就只能坚守在原地，偶尔向蜂拥而来的苏军开上一枪。炮弹，是关键中的关键。无论在防御中还是在进攻中，炮手都是无价的，并且在斯大林格勒这样的静态战役中，他们的高爆威力和致命弹片都占据着主导地位，但随着库存炮弹逐渐被耗尽，第6集团军的希望也随之破灭。最后，德国人、罗马尼亚人、克罗地亚人和"希维人"（Hilfswillige，字面意思是"愿意为德军提供帮助的当地人"）[1]，这些被困的幸存者已没有东西可供战斗了。

他们打的这场战斗是一部惨烈的史诗。苏军的损失是巨大的，而且从未被真正承认过。对于轴心国来说，总共有五个独立的集团军在火光中消失，包括：罗马尼亚两个集团军，德国、意大利和匈牙利各一个集团军。不过，德国继续战斗（其盟友也是），并且在第二年夏天的库尔斯克战役中再次拥有了扭转东方战场局势的机会。石油——表面上是 1942 年德军发动夏季攻势的起因，但这一作战目标却几乎被随意地抛在一边——仍是纳粹的一个巨大问题。尽管如此，在没有高加索的石油助力的情况下，德军仍坚持到了 1945 年春。

那么，斯大林格勒战役真的像许多人所认为的那样，是二战的转折点吗？曾领导德国海军并在希特勒自杀后接任国家元首的卡尔·邓尼茨（Karl Dönitz）认为："在斯大林格勒战役之后……很明显，我们已经失去了赢得对俄战争的希望。"秉持这种观点的，远不止他一人。1943 年 2 月 4 日，就在第 6 集团军投降的几天后，一份由党卫军帝国保安部（SS Sicherheitsdienst，或缩写为"SD"）编制的内部安全报告指出，"（平民百姓）普遍认为，斯大林格勒战役标志着战争的转折点"。[2] 这也许是对这场战役最具说服力的反映。这场灾难对德国来说是如此深刻，以至于全国几乎没有一个家庭未受到影响，每个家庭都有儿子、父亲、叔叔、表弟或侄子在斯大林格勒丧生，或者在苏联的劳改营中消失——在这里就等于被判了死刑。长期以来，德国人已经习惯了几乎无穷无尽的胜利，因而斯大林格勒战役才在其民族意识中留下了不可磨灭的印记，并打击了他们对于最后胜利的信念的基石。

不管是不是二战的转折点，都没有什么能削弱这样一个事实：即使在空前野蛮的苏德东线战场，斯大林格勒战役在人们的想象中也占据着特殊的恐怖地位。这场战役不是在开阔的草原、沙漠或茂密的丛林中进行的，而是在今天居住于城市中的我们所熟知的房屋内、工厂里和街道上进行的。一提到"斯大林格勒"这个名字，就让人联想到烟雾、大火、瓦砾，以及扭曲的大梁躺在成堆的碎砖上的画面——这里没有任何荣耀或浪漫。这是对一整支由人和他们的武器所组成的军队彻底、完全的毁灭。这是德国人及其盟友眼中的战役。这就是斯大林格勒战役。

注解

1. "希维人"，其中大部分是被德军俘虏的红军，他们自愿与之前的敌人一起服役，主要从事一系列辅助工作。这些工作包括搬运弹药，维修装备，准备食物和挖掘战壕等。随着时间的推移，许多"希维人"作为辅助人员直接参与了战斗。随着德军的损失增加，"希维人"的人数增多，占到德军部队总编制人数的30%。到战争结束时，几乎有200万"希维人"在德国国防军中服役。

2. Evans, Richard J., *The Third Reich at War*, p.421.

尊敬的读者：

如有产品质量问题，我司予以免费调换，感谢您的理解与支持。

24小时服务热线：15023072830

15823537938

合格证

检验工号：08

对本书的几点说明

德国人直到 1942 年 8 月才真正到达斯大林格勒市区，但我觉得从这一时间点才开始进行叙述，会对整场战役（斯大林格勒市区的战斗只是其中一部分）的完整性造成巨大破坏，同时也会欺骗读者。为了试图理解在斯大林格勒市区发生的事情，绝对有必要从几个月前开始说起，当时德国人做出的所有关键决定都最终导致第 6 集团军的毁灭，尤其是任命弗里德里希·保卢斯为该集团军指挥官的决定。从那时起，一连串始料未及的事件发生了，它们共同导致了最后的结局——第 6 集团军在茫茫雪地上投降。这就提出了一个问题，第 6 集团军的覆灭是不可避免的吗？我认为不是，但对于这个最棘手的问题，我将留给读者，相信读者能做出自己的判断。在像斯大林格勒这样的战役中，关于高级军事指挥官和政治领导人之间进行讨论和出现分歧的资料是密切联系且非常庞杂的。我并不认为希特勒和他的将军们当时所说或所写的大部分内容都是无益的，但与此同时，我一直坚定不移地致力于用这些生死攸关的当事人的话语来盖过那些嘀咕，对我来说，他们的生命和死亡才是这场战役的本质。

就叙事本身而言，我选择并采用了一些技巧。我希望这些技巧既能改善文章本身，又能帮助读者更好地理解故事的起承转合。我知道有些读者可能会对书中的一个或多个观点表示反对，但如果是这样的话，我请求原谅。

首先，在战争期间，大多数德国人使用"俄国人"一词来指代在当时还未解体的苏联国家和还未瓦解的苏联红军中的任何人，尽管苏联囊括众多民族国家和族群。为了方便起见，我也沿用了这个词。

战后，许多地名都发生了改变。最为明显的是，曾经隶属苏联，但在后来成为其他国家一部分的地区，例如一些曾是苏联的地区组成了现在的乌克兰。在这种情况下，我采用了混合搭配的方法，即大多数地名使用了当时的拼写，再在其后的括号内给出了现在的名称。但也有一些例外。我一直把俄罗斯北部被围困的城市称作"列宁格勒"（Leningrad），而不是"圣彼得堡"（St Petersburg）；出于显而易见的原因，我一直使用"斯大林格勒"（Stalingrad），而不使用其现在的名称——"伏尔加格勒"（Volgograd）。

我对数字的表述也采取了类似的方法。因此，对于一些数字，我使用了"3512"这样的数字来表述，而对于另一些数字，我使用了"50万"这样的表述。我再次承认，这可能会让一些读者感到困惑，但我请大家原谅。我的理由是，充斥着精确数字的叙述会增强文章的准确度，但同样会使文章失去流畅性，由此付出的代价甚至会更大。

关于德国的军事单位，我使用了德国自己的命名法，例如将第71步兵师写成"71. Infanterie-Division"或简写为"71.ID"。我还适时地使用"kompanie"和"bataillon"来表示连和营。我也选择德国的命名法来标注德军军衔，所以上尉是"Hauptmann"，上校是"Oberst"，等等。武装党卫军成员是例外，我使用了该部队自己特殊的军衔来称其成员，例如"党卫军一级突击队中队长"（SS-Hauptsturmführer）等。附录中有一张德军和英军的军衔对比表，不过我省略了武装党卫军军衔的对比表，因其在本书中很少被使用。

我还认为，如果读者能大致了解德军部队在编制数量上的情况，这将有助于理解本书。单位——或我们谈论的连、营等这些次级单位——有所谓的"编制"，这是次级单位或单位在纸面上的实力，装备表、口粮卷等都是根据它来制定的。然而，尽管了解编制是有帮助的，但事实仍然是，军事编制中的数字仅仅是一种指导，而不是硬性规定，尤其是在像苏德战争这样惨烈的冲突中，经常发生骇人听闻的伤亡，因此编制和现实不符的情况经常会发生。话虽如此，编制指南虽然可能并不精确，也无法提供确切的数值，但仍然是有用的。

1个德国集团军通常由2个到5个军组成，1个军又由2个到3个师组成。每个德军步兵师（陆军的主力）拥有 12000 人至 17000 人不等，但有一些特殊的步兵师可能规模会更大，其兵力可能有 19000 人至 20000 人。每个步兵师由 3 个步兵团、1 个炮兵团，以及工兵、信号、后勤等辅助单位组成。但装甲师的编制有所不同，猎兵师（jäger）或专业山地师也是如此。德军的 1 个团在规模上与英军的 1 个旅差不多，其下辖 3 个营，每个营有 800 人至 1000 人不等，但有时 1 个营的兵力可能减至 600 人。每个营由一名少校指挥，并下辖 4 个各 200 人的步枪连，另外还有 1 个装备迫击炮、机枪、轻型加农炮和反坦克炮等重型武器的支援连。1 个连下辖 4 个排，通常由一位上尉指挥。每个排约有 40 人，由一名军官负责指挥，通常是一位中尉（Leutnant），不过在多数情况下，由于没有军官可用，各排会由一名高级士官（如中士）指挥。

目　录

CONTENTS

CONTENTS

巴巴罗萨行动失败后

他把手指垫在下颌，目光紧紧盯着对面的墙壁，但视线没有焦点，因为他正在琢磨着什么——那是一份文件，就躺在他面前巨大的桌子上。他摘下一副圆框眼镜，除了他的小圈子，没有人知道他戴这副眼镜；为了维护精心打造的"刀枪不入"的公众形象，他不允许任何摄影师拍摄自己戴眼镜的照片。然后，他靠在椅背上，心不在焉地翻着双倍行距、超大字体的报告，但他并没有真的在读，因为报告的细节早已刻在了他的脑海中。

这份报告盖着"东线外军处"（Fremde Heere Ost，简称"FHO"）的官方印章，该处的新上司——面相狡诈的莱因哈德·盖伦（Reinhard Gehlen）被征召来，以接替埃伯哈德·金泽尔（Eberhard Kinzel）。后者因在一年前的巴巴罗萨行动中表现不佳，失误明显，而被贬为元首后备军（Führerreserve，等待调动的半退休军官，有的永远不会被再次任用）。戴单片眼镜的金泽尔在诸多方面都出现了误判，包括但不限于：长期低估苏联空军（Voyenno Vozdushnye Sily，简称"VVS"）的实力，不知道苏军拥有超一流的 T-34 坦克，但最致命的是，他没有预见到莫斯科在不到两周的时间内就迅速动员了数百万人的大军，尽管他们每两个人才能分到一支步枪，而且只能用草绳代替腰带。之后，苏联红军遭受了战争史上前所未有的损失，但同样是这些装备简陋的平民，在纳粹侵略军向莫斯科发起最后一击之前，就已经将敌人的锐气消磨殆尽，令其成为强弩之末。

台风行动（Operation Taifun），这场德军针对莫斯科的最后攻势完全失败了。作为行动中的攻击部队，中央集团军群在缺乏食物、燃料、弹药和适当御寒衣物的情况下被困于严冬的雪地中，而且苏军随后发动的反攻又使他们付出了沉重的代价。德军在巴巴罗萨行动中投入的入侵部队——毫无疑问是整场战争中集结的最强部队——如今纷纷在雪地中倒毙，德军最好的空中和地面编队也逐渐消耗殆尽。希特勒不顾将军们的劝阻，命令惊慌失措的部队在原地坚守。这些部队有时候不得不在开阔的大草原上挖掘冻土，构筑工事，以抵御苏军的反攻。希特勒的决定挽救了军队，但德军伤亡之惨重还是令人瞠目结舌，而且随着这个独裁者对军官团失去信心并将大批高级军官解职，德军的"损失"又被进一步增大。

被解职的将军包括格尔德·冯·伦德斯泰特和海因茨·古德里安（Heinz Guderian）。伦德斯泰特是德军中的老前辈，属于普鲁士传统军事阶层，这一阶层自俾斯麦统一战争之前就构成了德国国家力量的支柱；古德里安则自封为德军引以为豪的装甲部队（panzerwaffe）之父。在其他四十多名被解职的将领中，有费多尔·冯·博克（Fedor von Bock）、威廉·冯·勒布（Wilhelm von Leeb，伦德斯泰特的同僚、集团军群指挥官）和艾里希·霍普纳（Erich Hoepner，与古德里安一样，为装甲部队指挥官）。不过，被解职的最高将领毫无疑问是时任德国陆军总司令（Oberbefehlshaber）的瓦尔特·冯·布劳希奇（Walther von Brauchitsch）。萎靡不振的布劳希奇被希特勒本人所取代，后者坚信是与生俱来的直觉——以及身为一战下士传令兵的战场经验——使自己成为手握如此重权的理想人选的。阿道夫·希特勒此时将自己封为“德国国防军最高统帅”（Oberkommandierender der Wehrmacht）。

就像他的死对头斯大林在 20 世纪 30 年代所做的那样，希特勒这时候已经将其军队中最资深的一批将领清洗掉了，尽管没有诉诸公开审判，也没有进行大规模处决，留下来的人则因胆怯而不敢挑战他的权威。

在被解职之前，伦德斯泰特和勒布接受了巴巴罗萨行动已经失败的判断，他们呼吁国防军撤回到旧的波兰边境上，而且可能的话，甚至寻求与莫斯科达成某种和解。但他们刚意识到这一点，就被迫退休了，这使得他们的话语权被大大削弱。此时，希特勒的随从中只剩下阿尔弗雷德·约德尔（Alfred Jodl）和威廉·凯特尔（Wilhelm Keitel）。威廉·凯特尔也被称为“莱克特尔”（Lakeitel），这个名字是一个双关语，有“仆人”之意，连希特勒都形容他只拥有“一位电影引座员的智商”。从军事角度来看，最后一位有希望影响纳粹领导人的将领是弗朗茨·哈尔德（Franz Halder）。作为一名彻头彻尾的职业军官，哈尔德的情绪也很不稳定，他常在赢得彻底胜利的狂喜和陷入毁灭性失败的预感之间剧烈摇摆。由于在任何时候都未能成功抵抗希特勒的要求，哈尔德已陷入深深的妥协之中，他建议东线德军坚守目前阵地，并用一年的时间来巩固他们的战果，但这一建议被上级轻易地忽视了。希特勒，也只有希特勒，才能在 1942 年对东线德军的行动做出最终决定，他的决定被奉为圣旨，写在他桌上的皮面报告书里。

此时，随着苏联这头巨熊终于在春天的融雪中挣扎起来，这位当时已是纳粹德国军事和政治的最高领导人面临着一个重大决定。下一个作战季即将到来，纳粹德国应该采取什么样的战略呢？法国的地中海和大西洋海岸当时正固若金汤，英国皇家空军轰炸机司令部对第三帝国的空袭有点麻烦，但仅此而已。在政治版图支离破碎的南斯拉夫，鉴于共产主义游击队奋起抵抗，德国国防军参与到一场血腥的清剿行动当中，但大部分战斗任务由当地兴起的法西斯民兵、德军的帮凶和意大利人承担了。德军在苏联以外唯一的一处战场在北非。在那里，埃尔温·隆美尔（Erwin Rommel）的非洲装甲军团（Panzerarmee Afrika）在埃及和利比亚北部所向披靡，但其能否取得最终胜利将取决于援军和补给抵达的时间。德国海军试图切断英国横跨大西洋的重要补给线，同时摧毁前往苏联港口的盟军援助船队，但希特勒"是一头大象，而不是一头鲸鱼"，他与海上战争毫无瓜葛。这就仅剩下俄国战场，但那里的局势可以说是一片混乱。

格奥尔格·冯·库勒（Georg von Küchler）的北方集团军群——永远是德军东线各集团军群中兵力最弱的一个——被卷入了沃尔霍夫河（River Volkhov）河畔的一场战斗。当时，苏军正试图突破列宁格勒的包围圈，而京特·冯·克鲁格（Günther von Kluge）的中央集团军群仍在埋葬死者，并且计算着台风行动失败的代价。这就只留下南方集团军群。从许多方面来说，南方集团军群都是东线德军三大军事集团中的异类，其特殊之处主要有两点：一是只有该集团军群或多或少地实现了其在巴巴罗萨行动中的作战目标——占领乌克兰，并在灾难性的基辅战役中歼灭了当面的大部分苏军；二是其作战序列囊括了参与东方战争的所有主要轴心国盟友的部队。

不过，盖伦的报告并没有谈到东方的轴心国部队，他的情报部门被专门指派去评估和分析莫斯科的军事机器，以便希特勒和将军们能够决定适当的行动方案，而盖伦很清楚在1941年漫长的战局中，一连串的失败已经使苏联的实力大打折扣。凭借在极具破坏力的"歼灭战"（vernichtungsschlachten）方面具有的优势，德国国防军在苏联西部各共和国共发动了惊人的22场歼灭战。红军在这些战斗中损失了25000多门火炮和14000多辆坦克。红军人员方面的损失也十分巨大：至少有200万人死亡和受伤，还有300多万人被俘虏，而这些战俘的绝大部分因德国军事当局的忽视而最终死于饥饿、干渴和疾病，这几近于种族灭绝。盖伦的主要观点是，由于这些损失，苏军的前线兵力已经减少到400万人左右，这使德国此时终于可以看到莫斯科人力资源的极限了。盖伦还预测在符合年龄条件的人中，莫斯科只能征召到200万人。[1] 盖伦继续阐述了他的观点，他认为红军发动的冬季反攻实际上已经致命地削弱了它自己，其人员的损失是空前的，而莫斯科正在努力弥补这一损失。的确，这位身材矮小的情报官员对这一分析结果深信不疑，他向柏林战争学院的学生们介绍说："敌人再也无法承受其在比亚韦斯托克战役和维亚济马—布良斯克战役（分别于 1941 年 6 月和 10 月进行）中遭受的那种损失了。他们也不能……像去年冬天那样把后备部队都派上前线，以改变作战力量的平衡。"

在整个夏季以及随后的时间里，这种观点都在德军指挥层中占了上风。9 月 9 日，东线外军处的后续报告进一步声称，苏联已经没有值得一提的预备队了。正如一位党卫军高级军官当时所说的那样："我们国防军的领导人对我军的进攻力量和战略战术指挥的优势充满信心，但显然低估了……红军的实力……俄罗斯大草原的广袤和该国的气候条件。"

盖伦这份过于乐观的报告正是希特勒喜闻乐见的。希特勒没有兴趣彻底检查和分析巴巴罗萨行动出了什么问题——真相将令人不快——相反，他愿意相信纳粹距离胜利只有一步之遥，而他的情报主管也正是这样告诉他的。当一名高级军官反驳了这一观点，并告诉希特勒，据可靠消息称，苏联此时在坦克产量上已超过德国，并且每月有 600 多辆坦克从苏联的生产线上下线时，这位独裁者用拳头砸向桌子，大喊道："不可能！"他认为："我军只需要再重击几下俄国人……然后你就会发现，俄国巨人是站在泥地上的。"

这时，在宽敞的总理府办公室里，希特勒靠在椅子上，一边微笑，一边轻拍着盖伦报告的皮制封面，认为这情有可原。他一直都是对的，斯大林的红军是"凑不成的同花顺"，德国军队自己的情报已经证明了这一点。任何与之相反的观点或不同的声音，都不会出现。毕竟，在任何有权威的职位上都没有人敢挑战希特勒。瓦尔特·冯·布劳希奇——甚至在他被解职前，一场痛苦的离婚就使他在经济上无可救药地陷入了困境——此时于默默无闻中憔悴、衰老，而国防军总司令威廉·凯特尔和国防军作战参谋长阿尔弗雷德·约德尔又都是希特勒的应声虫。只有担任陆军最高司令部参谋长的弗朗茨·哈尔德对盖伦的报告提出了异议，他曾对红军在遭受巨大损失后难以置信的恢复能力感到惊讶。他记得这一点，但没有一再强调，而是任由自己被希特勒的乐观主义压制，就像一年前的夏天那样。

然而，一个黑暗的污点破坏了这种乐观。这个污点有一个名字，那就是"石油"，或者更确切地说，纳粹德国缺乏石油。早在 1917 年，脾气暴躁的法国总理乔治·克莱蒙梭（Georges Clemenceau）就曾写信给美国总统伍德罗·威尔逊（Woodrow Wilson），感叹汽油在战争中与血液一样重要。25 年后，阿道夫·希特勒也完全认同一这一观点。问题是，第三帝国只有少量来自奥地利几口油井的石油供应国内，而且英国皇家海军的力量切断了德国与世界石油市场的联系。早在 1936 年 8 月，希特勒就预见到了这一问题，他命令纳粹德国经济"四年计划"的负责人——戈林为一场不早于 1940 年开始的战争做准备，而石油将是赢得这场战争的关键。

戈林的战略是把国内石油产量提高到每年 100 万吨左右，这主要将通过应用最新科技和进口来完成。前一种方式指的是制造合成油。这是德国首创的从煤中提取石油的工艺，尽管造价昂贵，但到了 1940 年，它可为柏林提供 270 万吨石油。由此生产的石油的产量在第二年再次增长，并在 1942 年达到了惊人的 400 万吨。然而，由于战时的石油年消费量约为 750 万吨[2]，这仍然是不够的。

这一缺口是通过进口来填补的。一部分进口石油来自匈牙利的小型油田，还有近 60 万吨石油是从苏联运来的，这是与 1939 年《苏德互不侵犯条约》一起签署的经济协议的一部分。最大的石油进口份额来自罗马尼亚王国。以南部城市普洛耶什蒂（Ploieşti）为中心的罗马尼亚油田是全欧洲最大的油田。在 20 世纪 30 年代初，该油田每年向德国提供约 50 万吨的石油。到 1941 年，这一供应量增长了两倍。[3] 这就解释了希特勒无端恐惧的来源，他一直担心苏军的空中力量会以克里米亚和俄罗斯南部为跳板，轰炸这一重要的资源基地。事实上，苏联空军在 1941 年 7 月 13 日对普洛耶什蒂的猎户座炼油厂发动了一次攻击。这次攻击致使大约 17 个储油罐被烧毁，火势经过一天多才得到控制，并造成 9000 多吨珍贵的石油损失。柏林方面的反应是在该地区部署大量战斗机，专门负责保护石油设施。在四个月内，派驻普洛耶什蒂的德国空军飞行员在该地区上空击落了 143 架苏联轰炸机，严重削弱了苏联空军的轰炸机机群并保护了石油工业区。

发起巴巴罗萨行动后，从苏联进口石油的渠道就此被切断，但德国人可以窃取他们新征服的"欧洲帝国"的石油储备，以填补这一缺口。在斯堪的纳维亚和西欧，德国调查小组对油库和储油设施进行了调查，并没收了大部分相关设施，这导致当地居民越来越依赖自行车和马匹进行运输，并使当地本已脆弱的经济陷入了瘫痪。法国是最大的受害者，该国被剥夺了战略储备，只能靠战前石油消费量的 8% 来维持生计。

总的来说，纳粹从法国、比利时、荷兰等国窃取了 60 万吨石油，但这只是"一锤子买卖"。1941 年 3 月，柏林战争经济和军备办公室主任、军事经济学家格奥尔格·托马斯（Georg Thomas）将军撰写了一份报告，预测到同年 10 月下旬，战争对石油的需求量将会越来越大，这意味着第三帝国将不得不使用自己精心管控的战略石油储备。[4] 这些石油储备极少，并且在整个战争期间从未超过 300 万吨——只相当于不到 6 个月的消耗量。

更大的问题是，罗马尼亚缺乏有效的石油钻井能力。投入设备和新油井勘探的资金不足意味着，罗马尼亚油田的石油产量实际上在逐年下降，其年产量从 1937 年的 870 万吨减少到 1941 年的 560 万吨，而这时恰恰是纳粹战争机器迫切要求增加石油产量的时候。纳粹对罗马尼亚的军事独裁者扬·安东内斯库（Ion Antonescu）进行了慷慨激昂的劝说和鼓励，但得到的答复是"罗马尼亚已经尽其所能，她没法付出更多了"。[5] 安东内斯库并没有夸大其词。为了维持对第三帝国的出口，他被迫将自己国内可用石油的消耗量削减至和平时期的 20%，这极大地削弱了王国国内尚不成熟的工业部门。德国也做了同样的事情，并且还征用了该国大部分民用车辆以用于军事用途，虽然这有助于削减需求，但石油产品的匮乏还是严重阻碍了军备生产。

在轴心国当中，饱尝缺油之苦的并不只有德国和罗马尼亚，正如意大利法西斯外交部部长加莱亚佐·齐亚诺伯爵（Count Galeazzo Ciano）在 1941 年夏天的日记中写到的那样："只有一个难题——缺乏石油。现在，我们仅有 10 万吨……"与轴心国的石油匮乏形成鲜明对比的是，英国仅在 1942 年就从美国进口了 1000 万吨石油，而且还从中东的伊朗和伊拉克的油田进口了更多石油——大不列颠的上空灯火辉煌，并且从未有熄灭的危险。

在希特勒看来，解决第三帝国石油问题的办法很简单——拿下高加索。高加索地区的苏联加盟共和国拥有十分丰富的石油储量。现位于车臣的格罗兹尼（Grozny）油田和位于现俄罗斯阿迪格共和国的迈科普（Maykop）油田的石油年产量都在 200 万吨左右，而远在苏联阿塞拜疆的巴库（Baku），其石油年产量于 1942 年达到了惊人的 2400 万吨。[6] 这些地方出产的石油先被油轮运到阿斯特拉罕（Astrakhan），然后再被驳船沿着伏尔加河向北运送到苏联的心脏地带。

早在 1940 年 7 月 31 日，希特勒就在他位于巴伐利亚阿尔卑斯山脉（Bavarian Alps）贝希特斯加登（Berchtesgaden）附近的伯格霍夫山庄（Berghof）内举行的战争计划会议上，提议夺取高加索油田。他设想了一个钳形攻势，其中一支部队将从俄国南下，而另一支由隆美尔领导的非洲军团将向北推进。尽管这个想法明显非常荒唐，但它却被巴巴罗萨行动的入侵部队的官兵广泛接受。在一年前的夏天，发动战争的前夕，坦克驾驶员理查德·冯·罗森（Richard von Rosen）在苏波边境的森林里思考着他和他的坦克手们正在做的事情，他想："……要么苏联允许我们自由进入波斯或伊拉克……要么我们去解救隆美尔。"梅塞施密特 Bf-110 战斗机飞行员约翰内斯·考夫曼（Johannes Kaufmann）认为："我们是一个巨大的钳形攻势的一部分，旨在困住在中东活动的英军和自由法国军队。钳形攻势的南翼将由北非的德国部队和意大利部队组成。"当时，年轻的奥托·斯科尔兹内（Otto Skorzeny）还推测：

> ……我们的目标将是波斯湾的油田。俄国将给予德国军队自由通行权，我们将穿越高加索地区，进入伊朗……另一个传言是，我们将通过土耳其进军埃及，以夹击的方式包围英国部署在近东的军队。

为了以防万一，这名未来的党卫军突击队指挥官还随身携带了一本 T.E. 劳伦斯所著的《智慧七柱》。

1942 年春，希特勒正在考虑下一步行动，但他并不是唯一一个对石油痴迷的人。针对德国国防军后备军司令兼军备供应办公室主任弗里德里希·弗洛姆（Friedrich Fromm）关于石油短缺的警告[7]，阿尔弗雷德·约德尔的国防军作战参谋部（Wehrmachtführungsstab，简称"Wfst"）撰写了一份报告。该报告指出：

> 明年，原油供应将是我们国防能力的薄弱环节之一……各类原油的短缺已经达到了限制陆军、空军和海军作战自由的程度，并妨碍了战时的生产。

格奥尔格·托马斯甚至更加直率，他告诉戈林和凯特尔，说："现在有一件事是清楚的……没有俄罗斯的石油，德国的战争机器从现在开始一定会变得越来越无力。"早在 1941 年年初，第三帝国低效的军事情报部门——"阿布维尔"（Abwehr）就开始着手解决这一问题。该部门组建了一支包括一些反共的格鲁吉亚移民（émigrés）在内的约 100 人的部队，以便其在苏联开始解体的那一刻冲向高加索的油田。在那里，他们将确保油井的安全，并尽快使其恢复生产，以利于帝国的发展。

当巴巴罗萨行动失败后，这支部队被留在了罗马尼亚的基地内，但随着夺取高加索油田的目标再次被提上纳粹的议程，该部队被重新起用，之后又被大幅扩编为"高加索石油旅"（Mineralöl Brigade Kaukasus）。[8]

对希特勒来说，命运似乎正在发生改变。在他的脑海中，他可以看到一个重新焕发活力并得到加强的南方集团军群正向东进攻，然后向南切入高加索地区。苏联的大部分石油供应都岌岌可危，莫斯科别无选择，只能将所有可用的师派往高加索，结果就像他们一年前所做的那样，他们在一系列包围战中被德国人围住并被摧毁。一旦取得胜利，南方集团军群将夺取油田，让红军残部因缺乏燃料而逐渐失去战斗力。随后，纳粹将不费吹灰之力攻占莫斯科和列宁格勒，苏联及其布尔什维克制度也将成为历史。一切都水到渠成。

希特勒在3月的一次领导会议上宣布了他的意图，他还指示哈尔德准备一份合适的计划。短短几周后，他又于1942年4月5日发布了"第41号元首指令"（Führerbefehl Nr.41）。指令中的重大新闻是，中央集团军群——整个纳粹在东方作战的支点——将不对莫斯科采取任何行动，而是在夏秋两季都保持完全防御的态势。在北部，北方集团军群正处于粉碎红军过于雄心勃勃的沃尔霍夫攻势的最后阶段，他们将占领列宁格勒，并与芬兰人会合，但不再向东推进。这将只留下南方集团军群于1942年发起"蓝色行动"（Fall Blau），而该行动也是纳粹德国在该年度的主要军事行动。

斯大林格勒此时并未被列为特殊的进攻目标，鉴于后来发生的诸多事件，这具有重大意义。事实上，在整个"第41号元首指令"中，这座城市只被提到两次，而且还是被笼统地提到的——"……沿着顿河向下游推进的部队可以在斯大林格勒地区会合，（而且）这些部队最终应该与向斯大林格勒前进的装甲部队建立联系"。该指令非常清楚地说明了蓝色行动的目的，其绝不是占领斯大林格勒：

> 敌人在人员和物资方面均遭受了严重的损失……在冬季，他们消耗了为将来作战储备的大部分物资……我们的目标是耗尽苏联人仅剩的所有潜在防御。

一位高级军官对该计划理解得非常透彻，他认为："斯大林格勒是进攻主要目标时顺带夺取的……对我们来说，斯大林格勒不过是地图上的一个名字。"莱因哈德·盖伦对红军已陷入危险状态的评估虽然充满争议，却已成为帝国总理府的"那个赌徒又一次掷骰子"的主要动机。只不过，那些骰子落在了流沙上。

对于哈尔德及其手下的参谋人员来说，巴巴罗萨行动面临的诸多问题在蓝色行动中再次重现。首先是路程的问题。从德军的主要后勤基地哈尔科夫（今乌克兰哈尔科夫市）到里海之滨的巴库大约有1000英里，这远远超过德军于一年前在巴巴罗萨行动期间推进的距离。在这段漫长的路程中，有大片被太阳炙烤的草原、无数大大小小的河流，以及苏联的一些大城市，如沃罗涅日（Voronezh）和顿河河畔的罗斯托夫（Rostov-on-Don）。此外，还有高加索山脉参差不齐、呈锯齿状的山峰，这些山峰在一年中的大部分时间里都是白雪皑皑，只有少数几条狭窄的通道可以进入内陆。耸立在高加索群山之间的又是欧洲的第一高峰——海拔为18510英尺（1英尺约为0.3米）的厄尔布鲁士峰（Elbrus）。要推进如此远的距离，还要在如此复杂的地形上作战并赢得胜利，德军需要一支拥有多种技能和装备的庞大部队。

其次，任何人只要看一看地图就会知道，德军北方的侧翼存在明显弱点。随着德军不断推进，这一弱点只会变得越来越明显。古德里安的第2装甲集群在8月份的基辅作战中也暴露了类似的弱点，尽管该装甲集群规模较小，但也只是因为侥幸才躲过一劫。

由于充分意识到这些问题，哈尔德的团队制订了战争中几个最为复杂的计划之一，即将攻势分成不少于四个的独立阶段。首先，德军将向东推进，击败面对他们的大部分苏军，并到达伏尔加河。一旦到了那里，大量部队将形成一个"强硬的支撑点"，而大部分参与进攻的机动和装甲编队将借助这个支撑点脱离出来，向南进入高加索地区，并夺取油田。

想要完成这一复杂得令人咋舌的作战行动，需要将领们拥有极其高超的指挥能力，而为了实现这一目标，希特勒求助于费多尔·冯·博克——一个在一年前被独裁者解除了指挥权的人。公平地说，博克并不是希特勒的首选，瓦尔特·冯·赖歇瑙（Walter von Reichenau）才是。赖歇瑙是纳粹德国几名最具争议的将军之一，是一个令人既钦佩又厌恶的人。如果赖歇瑙是英国人，他可能会被称为"怪人"。事实上，就像那一代的许多德国军官一样，赖歇瑙称自己与他的盎格鲁—撒克逊表亲非常亲近。在家时，他坚持穿萨维尔街（Savile Row）的西装，并在私下沉迷于各种英国公立学校的运动，包括拳击。赖歇瑙是希特勒和纳粹的早期支持者，但他更多是出于机会主义而不是意识形态，并且在巴巴罗萨行动中，他还率领了第6集团军。他虚荣心强，野心勃勃，极力想要获取最高指挥权，他也的确被内定为布劳希奇的继任者。但许多其他高级军官都向希特勒表明，他们拒绝在赖歇瑙手下工作，因为赖歇瑙毫不掩饰自己为获得最高指挥权而要踩过任何人乃至所有人的企图。当他的上司格尔德·冯·伦德斯泰特被解职后，戴着单片眼镜的赖歇瑙被提拔为南方集团军群司令。1月中旬，他在零度以下的天气像往常一样越野跑步，结果却在大约一个小时后，在吃了一顿简单的午餐后，因严重的心脏病发作而倒下。五天后，他还没有恢复知觉，濒临死亡。军方决定将他送往莱比锡的一家专科医院治疗，并在该地安排了一支医疗队待命。为了安全起见，这位昏迷的陆军元帅被绑在扶手椅上，在波尔塔瓦被抬上一架运输机，不料飞机却在向西飞行的途中坠毁。赖歇瑙的尸体在飞机残骸中被发现，他镶着珠宝的元帅权杖就躺在他身边，但已断成两截。

赖歇瑙的一生充满矛盾。一方面，他支持德国犹太裔一战老兵对抗纳粹暴政；另一方面，他又下达了所谓的"严厉命令"（Severity Order），该命令为巴巴罗萨行动期间纳粹大规模屠杀苏联犹太人铺平了道路。对于计划中的战役，赖歇瑙的指挥无疑会与博克的指挥截然不同，但令人始料未及的是，蓝色行动恰恰被留给了高大而虚荣的博克——他在全军有个响当当的绰号，即"库斯特林的圣火"。博克被普遍描述为有能力但不出色的人，他的个性不受欢迎。他与自己的部下关系疏远。他与同僚也关系紧张——他和古德里安互相看不顺眼，勒布和伦德斯泰特对他的评价也不高，特别是勒布，认为他是个马屁精。1941年，博克未能成功推进台风行动并占领莫斯科，这是他的一大败笔，但这时命运给了他一个赎罪的机会，如果他能在1942年率领南方集团军群取得胜利的话。

与10月份的台风行动一样，博克再次负责指挥纳粹德国在东线最强大的部队，这支部队的组织和构成在很大程度上决定了接下来的战役的发展。

注解

1. 1942年3月23日，东线外军处对苏军实力进行了详细评估，并将报告提交给了国防军总司令部。

2. Keller, Major Shawn P., US Air Command and Staff College Air University report: Turning Point – *A History of German Petroleum Production in World War II and its Lessons for the Role of Oil in Modern Air Warfare*.

3. Evans, Richard J., *The Third Reich at War*, p.341.

4. Hayward, Joel, S. A., *Stopped at Stalingrad – The Luftwaffe and Hitler's Defeat in the East 1942-1943*, p.5.

5. 1942年2月12日，安东内斯库在纳粹外交部部长约阿希姆·冯·里宾特洛甫访问布加勒斯特期间对后者的答复。

6. Hayward, Joel, S. A., *Stopped at Stalingrad – The Luftwaffe and Hitler's Defeat in the East 1942-1943*, p.2.

7. 弗洛姆后来因参与刺杀希特勒的"瓦尔基里计划"失败而遭到处决。

8. Turner, Jason, *Stalingrad Day by Day*, p.24.

南方集团军群——德国的希望

巴巴罗萨侵略军已是一个真正的"利维坦"。纳粹于1935年制定的《国防条例》(National Defence Regulations),以及随后制订的军备重整计划,共同造就了一支日渐壮大的陆海空军事力量,而自1939年以来,一系列短暂而成功的战役为这支军事力量提供了宝贵的经验基础。到入侵日,大约350万德国人集结在边境上,与近50万盟友士兵并肩作战。这支大军还吹嘘自己拥有3500辆坦克、7000多门火炮和近3000架飞机。

事实证明,缺乏机动性很快成为德军入侵时面临的主要问题,他们的60万辆机动车辆和同等数量的马匹根本不足以维持整支队伍向前推进。苏联顽强的抵抗和该国糟糕的交通基础设施使巴巴罗萨入侵部队步履蹒跚。到1941年年底,东线德军损失了六分之一的车辆,其中包括41000辆珍贵的卡车——德国后勤系统的主力"马匹"。德军中真正的马匹有一半已经死亡,仅在冬季就损失了18万匹。德军的弹药库存大幅减少,仅为1941年6月的三分之一,燃料供应也大致如此。德军装甲队遭受了严重的损失。到1月初,装甲部队已损失了3252辆坦克,而且只补充了1138辆,其中许多还是抢来的捷克坦克。[1] 由于德军坦克无法适应东线严酷的条件,东线德军的16个装甲师在1942年年初总共只能集结到约140辆坦克,这比一年前同期一个师的坦克总数还少。

德军的人员伤亡更大,有近100万人死亡、受伤或失踪。损失的人员主要集中在战斗编队及其前线连队,受到打击最大的是少数机动编队。大批训练有素的专业人员(司机、坦克乘员、炮手、信号员、战斗工兵等)和近3万名军官(主要是排、连和营一级的军官)都战死了。[2] 坦克手古斯塔夫·温特(Gustav Winter)失去了两只手的小指,"鼻尖、脚趾也被严重冻伤"。难怪纳粹宣传部部长约瑟夫·戈培尔(Joseph Goebbels)在他的日记中写道,希特勒"脸色变得相当苍白……仅仅谈论到对冬天的忧虑,他就已显得非常衰老"。在德国国内,"俄罗斯前线"这个词已成为"面临死刑"的代名词。得到警告、即将前往东线服役的应征入伍者发现自己会被朋友和亲戚当作死刑犯来对待,几乎所有人都对他们的命运感到同情。随着巴巴罗萨行动和台风行动的失败,长长的伤亡名单深深地震撼了德国国防军之后,国防军的军人们自战争以来第一次尝试和策划将部队部署在安全的欧洲占领区内,甚至是南斯拉夫的荒野,而非广袤又可怕的俄罗斯。

1942年3月,当希特勒考虑发动夏季战役时,陆军最高司令部为哈尔德准备了一份报告。该报告评估说，在东线德军的 162 个师之中，当时只有 8 个师能发动进攻，另外 3 个师在短暂休息后可以发动进攻，47 个师可以进行有限的攻击，余下的所有师都被认为只适合进行防御。[3]

如果德国人在 1941 年被榨干了血，那么其盟友呢，那些参加了失败的入侵行动的其他轴心国部队呢？如果要说有什么不同的话，那就是他们的处境比他们的日耳曼盟友的处境还要糟。罗马尼亚人对巴巴罗萨行动的贡献最大——他们派出了两个整编集团军。但在夺取黑海港口城市敖德萨（Odessa）时，罗军伤亡了 10 万人，他们的部队被掏空了。斯洛伐克人将装备简陋的斯洛伐克军（Slovak Army Corps）重组为两个规模小得多的师，让一个师负责前线行动，另一个师负责后方治安，并将其余部队遣送回国。匈牙利人那"鼎鼎有名"的喀尔巴阡集团军在乌克兰境内一边大肆掠夺，一边损失惨重，同时还不得不与罗马尼亚人分开，因为马扎尔人对罗马尼亚人的厌恶远远超过对苏联人的厌恶。

至于意大利俄罗斯远征军（CSIR）的 3 个师，他们穿着"比芭蕾舞鞋还薄"的靴子，背着第一次世界大战时期的老式步枪，携带着既能杀死自己又能干掉敌人的手榴弹，一直一瘸一拐地往东走着。德国的盟友总共向苏联派遣了 20 个师和 13 个旅，还派出了 200 多架飞机，而他们得到的回报是长长的伤亡名单和民众的不满。其中的许多民众都抱怨这是德国人的战争，而不是他们的。

事实上，巴巴罗萨入侵部队在 1941 年就已不复存在。在人员方面和每一种可以想到的装备方面，这支部队都遭受了巨大损失，却很少或根本没有从国内得到必要的补充，而且在北部的沃尔霍夫战役中，该部队的人员、坦克和大炮还在损失。对于柏林本德勒街区（Bendlerblock）的德军参谋人员来说，这些数字令人沮丧。[4]据官方统计，1942 年德意志帝国的征兵人数只有 50 万，但仅东线德军的人数就比编制人数差了 62.5 万。为了应对日益增大的战争压力，德国国防军的规划者计划将国家武装力量的总人数从 500 万人增加到 580 万人。主要装备类型的消耗和补充，与人员的消耗和补充的情况基本相同：德国工业界每个月生产的坦克，1939 年仅为 62 辆，到 1941 年年底增至 182 辆，到 1942 年增至 356 辆，但这几乎无法弥补持续损失的坦克，也意味着近乎一整年产出的坦克才能完全满足东线德军的需要。显然，曾经作为巴巴罗萨行动标志性的"三管齐下"的猛烈攻势已经没有机会再次实施了，因为根本没有足够的人员和装备来做到这一点，所以帝国将在 1942 年的夏天蓄势待发，进行一次强有力的进攻。这次进攻将由南方集团军群单独完成，而希特勒坚信这次进攻会实现他在"第41号元首指令"中设定的目标。

这意味着，德军指挥层要在1942年春天做出一些艰难的决定，但是由于蓝色行动被列为最优先考虑的对象，纳粹德国开始尽其所能地补充南方集团军群。任务清单中的第一项任务是重建东线德军的骨干部队，即步兵师。在过去八个多月的苦战中，他们的实际人数已经锐减到编制人数的一半左右。因此，德军指挥层把来自帝国训练场的所有训练有素的步兵候补人员都派到了博克的集团军群中。来自德国西北部靠近丹麦边境的冈特·科绍雷克（Günter Koschorrek）就是其中一名新兵。一辆缓慢行进的军列轰鸣着，将科绍雷克送到了苏联南部，他在日记中写道："我们这些刚接受过训练的18岁新兵，大约有300名……是在东普鲁士的斯塔布拉克（Stablak）中心急匆匆地完成初步训练的。"直到此时，这些士兵还没经历过恐怖的战斗。不过，科绍雷克认为自己和战友们都拥有了"饱满的精神状态"，他们"为终于奔赴战场并被认为是完全成熟的前线士兵而感到非常自豪"。他的战友包括"总感到饥饿的汉斯·韦切特……一个叫瓦里亚斯的高个子……还有金发且肌肉发达的库珀……安静、通情达理的格罗梅尔……吹口琴的海因茨·库拉特和利用一切空闲时间玩牌的奥托·威尔克"。他们都还记得为期六个月的"严酷训练"，但年轻的他们那时满脑子都是理想主义，期待着"一个新的时代、一次新的冒险、一个伟大的未来"。[5]苏联很快就会打消他们的这些念头。

像科绍雷克及其战友这样的年轻人都是纳粹德国高度军事化社会的产物，他们先是在希特勒青年团（Hitlerjugend，缩写为"HJ"）度过了一段时间，接着在准军事性质的帝国劳工阵线（Reichsarbeitsdienst，缩写为"RAD"）中服役，之后再接受全面的军事训练。许多人还会在占领区内的"先锋营"（Marschbataillon）中待上一段时间，然后加入由18个新后备师指挥控制的正规"野战部队"（Feldeinheit）——这些部队取代了以前的训练部队。在野战部队，他们将执行反游击队和地方安全的任务，以使自己适应战斗。直到此时，新兵才算来到前线并在战斗部队中找到了自己的位置。不过，并不是所有应征入伍者都要一步一步地遵循这一步骤，即使后面的一些步骤被省略，他仍然是一个健康而有活力的人，他可以习惯于军事生活的严格要求，能够为其扮演的角色进行适当的训练，也能够胜任这一角色。

理想的情况是，在为即将到来的进攻做准备时，柏林方面希望将德军各师从前线轮换下来，并回到指定的恢复区。在那里，他们可以休息，与增援部队结合，补充军火，并进行体能训练。博克的部队被分配到的恢复区主要位于战线后方的第聂伯罗彼得罗夫斯克（Dnepropetrovsk，今乌克兰的第聂伯罗）。这座工业城市之所以被选中，是因为战前红军在城中使用的相关设施仍然保存完好。对于南方集团军群的官兵来说，恢复计划带来了幸福的解脱，一个又一个师登上交通工具来到第聂伯河河畔，这里的军营也突然繁忙起来。一到军营，巴巴罗萨行动中那些又累又脏的老兵们就设法除去自己衣服上的虱子，很多人干脆将旧制服烧掉，换上了崭新的制服。

这些新制服也标志着新时代的来临。以前广泛配发的 M41 野战服上的花哨褶皱和无用的镶边都消失无踪了，取而代之的是更加朴素的 M42 野战服，这种野战服使用了更多的合成和回收材料。德国士兵的"图腾象征"——长筒靴也发生了变化。新款军靴的正式名称是"行军靴"（Marschstiefel），士兵们给它起的绰号是"骰子盅"。由于采取全皮革设计，制造新款军靴不仅成本较高，而且耗时较长。比起 41 厘米高的老式长筒靴，新款军靴即便只有 29 厘米高，并且仅限于战斗步兵使用，其生产数量仍然严重不足。到此时为止，德军士兵普遍使用的是更便宜的短靴和绑腿。除了步兵的靴子和夹克，德军也更新了其他一些个人装备。老式的 M35 钢盔被淘汰了，取而代之的是一种新的精简版头盔。这种头盔去掉了卷边，使用了更便宜的油漆，并简化了内衬。此外，德军还削减了上述新式个人装备所用的布料。

有机会远离前线的危险，睡个好觉，吃点可口的食物，这是很受欢迎的，但"康复中心"也并非方方面面都受到前线士兵们的青睐。来自第 198 步兵师的赫尔穆特·保卢斯（Helmut Paulus）和他的战友奥托·罗蒂格（Otto Röttig），从入侵苏联的第一天起就开始战斗。当时，他们乘坐充气橡皮艇，越过了罗马尼亚边境的普鲁特河（River Prut）。之后为了准备蓝色行动，他们在撤出米乌斯河（River Mius）防线后，发现自己在后方不得不参加大量训练演习。由于这些训练演习经常使用实弹，这就导致了一些在他们看来完全可以避免的伤亡。经过又一天汗流浃背的长途行军，保卢斯和他所在连队的战友们终于能够放松下来。他们共同观看了一部名为《快乐的流浪者》（*The Merry Vagabonds*）的喜剧电影，但他们"中间已经很少出现笑声了……如果你知道，每个人的良心都至少背负了 10 个俄罗斯人的人命债，你就不会对此表示奇怪了"。

赫尔穆特·保卢斯与他的家人关系密切，是母亲的掌上明珠。他也担心家里传来的消息——食物越来越少，尤其是土豆。尽管他极力反对，但他母亲仍然坚持给他寄去少量配给的巧克力。⁶ 保卢斯还注意到，他所在的步兵师补充了一些新兵，大约有 1000 人，他们看起来都很年轻，很紧张。这些新兵是上级许诺提供的增援部队的士兵，旨在恢复老部队的元气。不过，不太好的消息是，他们中的一些人只接受了几个月的训练，还有一些人只接受了八周的训练。

汉斯·海因茨·雷费尔特（Hans Heinz Rehfeldt）所在的"大德意志"师是德国陆军最重要的摩托化步兵师，不存在缺乏训练有素的人员的问题。作为一支全部由志愿入伍者组成的部队，"大德意志"师可以从众多人选中挑选人员来充实队伍。雷费尔特说："我们的连队得到了增援，我们的人手变得很充足，我们的维修车间也没闲着，尽全力将我们所有的卡车和轿车都修好。"与赫尔穆特·保卢斯和他的战友们不同，雷费尔特并不介意进行训练，他说："第聂伯河陡峭的河岸非常适合训练……新兵时代的记忆如潮水般涌向我们。下午，我们在晴朗的天气里运动。"

当"大德意志"师补充的兵力多得令整个集团军群都羡慕不已之时，其他步兵师却全都被迫做出妥协，以填补自己的一线团。根据陆军最高司令部的指示，各师指挥部将他们的补给分队重组为四个小分队，从而预留出司机、炊事员和信号员等备用人员，以便将其部署到一线。古斯塔夫·卡明斯基（Gustav Kaminski）就是这样一位"志愿者"。卡明斯基是一名训练有素的信号手，隶属精锐的第 60 步兵师（摩托化），该师师长为弗里德里希 - 格奥尔格·埃伯哈特（Friedrich-Georg Eberhardt）。在一次阅兵中，卡明斯基和战友们听到"连长宣布所有非必要的人都要被调到步兵部队中去"，他们"总共有 14 个人不得不交出多余的装备……接受了一个短期的机枪手培训"。另一位来自老牌步兵师的士官回忆道：

师里发布了一项新命令：供应部、维修车间、行政部门等单位必须对他们的工作人员进行调整，从中找出能够使用武器的人，并将他们送到战斗部队……我们接收了 20 个新人，其中有 5 个为来自德国宪兵系统（feldgendarmerie，即野战警察）的初级下士（unteroffiziere），还有 1 个兽医少尉。

毫不意外的是，这个被称为"梳理"的过程被受此影响的人深恶痛绝。这些人发现他们自己此时正与灰头土脸的"前线猪"（frontschwein，老兵的自嘲）混在一起，而这些老兵会利用一切机会提醒其新战友，他们很快会面临致命的危险。

至于中央集团军群和北方集团军群，他们不能无视其南方战友的要求，而且在柏林的严格命令下，他们已经为提议中的攻势做好赴死的准备。二者都被迫放弃了大量富有经验的老兵和骨干，并让他们南下去增援博克的部队，而且这些士兵离开时还随身带走了自己的装备。中央和北方两个集团军群得到的所有回报是，20 万刚从他们的"军区"（Wehrkreise，德国一种用于展开征兵工作的行政区域）招募的只接受了几周基本训练的新兵。这些新兵只能被两个集团军群派到战场上，以展开实战训练。不用说，这批新兵既不足以填补冬季战役留下的空缺，也不足以代替被派去南方的老兵，所以这两个集团军群的许多步兵师别无选择，只能解散其第三个步兵团（如果这些师足够幸运，还保留着这个步兵团的话），坚持以两个团的兵力并依靠他们的炮兵来牵制苏军。

中央集团军群至少还能将一线部队轮换到他们位于奥尔沙（Orsha）、明斯克（Minsk）、戈梅利（Gomel）和布良斯克（Bryansk）附近的专属康复中心，而北方集团军群的前线士兵就没这么幸运了，他们不得不留在战线上并在那里就地换装。两个集团军群都没有从陆军最高司令部提出的将为他们补充人员的消息中得到安抚。据陆军最高司令部预计，8 月将有约 60000 名训练有素的士兵可供分配，其中的 14000 人将被分配给中央集团军群，只有 8000 人将被分配给北方集团军群。驻扎在芬兰北部的部队将得到额外的 4000 人，甚至隆美尔的非洲军团也能得到 10000 人。最大的一支约 24000 人的生力军将被派去增援蓝色行动，但对博克来说，如果考虑到预期的损失，这一补充也是微不足道的。

对博克而言，兵力并不是其唯一的问题，运输工具的问题同样关键。巴巴罗萨行动已充分表明，德军要想取得成功，就必须不断前进。鉴于博克的部下需走很远的路才能到赶到目标区域，机动车辆是至关重要的。问题是，德国工业界仍未适应这一最紧迫的需求，卡车、半履带车和供前两者使用的优质发动机都十分稀缺。石油备忘录的编撰者格奥尔格·托马斯承诺为"库斯特林的圣火"的步兵部队提供部分机动车辆，尽管这些车辆只够填补这些部队一半的编制，但他可以为博克的摩托化部队多提供些机动车辆。对于一个标准的1939型步兵师来说，那就意味着约有400辆各种类型的机动车辆，而且其中的大多数为两轮驱动的卡车。作为一种珍贵的装备，卡车将被用来运送弹药和燃料等大宗物资，士兵们还是要像一年前一样徒步作战。与以往一样，德军在缺乏机动车辆的情况下将退而求其次，选择使用马匹。

作为集团军群的主要组成部分，各步兵师仍然主要依靠马车来运送弹药、零配件、食物和野战厨房等各种物品，但最重要的是，他们每个师都要运送加农炮和榴弹炮，仅这项任务所需的马车就不少于229辆。在第一次世界大战中，德意志帝国军队明显表现出对军马缺乏照顾，这导致大量马匹死亡，从而需要源源不断的新军马运向前线。在这场新的战争中，德国军队显然也没有从之前的错误中吸取教训。德军有大量马匹并不适应军事环境，并且它们经常被交到未经培训的、没有驯马经验的年轻人手中。结果是可想而知的，数以千计的马匹瘸了腿，得了病，最终没了命。在巴巴罗萨行动中，东线德军的马队可以说是举步维艰，有数万匹马死于寒冷、曝晒和饥饿，还有不少马匹死于苏军的炮火。

为了填补这一缺口，东线德军向帝国国内发起号召，并从德国各地的农场和田地里采购了约10.9万匹新马，但这远远不够。德国国防军从来就不是一个羞于掠夺的部队，他们对占领区进行了搜刮，征用了额外的11.8万匹马，并将这些马运往东线战场。令人难以置信的是，即使是这样，这些马匹还是不够，南方集团军群的每个师在当年夏天几乎都出现了马匹短缺的情况。"随机应变"是当时的常态，与他们西线的弟兄们在西欧占领区所做的一样，东线德军也在东欧占领区掠夺了当地人饲养的草原矮马并将其用于拉车——这种车与那种矮马同名，都叫"Panje"。无论如何，大多数前线士兵都更喜欢草原矮马，因为事实证明比起更重更"精致"的西方马种，它们更强壮，更好养。鲁道夫·奥胡斯（Rudolf Oehus），一个来自下萨克森州（Lower Saxony）的农家子弟，他于整个巴巴罗萨行动期间都在一个炮兵连服役，该连那时正在致力于恢复战斗力：

在营区只待了两天，我们一行15人就被派往60千米外的地方去采购新马。我们花了三天时间才回来。今天中午，我们六个人又要离开，去寻找更多马匹。我们已有 90 匹马，所以随着新军马的补充，我们的马队应该能在很短的时间内恢复旧时的规模……除此之外，这里的情况到处都一样，非常平静。我不再负责拉信号车了，现在我拉一门大炮！[7]

攻势即将展开，但根据指令参加这次攻势的大部分师仍然存在兵力不足的问题。为此，德国人转而以增强火力来帮助自己解决这一问题。德军单个的步兵班（一个 8 到 10 人的小队）是德军所有编队的基石。步兵班是围绕着 MG34 机枪建立的，而 MG34 机枪是世界上第一种真正的轻机枪，能够由一人携带，两人操作，并可提供每分钟 800 至 900 发子弹的火力密度。MG34 机枪改变了战争规则，但它的制造成本很高，维护起来也很麻烦。MG34 机枪的后继者是生产成本较低的 MG42 机枪——一挺 MG42 机枪的成本为 250 帝国马克，而一挺 MG34 的成本为 327 帝国马克。MG42 采用焊接和铆接冲压零件，以方便制造，并且在战场上也更加可靠。不过，MG42 的最大优势是它的射速，可以达到惊人的每分钟 2000 发，但这样的射速会使弹药供应很快被耗尽，还会使枪管熔化。因此，MG42 以每分钟约 1000 发的射速开火更为普遍。雷费尔特仍然记得这种机枪被送到他所在的部队时的情形："我们第一次听到了 MG42 这种新型机枪的轰鸣声，见识了它可怕的射速……俄国人称它为'希特勒竖锯'或'电动机枪'。"与其前身一样，MG42 也可由一人携带，两人操作，但考虑到它对弹药的巨量消耗，由另外两人、三人甚至四人负责为它提供弹链的情况也很常见。

想要成功执行蓝色行动，与士兵、卡车、马匹和机枪同样重要的还有重型武器，尤其是对于德军装甲部队而言。巴巴罗萨行动已经证明，德国国防军精通装甲作战。四个攻击力强、行动迅速的装甲集群（Panzergruppe）在他们的步兵战友面前疾驰而过，并把红军兜进了一连串巨大的"口袋"之中，使数百万红军沦为战俘，而且在某种程度上瓦解了整个战前红军。但这些装甲集群也付出了不菲的代价。由于被迫在被困红军的周围守住防线，以"扎紧口袋"，装甲部队的人员和他们的摩托化步兵遭受了惊人的损失。只有当行进速度较慢的步兵赶到时，装甲部队才能离开防线，继续前进，但不能停下来歇息和休整。在入侵的关键时刻，快速冲锋的装甲编队突然收到"就地坚守"的命令，以等待步兵。这就让埃里希·冯·曼施坦因（Erich von Manstein）和海因茨·古德里安等装甲部队的将领感到非常沮丧，但德军总参谋部的大多数保守人士和希特勒本人都认为，停下来是必要的。希特勒担心自己珍贵的装甲部队会被红军切断退路，并在苏联的纵深处被彻底摧毁。

在大部分步兵赶上来之前，装甲集群因其位置暴露而有被红军摧毁的危险。即便如此，装甲集群接下来也很可能会"被迫演一场焦急等待的戏"，如何避免这种情况发生就成了他们下一步要解决的问题。一个显而易见的解决方案是将整个军队都摩托化，但是这远远超出了第三帝国的能力，所以折中的方案是将装甲集群重组为包含大量步兵部队和少量装甲部队的"装甲集团军"（panzerarmeen）。例如，在征服波罗的海诸国和几乎拿下列宁格勒时发挥了重要作用的由埃里希·霍普纳率领的旧的第4装甲集群，在台风行动之后就被调往南方，后被重组为"第4装甲集团军"。第4装甲集群原为重装部队，拥有3个装甲师和3个摩托化步兵师，但在重组后就被迫放弃了2个装甲师和1个摩托化步兵师，取而代之的是2个徒步行进的步兵师。

作为一个解决现实问题的方案，这显然是异想天开。最终的结果是，德国国防军宝贵的装甲师被束缚住了，他们前进的速度变得与徒步的步兵一样慢。该方案剥夺了德军最有效的武器——速度，也意味着苏联人将有时间对德军的行动做出反应，而这是他们在一年前的夏天无法做到的。

德军装甲师本身也进行了全面改革。由于摩托车营的损失过大，德军装甲师就将摩托车营并入侦察营。另外，为了应对可怕的T-34坦克的威胁，德军装甲师还进行了其他大规模革新。起初，入侵的德国人认为红军的坦克编队是由过时的轻型坦克（如T-26和BT系列坦克）或无用的庞然大物（如双炮塔的T-100坦克）组成的。然而，战场上出现的T-34坦克和与之配合的KV系列重型坦克深深地震撼了德军。这些坚固可靠的新型坦克，拥有比德军坦克更大更强的火炮，还具有超强的越野能力，但最令人震惊的还是它们的装甲——T-34坦克的装甲是倾斜的，KV坦克的装甲非常厚。实战证明，除非德军使用其武器库中最重的火炮，否则是无法抵抗红军的这些新型坦克的。由于不愿意承认斯拉夫人能够设计和制造出远比自己的坦克更优秀的坦克，德国国防军别无选择，只能调整自身。

首先被淘汰的是德国陆军的标准反坦克炮，即无处不在的37毫米Pak 36型反坦克炮。Pak 36 型反坦克炮在对付无防护车辆、装甲车和轻型坦克时绰绰有余，但在对付战场上的"新王者"时却惨遭失败。由于无法摧毁 T-34 坦克或 KV 坦克，Pak 36 型反坦克炮被前线士兵戏称为"坦克敲门砖"（Panzeranklopfgerät）。这种火炮当即退役，并被口径更大的 50 毫米 Pak 38 型反坦克炮和优秀的 75 毫米 Pak 40 型反坦克炮取代。

更重要的是，德军装甲部队本身的构成也发生了变化。在此之前，德军装甲部队主要强调的是机动性，因此其装备的坦克在性能方面也更侧重这一点。坦克凭借其速度和敏捷性可使对方陷入混乱，然后可趁机粉碎对方的抵抗能力。但事实证明，德国人此时拥有的几乎所有火炮都无法阻止 T-34 坦克，更不用说 KV-1 或 KV-2 坦克了。年轻的装甲部队军官赫尔穆特·里特根（Helmut Ritgen）意识到，某种巨大的变化已经发生：

（苏联的新型坦克）改变了坦克战的性质……整个师都没有任何武器能够击穿它们的装甲。炮弹打到苏军坦克上会被弹开……面对这些坦克的攻击，一些步兵惊慌失措……迄今为止，德军装甲部队主要是对抗苏军步兵及其辅助兵种的。从现在起，我们受到的主要威胁就是苏军的坦克，为了在尽可能远的距离上摧毁它们，我们急需身管（Barrel）更长、口径更大的火炮。

一个短暂的"机动性制胜的时代"，正在被一个全新的"火力为王的时代"取代。

这说起来容易做起来难，因为第三帝国的生产线主要是为制造"二号坦克"（PzKpfw Ⅱ）和"三号坦克"（PzKpfw Ⅲ）准备的。这两种型号的坦克均属轻型坦克，而且分别只装配了 20 毫米主炮和 37 毫米主炮。事实上，"二号坦克"直到 1942 年 7 月才停止生产，并且自当年年初以来已被制造了约 256 辆。此时，还有 195 辆 PzKpfw 38(t) 轻型坦克从被占领的捷克斯洛伐克的工厂里开出来。若与 T-34 坦克和 KV 坦克展开对抗，"二号坦克"和 PzKpfw 38(t) 这两种坦克无异于以卵击石，但它们在侦察任务中仍然有用，因此还是被派往东线。与这两种坦克密切伴随的"三号坦克"是德军装甲部队中最常见的型号，有近 1000 辆，但其中只有约三分之一的坦克拥有更新更强的 50 毫米加农炮。无论如何，这些坦克在面对 T-34

时仍处于相当显著的劣势地位，正如德军坦克乘员埃瓦尔德·克拉普多（Ewald Klapdor）承认的那样：

> 我们坦克的正面装甲无法抵挡苏军较大口径的反坦克炮和坦克炮，比如 T-34 的主炮……在战场上，我们将备用履带用螺栓固定在坦克正面，以加强我们坦克的正面装甲，并且由于坦克的侧面装甲是最薄弱的地方，这迫使我们改变前进的方式，尽可能只将坦克的正面暴露在敌人面前……我们主炮的最大射程约为 500 米，而 T-34 在 1500 米至 2000 米的距离上也能对我们构成威胁。[8]

新的长身管"四号坦克"（PzKpfw Ⅳ）是 1942 年德国人拥有的唯一一种能对抗 T-34 且有望获胜的坦克，但该型坦克才刚刚开始生产，到蓝色行动实施时，只有 133 辆被运抵前线。在那里，它们将在总共拥有 1495 辆坦克的庞大编队中占据重要位置。在博克的部队中，每个装甲师装备 120 辆到 140 辆坦克不等，每个摩托化师装备 40 辆到 50 辆坦克不等。相比之下，北方集团军群和中央集团军群中那些可怜的老牌装甲部队不但缺乏可替换的坦克，而且还接到命令，要将其一些最好的坦克送往南方。因此，在这两个集团军群中，即便是足够幸运的师，也只有 40 辆到 60 辆坦克不等。[9] 被划归南方集团军群的不仅有先进的装备，还有这些装备的操作人员——"最好的士官都来自原来的魏玛防卫军（Reichswehr），他们总是更有见识，知道如何排兵布阵，（而）我们总是缺少优秀的、经验丰富的军官，因为很多人已经倒下了"。由于老军官的流失，他们的位置被缺乏经验的年轻人取代，这些年轻人就被戏称为"可随便枪决的人"（frei-geschossen）。[10]

德军还试图引进大量自行火炮来加强装甲部队，以便为突击步兵提供火力支援或对付苏联坦克。第一种引入的自行火炮是一种组合式自行火炮，即将缴获的原法国陆军的洛林 37L 火炮牵引车底盘[11] 与缴获自苏联的 76 毫米 F-22 野战炮或 76.2 毫米反坦克炮结合起来的自行火炮。这种自行火炮的炮管经重新改装，可发射德制 75 毫米炮弹。德国人将这种火炮命名为"黄鼠狼Ⅰ"（Marten Ⅰ）。很快，第二种型号的火炮也被生产出来，即"黄鼠狼Ⅱ"（Marten Ⅱ）。"黄鼠狼Ⅱ"采用了与"黄鼠狼Ⅰ"相同的设计理念，但使用了原来的"二号坦克"和 PzKpfw 38(t) 轻型坦克的底盘。与拥有复杂的旋转炮塔的坦克相比，"黄鼠狼Ⅱ"这种更便宜、更快捷且更容易制造的车辆将随着战争的进行而急剧增多，而蓝色行动将证明它们的价值。

尽管博克的核心打击力量是德军部队，但南方集团军群一直是一支多国联军——这些纳粹德国的轴心国盟友为了履行各自对"反布尔什维克十字军运动"的承诺，也纷纷派遣部队加入该集团军群。南方集团军群的第一任指挥官、普鲁士老将——格尔德·冯·伦德斯泰特曾将他的这支多国部队描述为"绝对的国际联盟军队"。不过，他也认为罗马尼亚军官和士官"难以形容"，意大利人是"可怕的人"，匈牙利人"只想快点回家"。伦德斯泰特蔑视盟友的观点并没有得到他的士兵和下属们的普遍认同。但公平地说，"不屑一顾"确实是德国国防军对其盟友的普遍态度。坦克驾驶员亨利·梅特尔曼（Henry Metelmann）和他的乘员们经常把罗马尼亚人称为"愚蠢的山羊"，认为他们在战线上比较神经质，而且还误把夜间发出的任何噪声都当成是苏军的攻击，但总的来说他们还是可以被接受。

不管伦德斯泰特的观点如何，实用主义最终会赢得胜利，因为显而易见的是，即使纳粹德国不断减少的兵力中有很大一部分正在向南进发，该国也没有足够的兵力来保证即将到来的攻势能取得成功。柏林的应对措施是，派遣一名特使到德国的东欧盟友的首都去，用甜言蜜语说服他们派遣新的部队来支持这一行动。被选中的特使正是威廉·凯特尔。毫无疑问，凯特尔的资历足以令他的轴心国东道主受宠若惊，但鉴于他不喜欢所有外国人，还有他当之无愧的傲慢自大的名声，选中他是很奇怪的。令人惊讶的是，凯特尔的任务从任何角度来讲都取得了圆满成功。此前，海军上将霍尔蒂·米克洛什（Horthy Miklós）领导的匈牙利政府只愿为战争做些许贡献，但凯特尔的到来使该国政府不仅同意保留苏联境内现有的匈军，而且还同意将其规模扩充五倍。

4月初，霍尔蒂就向苏联增派了大量部队，以组建匈牙利第2集团军（Második Magyar Hadsereg）。该集团军由10个师所组成，总兵力约为209000人。尽管布达佩斯派出了规模惊人的部队，但单纯的数字掩盖了匈牙利军队装备简陋的状况。事实上，直到20世纪30年代，匈牙利才意识到推进军队现代化的必要性，并进行了一系列滞后的军事改革。然而，由于缺乏先进的重工业，匈牙利第2集团军的装备仍然很差，正如匈牙利牧师斯蒂芬·里特利博士在前往苏联南部加入他的团时于途中亲眼所见的那样，"每人一支步枪都很难做到。没有坦克，没有像样的火炮，没有机动车辆，给养也很少"。在俄国的大草原上，缺乏合适的交通工具是匈牙利人的致命弱点——"我们团只有两名军官，上校和我。只有一种交通工具，那就是一匹马"。[12]

不过，匈牙利人确实有一些装甲部队，被编入了拉约斯·韦莱斯（Lajos Veress）的"匈牙利第 1 装甲师"。里特利回忆说，这支部队在实力上远不及德国装甲师，"只有几辆质量很差的意大利坦克，我们称它们为'火柴盒'"。在韦莱斯的师中，伊斯特万·巴洛格（István Balogh）是一名下士，他在其日记中写下的内容表现出一种迫在眉睫的恐惧感：

以上帝的名义，我们要启程前往血流成河的俄罗斯，我们请求上帝让我们平安归来，并带给我们最终胜利！守护匈牙利的圣母玛利亚，请为我们祈祷，保护我们免受一切罪恶和灾难的侵扰！圣斯蒂芬，请举起您那神奇的右手保佑我们，为您的孤儿们祈祷吧。阿门。

从匈牙利获得大量援军后，凯特尔摩拳擦掌，想在邻国罗马尼亚重施故技。为了参加巴巴罗萨行动，罗马尼亚军事独裁者扬·安东内斯库已经将该国战前一半的军队派往了苏联，即使在上一年秋天夺取黑海港口城市敖德萨的战役中损失惨重，他仍觉得自己有责任继续战斗。在伊斯特万·巴洛格恋恋不舍地离开布达佩斯中央车站的同时，军列正从布加勒斯特（Bucharest）向东急速驶来，以便为罗马尼亚的第 3 集团军和第 4 集团军运送新部队。其中，第 3 集团军很快就会拥有超过 15 万人的兵力，但第 4 集团军只能凑出前者一半的兵力。

萨格勒布（Zagreb）是凯特尔的最终目的地。在克罗地亚，法西斯组织"乌斯塔沙"（Ustaše）虽然正在与约瑟普·布罗兹·铁托（Josip Broz Tito）率领的共产主义游击队公开交战，但还是尽力派出克罗地亚轻型运输旅，去补充已经派到苏联境内的第 369 克罗地亚加强步兵团。对凯特尔而言，有该步兵团的支援可以说是非常幸运的。

结果，轴心国盟友最大的一支增援部队不是来自东欧，而是来自地中海温暖的海岸，因为贝尼托·墨索里尼看到了机会，他认为自己可以在未来针对苏联的胜利果实中分一杯羹。事实上，柏林方面甚至都没有要求意大利增兵。希特勒更希望他的独裁者伙伴把那些多余的人派到北非甚至南斯拉夫，从而缓解这些战场的压力，这样，德国就不需要把更多的师投入到这两地的战场了。但与以往一样，墨索里尼这位"领袖"（Il Duce）从来都不会单凭直截了当的军事逻辑来考虑问题。在派了3个师参加巴巴罗萨行动之后，墨索里尼此时又增派了7个师，其中包括意大利著名的"阿尔卑斯山地军"（Alpini）的3个师。随着这些部队的加入，意大利派驻俄罗斯的部队升级扩大，其番号由原先的"意大利俄罗斯远征军"（CSIR）改为"意大利征俄军团"（ARMIR），通常也被称为"意大利第8集团军"。乔瓦尼·梅塞（Giovanni Messe）保留了对这支意大利部队的指挥权，他觉得有必要向过于乐观的领袖描述一下战场的实际情况：

> 我们的武器装备陈旧简陋，合适的装甲车辆严重缺乏，卡车数量不足，运输和供应方面也存在严重问题。由于德国人的无知和不近情理的自私自利，我们所面临的困难正变得更加严峻。这些将给我军造成真正无法解决的麻烦。

墨索里尼一如既往地用典型的夸夸其谈来掩盖尴尬的现实，他说："亲爱的先生，在和平谈判桌上，意大利征俄军团的20万人将比意大利俄罗斯远征军的6万人重多了。决定已经做出。"当梅塞坚持指出向俄国派遣一支装备不良的军队是极为愚蠢的行为时，罗马方面受够了他。于是，梅塞被更为顺从的伊塔洛·加里波第（Italo Gariboldi）悄悄取代，但这不是一个自然的选择。加里波第已经63岁了，他在一年前因无法与隆美尔合作而被解除了其在北非的职务，并且在其晋升的过程中，他几乎没有表现出任何指挥天赋，他在上级面前表现出的主要"优点"是愿意且毫不动摇地执行任何命令。在俄罗斯，他将证明自己是一个彻头彻尾的累赘。

尽管如此，加上正在赶来的意大利各师，将有超过30个来自轴心国盟友的师投入到蓝色行动当中。这一切在第聂伯罗彼得罗夫斯克的恢复区构成了一番多姿多彩的景象，正如一位意大利观察员指出的那样：

> 安东内斯库将军麾下的罗马尼亚大胡子军人，其卡其色的制服与德国空军的蓝色、哥萨克人（与德军合作的反共骑兵部队）的红色、意大利和德国步兵的灰绿色、纳粹党领导人的黄色，以及宪兵的绿色和棕色交相辉映。意大利宪兵（准军事性质

的意大利警察）戴的奇妙的三角帽……法国士兵（法国伪军第638步兵团）戴的长方形尖顶帽，以及黑海海员戴的轻帽（Light Cap）都不遑多让。与其他国家的部队相比，右袖上带有小盾形标志的克罗地亚军团的部队人数很少，但他们凭着巴尔干人的独特个性，为战争出了一份力，而那些来自法国、斯洛伐克、荷兰和匈牙利的部队也一样。

汉斯·海因茨·雷费尔特记得，他当时看到"斯洛伐克和匈牙利军队……的步兵穿着黄棕色制服和高筒靴"，他还和一个"斯洛伐克下士一起喝偷来的烈酒，（那位下士）拿出了他的曼陀铃"，他们"听着斯洛伐克民歌，一直待到傍晚"。

轴心国各部队之间的关系也不全是友好的，尤其是罗马尼亚人和匈牙利人之间的关系，他们对彼此都怀有根深蒂固的仇恨。斯蒂芬·里特利对此非常清楚，他说："德国人必须让意大利挡在我们和罗马尼亚人之间，因为他们知道如果不这样做，我们就会和罗马尼亚人相互残杀，而不是并肩与俄罗斯人作战。"

纸面上，到6月初，博克可以看到一份详细记录着近100万德国官兵和60多万轴心国盟友的官兵的兵力清单。在他的68个德军师中，有一些师是刚从训练营出来的新部队，其余的师也有近一半完成了恢复和重组。他拥有的坦克和自行火炮共计约1500辆，并且集中在9个装甲师和5个摩托化步兵师中，但其运输补给队的兵力仍未恢复，前线步兵连的兵力也不够。为了弥补这些不足，德国人需要仰仗天空，去寻求德国空军力量的帮助。

这说起来容易，做起来难。在1940年的西方战役（又称"法兰西战役"）之后，德国空军还没来得及休整，就发现自己仍在英吉利海峡与英国皇家空军鏖战，而且还将战线越拉越长——为了支援埃尔温·隆美尔及其部下，他们又在北非的沙漠上空展开激战。在巴巴罗萨行动期间，德国大约有1000名飞行员阵亡、受伤或失踪，德国国内的飞机制造厂也在加紧生产，以弥补每月损失的战机，更别提生产大量的储备战机了。然而，最令人担忧的还是燃料问题。飞机需要高辛烷值的航空燃料，但这种燃料的生产和加工都十分困难。对于纳粹德国不堪重负的炼油系统来说，保障航空燃料供应始终是一个令人头痛的首要难题。其结果是，尽管东线的德国空军在1942年年初只调集到1591架飞机，但德国空军最高指挥部（OKL）还是被迫将分配给飞行训练学校的燃料减少了一半，并且在整个俄罗斯前线实施了一系列紧缩措施。这些措施包括：命令地面攻击部队自行开展行动前的侦察飞行 ①，以及取消为轰炸任务提供战斗机护航的保证。不出所料，损失开始增多，但在这种情况下，柏林方面别无选择。此时，新飞行员到达前线中队（staffeln，相当于英国皇家空军中队，但规模小些）时的飞行时间普遍在 220 小时到 270 小时不等，这比一年前的飞行时间减少了三分之一。因此，事故率急剧攀升，新飞行员在事故中死亡或受伤的概率两倍于在战斗中死亡或受伤的概率。

前景并非一片暗淡。随着冬季结束，到了 6 月初，东线德国空军的前线中队的飞机增加了，有 2600 到 2750 架 13，在其轴心国盟友的中队中可能还有 300 到 400 架飞机，但后者的装备和训练水平往往非常平庸或十分糟糕。当时作为斯图卡攻击机飞行员的弗里德里希·朗（Friedrich Lang），描述了他和他的战友们在意大利战斗机的护航下执行作战任务时的恐惧，因为当苏联空军的战斗机出现时，意大利战斗机经常逃跑，抛下无助的"斯图卡"。朗说，意大利人的表现"令人非常失望"。

在蓝色行动期间，南方集团军群将由亚历山大·勒尔（Alexander Löhr）指挥的第 4 航空队提供空中支援。勒尔是一名经验丰富的空军指挥官，他还得到了负责指挥第 4 航空军的库尔特·普夫卢格拜尔（Kurt Pflugbeil）和指挥第 8 航空军的沃尔夫拉姆·冯·里希特霍芬（Wolfram von Richthofen）这两位得力部下的有力支持。里希特霍芬尤其能干，他是著名的"红男爵"②的表弟，也曾在第一次世界大战中担任战斗机飞行员。他还把自己指挥的部队变成了一支极其有效的打击力量，可以说是德国空军中最好的近距离支援编队。通过一道残酷无情的命令，第 4 航空队将不再掩护北方集团军群和中央集团军群，这使得两个集团军群可用的飞机加起来还不到 1000 架，而德国空军最高指挥部将在勒尔的指挥下集结 1500 至 1600 架飞机 14，以便向南方发起大规模进攻。这些飞机比参加巴巴罗萨行动的飞机少了三分之一，而巴巴罗萨行动的飞机又比参加不列颠战役的飞机少了三分之一，这表明随着战争的持续进行，纳粹德国空军的规模正在萎缩。不过，德国空军中队有一些当时世界上最好的战斗飞行员。由于没有从前线进行轮换——这

① 译者注（后文脚注均为译者注）：此前的侦察飞行任务是由专门的侦察机部队执行的。
② 即曼弗雷德·冯·里希特霍芬（1892年5月2日—1918年4月21日），一战期间德国的王牌飞行员。

在英美空军中是很常见的做法——的概念，德国空军的飞行员只能一直留在前线，与苏联空军一决生死，只要他们能从可怕的消耗战中幸存下来，他们每个人都能完成300架次，或者400架次，甚至500架次的作战飞行任务。得益于拥有更好的装备，受过更好的训练，以及能够在苏军战线上空随心所欲地执行"自由狩猎"（freie Jagd）任务，德军飞行员们击毁了大量飞机，这一纪录在世界空战史上永远不会被打破。约翰内斯·麦基·施泰因霍夫（Johannes Macky Steinhoff）回忆道："在那些日子里，我们对俄罗斯飞行员有一种极强的优越感。"另一位德军飞行员则认为，"苏联飞行员的水平参差不齐，从非常好的到极其糟糕的都有。事实上，他们的一些飞行员几乎无法控制自己的飞机"。施泰因霍夫将在那年的8月31日取得他的第100次击坠纪录，从而成为第18位取得这一战绩的德军飞行员。

由于战前那支苏联空军实际上在一年前已被摧毁，此时的苏联人在某种程度上仍处于"求生阶段"，他们把大量训练有素的飞行员抛入空中，而他们驾驶的飞机往往是过时的型号，很容易被施泰因霍夫这类王牌飞行员"猎取"。苏联人承认他们在当年7月损失的飞机达到惊人的1644架，而德国空军只损失了264架。不过，苏联飞机的产量这时也开始增加了——7月的产量为1835架，11月的产量继续增加，有将近2300架。

这些新生产的飞机不仅有更新和更好的机型，如雅克-1战斗机、拉格-3战斗机和佩-2轻型轰炸机，当然，还有伊尔-2"斯图莫维克"攻击机。因为伊尔-2的主要目标是德军地面部队，所以后者给它取了个"屠夫"（Schlächter）的绰号。随着《租借法案》的推进，大量美国和英国的飞机也开始出现在苏联空军的编队中。战斗机飞行员阿道夫·迪克菲尔德（Adolf Dickfeld）回忆说，他看到"一排排崭新的（美国）'空中眼镜蛇'战斗机，就像在阅兵一样整齐排列……这些战机漆成了蛙绿色，机翼上画有巨大的苏联红星"。

德国人也得到了新型战机。Bf-109G战斗机（绰号"古斯塔大"）在前线中队占据了越来越重要的地位。赫尔曼·格拉夫（Hermann Graf）对他的新Bf-109G战斗机"充满狂热"，但并不是每个飞行员都对这种飞机如此着迷，而且不止一个人把这种新型飞机称为"狗屎桶"（Scheissbocke）。空战王牌京特·拉尔（Günther Rall）就坚持要把他新安装的翼下20毫米机炮吊舱拆除，因为它们"经常卡壳，并且使飞机变得非常笨拙，难以飞行，特别是在空对空战斗中"。

总的来说，为了执行蓝色行动，博克可能拥有了德国国防军及其轴心国盟友在战争的那个阶段所能召集到的最强大的部队。但它仍然存在可怕的弱点。与巴巴罗萨行动一样，德军将在没有任何人员或物资战略储备的情况下发动新的攻势，同时还要求各突击师 ① 持续向遥远的目标推进，并在补给线不断延伸的时候保持战斗力。鉴于燃料和弹药的库存量已经很少，而且没有大规模的运输车队可以运送物资，后勤方面的失败可能会再次阻碍德国人的计划。博克的希望是，他可以通过一系列快速的包围战摧毁他面前的大部分红军部队，并造成后者大范围的崩溃，这样，他的部队就可以从容地朝遥远的目标前进。但这是一个难以完成的任务。

---

① 这些师均位于补给点的末端。

注解

1. McNab, Chris (ed), Hitler's Armies: *A History of the German War Machine 1939-45*, p.216

2. Cawthorne, Nigel, *Turning the Tide*, p.88.

3. Murray, Williamson, *A Strategy for Defeat: The Luftwaffe 1933-1945*, p.91.

4. 本德勒街区位于柏林的蒂尔加滕（Tiergarten）区，在德意志第二帝国时代是海军总部的所在地，在魏玛时代为魏玛防卫军总部所在地。在纳粹统治下，各部门的指挥机构都云集于此，包括国防军总司令部、陆军最高司令部和帝国军事情报部门"阿布维尔"。

5. Koschorrek, Günter K., *Blood Red Snow: The Memoirs of a German Soldier on the Eastern Front,* p.15.

6. 引自 1942 年 6 月赫尔穆特·保卢斯致其家人的信，编号为 3.2002.7209。

7. 引自 1942 年 6 月鲁道夫·奥胡斯致其家人的信，编号为 3.2013.2829。

8. Klapdor, Ewald, *Viking Panzers: The German 5th SS Tank Regiment in the East in World War Ⅱ* , p.42.

9. McNab, Chris (ed), Hitler's Armies: *A History of the German War Machine 1939-45*, p.219.

10. 引自罗伯特·克肖（Kershaw, Robert）所著的《坦克人：战争中坦克手的故事》（*The Human Story of Tanks at War*），p213。路德维希·鲍尔（Ludwig Bauer）曾在德军第 9 装甲师的第 33 装甲团中服役。他受了惊人的 9 次伤，但还是在战争中幸存了下来，并讲述了他的故事。

11. 1940 年，法国战役之后，德国人成为战败的法军的"巨大车库"的主人。在这个"车库"里，仅洛林 37L 火炮牵引车就有 500 多辆。

12. Beringer, James, *A Hungarian Odyssey: The Life and Times of Dr Stephen Ritli*, p.33.

13. Hayward, Joel S. A., *Stopped at Stalingrad: The Luftwaffe and Hitler's Defeat in the East 1942-1943*, p.37.

14. Murray, Williamson, *A Strategy for Defeat: The Luftwaffe 1933-1945*, p.93.

第一滴血

在一年前的巴巴罗萨行动中，瓦尔特·冯·赖歇瑙曾率领大军长驱直入，却发现自己麾下一个团的所有军官都或死或伤，于是他亲自率领其部队继续作战。在陆军最高司令部，赖歇瑙向自己的老朋友阿尔弗雷德·约德尔讲述了这个故事，他说："我率军突击了整整 3 千米。实际上，我不仅参与了第一波进攻，而且还是其中的领头人。"约德尔并不怀疑他这位将军朋友。回到 1939 年 9 月，入侵波兰之初，赖歇瑙就因游过维斯瓦河（River Vistula）而成为第一位攻入波兰的德军军人，即使在他 56 岁的时候，他也以喜欢参加拳击比赛而闻名。1939 年跟随赖歇瑙越过维斯瓦河并在两年后攻入苏联的部队——第 6 集团军，是德国国防军几支最强大的野战部队之一。这支最初番号为"第 10 集团军"的部队，在西方战役中被重新命名为"第 6 集团军"，并参加了比利时战役，随后又在突破巴黎周围法军防线的过程中发挥了关键作用。第 6 集团军在诺曼底郁郁葱葱的田野上结束了法国之战，不久又被指派去参与巴巴罗萨行动。该集团军随即被派往东线，成为格尔德·冯·伦德斯泰特的南方集团军群的一部分。

在那里，第 6 集团军得到了第 168、第 297、第 298 和第 299 这四个新的步兵师的补充。其中，第 168 步兵师由现有的补充单位组成，其他步兵师则由 1940 年的新兵组成。在第 6 集团军此时已有的 7 个师中，大部分兵员都来自 1939 年"第二波动员"（Welle 2）[1] 中被列入第 1 类预备役（Reserve Ⅰ）[2] 的人员。不过其中的一个师，即西格蒙德·弗莱赫尔·冯·施莱尼茨（Siegmund Freiherr von Schleinitz）的第 9 步兵师早在 1935 年就已成立，而弗里德里希·希伯特（Friedrich Siebert）指挥的第 44 步兵师是在原奥地利著名的"最高条顿骑士团团长"（Hoch und Deutschmeister）团的基础上扩编而成的。这 7 个师都参加过西线战役，都是经验丰富的部队，都拥有训练有素、身经百战的官兵，都装备了第三帝国所能提供的最新式的武器。由于下辖的各师均达到满编（17000 人左右），赖歇瑙的第 6 集团军成为"一头强大的野兽"，它作为整个集团军群的开路先锋，在乌克兰开辟出一条道路。到此时为止，第 6 集团军最高光的时刻是其在基辅形成了"铁砧"时。与此同时，克莱斯特和古德里安的装甲集群作为"铁锤"砸向了这一"铁砧"，粉碎了南线的大量苏军，并促成了有史以来最大规模的包围战。

随后，第 6 集团军经受住了冬季战斗的考验。到 1942 年来临之际，该集团军在德国国防军中的影响力如日中天。在巴巴罗萨行动中，第 6 集团军在人员和装备方面都损失惨重，但它证明了自己是一支强大的部队，几乎可以击败来自红军的任何对手。1 月 20 日，星期二，第 6 集团军的世界发生了重大变化。自该集团军成立以来，一直指挥它的人不在了，在死于飞机失事之前，他刚被提拔为集团军群司令。升职时，赖歇瑙曾亲自举荐了自己的继任者——弗里德里希·威廉·恩斯特·保卢斯。

51 岁的保卢斯出身于德国中部小城古克斯哈根（Guxhagen）一个稳定的中产阶级家庭。第一次世界大战期间，他曾在步兵部队服役，但他的上级很快就意识到他的才能在于参谋工作而不是战场指挥。一战结束时，保卢斯为阿尔卑斯山地军（Alpenkorps）的一名上尉。停战后，他仍然身穿军装，因为根据《凡尔赛和约》，魏玛德国的军队被缩减到 10 万人，仅有 4000 名军官，而他就被选中为一名军官。他还与埃尔温·隆美尔在同一个团中担任连长。将魏玛防卫军军官派往苏联是两个国际社会的边缘国家之间签订的秘密军事协议的一部分，而保卢斯便是被派到苏联的众多军官之一。保卢斯曾在莫斯科做过客座教授，对这个国家及其军队非常了解，在成为陆军最高司令部的高级成员后，他还利用这些知识帮纳粹策划了巴巴罗萨行动。回到德国后，他曾短暂地指挥过一个新建的摩托化步兵营。事实证明，这是他截至此时指挥的规模最大的部队，也是他最后一次直接带兵。之后，保卢斯在各种参谋岗位上都表现得很出色，一路稳步晋升，包括他在"德国装甲兵之父"——海因茨·古德里安手下任职时。古德里安形容保卢斯"非常聪明，认真，勤奋，有独创性，有才华"，但也认为他缺乏决断力，行动迟缓，"在下达命令之前，倾向于花费过多时间在字斟句酌上"。另一位军官说保卢斯是"一个一丝不苟的办公室工作人员，热衷于战争游戏和在地图板或沙盘上制订计划。在这方面，他表现出相当高的天赋"。

显然，保卢斯是一个非常有能力的参谋，但当时的德国国防军仍然是一个非常注重阶级的组织，他一直未能摆脱因出身普通家庭而产生的自卑感。在德军中，你的名字如果带有"冯"（von）、"弗雷尔"（freiherr）或"伊特"（itter）等姓氏，就会为自己带来明显的好处。保卢斯的同辈隆美尔同样出身贫寒，但他通过极度自信和坚信自己的能力克服了这些问题，而这两种能力都是保卢斯缺乏的。事实上，保卢斯的左脸已经不幸患上了一种抽搐症，当他压力较大时，这种抽搐最为明显。在豪爽霸道的赖歇瑙手下，保卢斯的缺点得到很大改正，但他的导师这时候死了，他只能独自承担起高级指挥官的沉重责任。

一上任，保卢斯就给他的新司令部留下了深刻印象。他悄悄地放弃了曾使第6集团军沉溺于大规模暴行和屠杀的赖歇瑙的"严厉命令"（Severity Order），减轻了对臭名昭著的、已使数千名被俘共产党员丧生的"政委命令"（Commissar Order）的执行力度。这并不是说保卢斯是圣人，而是他认为杀害平民和战俘会对纪律产生不利影响。

事情很快就将明了——在第6集团军中，一切都不太顺利。身为一名对士兵命运感同身受的实干家，赖歇瑙深受士兵的崇拜。相比之下，保卢斯并不受欢迎，他缺乏平易近人的气质，对士兵遭受的考验和磨难也缺乏同情心。对其麾下各军、师的指挥官们，保卢斯与他们关系冷淡，且有所保留。大多数人认为保卢斯是一个策划者而不是一个领导者，并私下批评他缺乏战斗经验。保卢斯身材高大，清心寡欲，但烟瘾很大，经常喝咖啡。他最喜欢趴在家中的地图桌上，而在战斗中显得格格不入。他习惯戴着手套，因为他讨厌指甲里有污垢。他还每天坚持洗澡，换两次干净的制服。难怪人们背地里讽刺地称他为"我们最优雅的绅士"和"勋爵大人"。

在保卢斯接手的时候，第6集团军在整个构成上也正经历着根本性的变化。有至少8个曾参加过巴巴罗萨行动的师被调往其他部队——有些甚至被调往中央集团军群——并被大量新部队取代。这反映了一个现实：第6集团军即将成为一支"大杂烩"部队。步兵部队仍是第6集团军的核心力量，有9个步兵师分属3个步兵军，其中1个军下辖的3个步兵师均是参加过巴巴罗萨行动的老部队，余下的6个师则全是新部队。其中，第79和294步兵师是已在法国、巴尔干半岛和俄罗斯南部作战过的老兵部队，而第113、305、第376和389步兵师，因为最初是为了在西欧执行守备任务而组建的，所以还没有执行过任何作战任务。它们都加入了一个对第6集团军而言全新的作战单位——下辖4个师的摩托化军。该摩托化军包括2个装甲师、1个下辖1个完整坦克营的摩托化步兵师。

其中的佼佼者是赫尔曼·布莱斯（Hermann Breith）的第3装甲师。作为德国陆军最初的三个装甲师之一，这个被人们称为"熊"（Bär）的师参加过西方战役，又在之后的巴巴罗萨行动中表现突出，当时的师长沃尔特·莫德尔带领该师取得了一个又一个战绩，包括在一年前的秋天为封死基辅"口袋"进行的疯狂冲锋。同为装甲师的是汉斯·冯·博伊内堡-伦斯菲尔德（Hans von Boineburg-Lengsfeld）的第 23 装甲师。第 23 装甲师是 1940 年和 1941 年为扩大装甲部队规模而创建的诸多装甲师之一，该师最初装备的是缴获的法国坦克，后来换成了更受青睐的德国坦克。与他们并肩作战的是，长着鹰钩鼻的马克斯·弗莱梅里（Max Fremery）率领的第 29 步兵师（摩托化）。第 29 步兵师由图林根人组成，其绰号为"猎鹰"（Falcon）。这是一支表现突出的部队，在斯摩棱斯克战役和比亚韦斯托克—明斯克战役中被人熟知。该师可为第 6 集团军提供兼具机动性和打击力的作战力量。在这个异常强大的军中，最后一个，也是最不重要的一个师，是第 336 步兵师。由炮兵将军沃尔特·鲁赫特（Walter Lucht）领导的第 336 步兵师是新组建的部队，其原本计划和 3 个姐妹师一起在法国和低地国家执行占领任务——没有什么任务比这更辛苦的了。然而，冬季战斗的巨大损失迫使陆军最高司令部命令第 336 步兵师向东转移。此时，该师发现自己正处于德国国防军夏季攻势的最前沿。在那里，该师的弱点将以残酷的方式被暴露出来。保卢斯还有一个预备队，即第 100 轻步兵师。第 100 轻步兵师在规模上远小于一个标准步兵师，其师长为维尔纳·桑纳（Werner Sanne）。另外，该师还得到了由伊万·巴比奇（Ivan Babić）率领的、由经验丰富的志愿老兵组成的克罗地亚团的支持。

纸面上，第 6 集团军是一支非常强大的力量，其拥有的兵力超过 20 万，装备的坦克和自行火炮共 300 多辆，还有包括重型加农炮和榴弹炮在内的大量火炮。但是，纸面上的东西可能具有欺骗性。旧的第 6 集团军是一支久经考验的部队，而新的第 6 集团军几乎有一半的部队没见过任何战斗。这些部队的大量人员来自守备部队，他们是按照守备部队的要求招募并训练的，远达不到前线步兵的标准。另外，将装甲部队和摩托化步兵部队纳入一支基本上仍靠徒步前行和马匹拖曳的部队当中，这是一个未经尝试的试验。最重要的是，第 6 集团军又迎来了一位新的空军指挥官——被形容为"值得尊敬但不能鼓舞士气"的沃尔夫拉姆·冯·里希特霍芬，他将在蓝色行动期间与保卢斯携手合作。

不管自身存在多少潜在的问题和缺陷，第 6 集团军几乎都没有时间来消除它们，因为莫斯科无时无刻不在致力于破坏德国的计划。一年前的夏天，斯大林被德国人的进攻完全打了个措手不及，而他还认为为夺取乌克兰和顿涅茨河流域的矿产资源，德国国防军的主要攻势将在南方，这加重了他的错误。这一根本错误，以及对苏联抵御侵略的传统战略（以空间换取时间）的拒不遵循，导致一系列使大量红军被包围并被击溃的战役。但德国人的疲惫不堪和德军后勤保障的失败，使得莫斯科终于抓住机会，挽救了红军。与此同时，苏联付出了难以置信的努力，开展了全国总动员，并且在普通苏联士兵的顽强抵抗下，红军通过一系列反攻扭转了局势，遏制并击退了已经成为"强弩之末"的东线德军。

尽管屡受打击，斯大林在战争的这一阶段仍未学会把指挥部队的职责交给将军们，他又一次开始亲自干涉战事。事实上，这位苏联领导人已陷入傲慢。此时的他相信，随着德国人的战线在一片混乱中摇摇欲坠，自己只要发动一系列新的攻势，不仅会迫使东线德军进一步后退，而且还会使红军重新赢得主动权，从而促使纳粹德国在 1942 年彻底失败。

在这场"赌博"中，当斯大林在 1941 年赌黑时，结果却是红的。1942 年年初，斯大林又下了同样的赌注，重新犯了他在 1941 年的错误。这一次，他预测莫斯科将再次成为东线德军的主要攻击目标，而且德国人将以他们在勒热夫（Rzhev）的突出部作为重新对苏联首都发动攻势的跳板。为了挫败这一预期中的攻击，斯大林命令红军在北部的沃尔霍夫河河畔保持进攻态势，并对围困在德米扬斯克（Demyansk）"口袋"里的德军发起毁灭性打击。但对蓝色行动而言，最大的威胁实际是苏军在哈尔科夫市附近的一处阵地——伊久姆桥头堡（Izyum bridgehead）。当苏军准备从伊久姆桥头堡展开进攻时，德国人对苏军的意图一无所知，此时他们优先考虑的是占领克里米亚东部的刻赤半岛。5 月 8 日，在大规模空中力量的支持下，由埃里希·冯·曼施坦因麾下精锐的第 11 集团军下属的各突击师领衔，"猎鸨行动"（Unternehmen Trappenjagd）开始了。

"太可怕了！仅仅是进攻的初期阶段，对方就尸横遍野……在这场战争中，我还从未见过这样的场面。"沃尔夫拉姆·冯·里希特霍芬从来都不是一位胆小敏感的指挥官，但他在刻赤战役中看到的情景却让他感到身体不适。"可怕的是，到处都是军马和俄国人的尸体，臭气熏天"。他的第 8 航空军日复一日地猛攻苏军，死亡的臭味就像笼罩在战场上的阴霾。这场为期 11 天的战役是德军的一次战术胜利。曼施坦因展现了他对战场的掌控能力：

……大约 17 万名俘虏、1133 门大炮和 258 辆坦克落入我们手中。德国 5 个步兵师和1个装甲师，以及罗马尼亚的2个步兵师和1个骑兵旅，已经摧毁了对方两个完整的集团军，并重创了第三个集团军，共计摧毁其26个主力师。

曼施坦因仅损失了7388人，这还是包括了死亡、受伤或失踪的人。但就在其麾下的德军部队和罗马尼亚部队庆祝胜利的时候，红军在距刻赤战场以北约300英里的伊久姆发起了攻势。

在斯大林的催促下，谢苗·铁木辛哥（Semyon Timoshenko）率领其西南方面军的64万人和1200辆坦克，直接向南方集团军群的心脏地带冲去，但遭到德军的顽强抵抗。这是弗里德里希·保卢斯担任第6集团军司令后的第一场战役。保卢斯指挥得当，在发动反击前，他就先用大规模的火炮轰击和中型轰炸机一波又一波的轰炸来迟滞苏军的进攻。与1941年的夏天一样，斯大林拒绝撤退，铁木辛哥的战线的主要部分被德军切断，并陷入孤立。来自第1山地师的山地兵指挥官休伯特·兰茨（Hubert Lanz），目睹了苏军绝望地尝试着逃离这个"口袋"：

在数以千计的白色信号弹的照耀下，俄军纵队冲向德军防线。军官和政委们吼叫着，命令各营火力全开。红军战士手挽手地冲了过来，嘶哑地喊着"乌拉"，这可怕的声音响彻夜空。俄军第一波攻势如海浪般落下，然后这支土棕色的纵队又转向了北方。

这一幕让人联想起了一年前的东线战场，尽管遭受了可怕的损失，但苏联人拒绝放弃，再次向德国人的枪口冲了过去：

然而在那儿，他们撞上了我们山地兵设置的路障。这时，他们摇摇晃晃地后退，接着不顾一切地再次冲向我军防线。他们又前进了几百米，杀死并刺穿了沿途的一切活物，然后在侧翼的机枪火力中倒下。那些侥幸从火力中生还的人，要么摇摇晃晃的，要么爬行着，要么跌跌撞撞地撤回到贝雷卡河（Bereka River）河谷。

兰茨——曾亲身经历过第一次世界大战的恐怖——对他当时看到的一切都感到震惊和气愤。他说："第二天晚上，这一幕又出现了……一大群苏军手拉着手，向我方阵地冲了过来。他们肯定是受了伏特加酒的影响，否则这些家伙哪儿有勇气冲向必死之地，还高喊着'乌拉！'呢？"

在六天的激烈战斗中，苏军约 22 个步兵师、7 个骑兵师以及不少于 15 个坦克旅，被德军摧毁。苏军有 75000 名官兵阵亡，其中包括铁木辛哥的副手费奥多尔·科斯坚科（Fyodor Kostenko），另有 25 万人被俘。铁木辛哥损失了他所有的1200 辆坦克，还损失了 2000 门火炮和 542 架飞机。[3] 再一次，无穷无尽的苏军战俘发现自己落入了德国侵略者的手中，艰难地走向不确定的命运。自一年前的夏天，巴巴罗萨行动启动以来，意大利电影制片人、作家兼战地记者库尔齐奥·马拉帕尔特（Curzio Malaparte）就一直与南方集团军群一起转战。他已经对漫长的战俘队伍司空见惯了，他说："他们中的大多数人都受了伤。他们没有缠绷带，脸上布满了血迹和灰尘，制服破烂不堪，双手发黑。他们互相搀扶着，走得很慢。"在第6 集团军中一个负责搭建桥梁的建筑营里服役的弗里茨·帕布斯特（Fritz Pabst），他没有马拉帕尔特那样的同情心，看着人类苦难的足迹，他没有报以一丝同情。他说："你一定要看看那些俘虏之类的人。他们要是来到我们的祖国，我们的祖国一定会发生大屠杀，因为他们不是人……他们是野兽。"希特勒——对他所认为的巨大胜利得意扬扬——对弗朗茨·哈尔德说："俄国人完蛋了。"对此，这位理着野蛮平头的将军答道："我必须承认，看起来是这样的。"

伊久姆战役，也被称为"第二次哈尔科夫战役"，是德军又一次获胜的战役。这是保卢斯及其新部队取得的战绩，也是他个人的一个重要功绩。为了表示感谢，希特勒授予保卢斯梦寐以求的骑士十字勋章。要是用德国国防军的俚语来表达这事，那就是"治好了他的喉咙痛"。[4] 然而，第 6 集团军在战斗中损失了 2 万人和大约 100 辆坦克。尽管与莫斯科的损失相比，这些损失微不足道，但对一支还在致力于积聚力量的军队来说，仍是一次沉重的打击。也许更值得担忧的是，保卢斯那些未经考验的师在战斗中表现出明显的经验不足。与习惯了此类战斗的巴巴罗萨老兵不同，在埃尔温·亚内克（Erwin Jaenecke）的第 389 步兵师中，一名军士在面对红军女兵时目瞪口呆——这些女兵的战斗力"以诡谲和危险的方式表现出来。她们隐藏在稻草堆中，当我们经过时，她们会从背后向我们开枪"。

此时，南方集团军群已经在三周内打了两场激烈的战役，同时还试图为一次重大进攻做准备。这本该是巩固部队和集中精力为蓝色行动做准备的时候，但相反的是，南方集团军群以典型的纳粹方式又打了一场战役。这场战役更多是出于登上"头条新闻"的渴望，而不是军事上的需要。这就是塞瓦斯托波尔（Sevastopol）战役。

当战争来临之际，作为世界上几座最强大的要塞之一，塞瓦斯托波尔与其说是一个防御工事，不如说是一座由巨大的混凝土炮台和掩体群环绕的武装城市。数千米长的战壕将大炮和反坦克炮台与机枪巢穴、部队集结区、补给和弹药库连接起来。事实上，在一年前德军几乎完全征服克里米亚的过程中，塞瓦斯托波尔首次受到攻击，但它挺住了——随着苏军在刻赤半岛发动两栖登陆作战，德军最终在12月暂停了对这座要塞的进攻。此时，刻赤桥头堡已被摧毁，曼施坦因奉命彻底肃清塞瓦斯托波尔。与上次战役的步骤相同，在里希特霍芬对地攻击空中编队的强力支援下，第11集团军再次展开进攻，只是这一次没有回旋的余地，只能不断发起正面攻击来占领一个又一个据点。里希特霍芬指出，"步兵每奋力前进一千米都会遭受重大损失"。他在6月7日的日记中写道："俄罗斯各处的火炮和装甲防御工事都活跃了起来……炮口的闪光覆盖了整条地平线。"他麾下的斯图卡攻击机飞行员之一——豪普特曼·赫伯特·帕贝尔（Hauptmann Herbert Paber）说，防守的俄国人"被一次又一次地轰炸，被一遍又一遍地炮击，炸弹和炮弹的落点就像毒蘑菇一样……我们只能对他们的这种坚韧劲儿感到惊讶——是最真正意义上的难以置信……我们被迫利用炸弹将整个地方都炸了一遍，才产生了些许效果"。

帕贝尔并没有夸大其词。为了试图打破血腥的僵局，曼施坦因找来了三种重炮。这些重炮都体现了纳粹德国以牺牲实用性为代价，追求怪异和卓越的品位。第一种重炮是从第一次世界大战的堑壕战中遗留下来的"伽马"420毫米固定式攻城臼炮。它重达150吨，而且在以每小时8枚左右的速度发射923千克重的炮弹时，它几乎无法移动。口径更大的是"卡尔"600毫米自行臼炮，其发射的炮弹重达2170千克，有三门这种炮在塞瓦斯托波尔战役中被投入使用。负责操作"卡尔"的炮兵连在短短两天内就耗尽了该连全部的弹药储备，但收效甚微。最后，也是最特别的，是一门口径达800毫米的"古斯塔夫列车炮"（也被称为"多拉"）。作为有史以来最大且最重的火炮，古斯塔夫列车炮需要4000人和5个星期的时间才能被运送到指定位置。这门炮在五天内发射了47发炮弹后，它的炮管已经严重磨损。

塞瓦斯托波尔——苏联黑海舰队的大本营——最终在 7 月 4 日陷落。为了侵占这座要塞，由德国人和罗马尼亚人联合作战的第 11 集团军付出了阵亡、受伤和失踪 36000 人的代价，也许还付出了同样重要的代价，那就是近 7 万吨重的弹药。由于该集团军下辖的 9 个德国师和 3 个罗马尼亚师都已疲惫不堪，国防军总司令部只能放弃将曼施坦因的部队作为东线德军战略总预备队的计划。随后，第 11 集团军被解散。该集团军在刻赤和塞瓦斯托波尔赢得的两次标志性胜利，都是真正"得不偿失"的胜利，因为在一个毫无战略价值的战场上苦斗，不仅导致无数德国人和罗马尼亚人丧生，还消耗了大量本已稀缺的子弹、炸弹和炮弹。

早期的刻赤战役、伊久姆战役和塞瓦斯托波尔战役确实沉重打击了红军，并使红军总共损失了约 60 万人。但是，与一年前一样，坚决的苏联政府还是能够应对如此可怕的伤亡。这一次，苏联政府转向了人口庞大的"古拉格"监狱囚犯，并将多达 100 万人的囚犯从各个劳改集中营中释放出来，以派到前线服役。这些囚犯可能训练不足，装备简陋，但他们仍然有用，并再次补充了红军的队伍。

注解

1. 某一"波"步兵师，指的是德国国防军的某一步兵师群体。这群步兵师大概于同一时间组建，其组织类型相同，装备相同，兵员的训练程度也基本相同。
2. 18 岁以上且适合服役的德国男子被分为九大类。其中，第一类预备役人员指的是 35 岁以下、受过全面训练的男子。
3. Hayward, Joel S. A., *Stopped at Stalingrad: The Luftwaffe and Hitler's Defeat in the East 1942-1943*, p.126.
4. 骑士十字勋章的全称是"骑士级铁十字勋章"。它被获得者挂在脖子上系的丝带上，因此有了"治疗喉咙痛"的说法。

蓝色行动开启！

第四章

正当曼施坦因宝贵的突击团在克里米亚的烈日下血流成河时，蓝色行动的准备工作仍在疯狂地向前推进。沃尔夫拉姆·冯·里希特霍芬经常搭乘他的专机——菲斯勒 Fi-156 "鹳"式轻型侦察机飞到空中，以俯瞰他的机场，并亲赴前线进行视察。6 月 25 日，星期四，他再次乘机飞上天空，双眼紧贴着望远镜，努力观察地面上发生了什么。飞行员知道他的上司想要什么，于是操纵着这架小飞机，尽可能地飞到最低处。在飞越德军防线时，这架"鹳"式轻型侦察机恰好经过阿诺·雅尔（Arno Jahr）的第 387 步兵师的防区上空。第 387 步兵师绰号"莱茵的黄金"（Rheingold），由原巴伐利亚和奥地利的警察组成，非常缺乏战场经验，而这架陌生飞机的突然出现吓坏了他们。于是，他们纷纷用手中的轻武器攻击飞机。随后，飞机的油箱被击穿，里希特霍芬的飞行员也被击中，但这位德国空军将军用他冷静的头脑和高超的技巧，顺利将受损的飞机安全降落在了开阔的草原上，这使得受伤的飞行员幸免于难。回到总部后，里希特霍芬给雅尔写了一封简短的信，对他部下的机警表示赞许，他写道："虽然很高兴看到德军地面部队对抗飞机的战斗精神，但我请求您的部队将这种战斗精神用于对抗红色空军。"他又在日记中写道："该死的！他们不是向俄国人开火，而是向我的'鹳'式开火！"

其实里希特霍芬应该庆幸自己的好运气。就在他与第 387 步兵师发生"致命遭遇"的短短几天前，第 23 装甲师的首席作战官——约阿希姆·赖歇尔（Joachim Reichel）少校乘坐另一架"鹳"式轻型侦察机去执行新攻势的最后计划任务之一，而苏军的地面火力就将他的飞机击落在红军的防线上。令这一事件变得更加糟糕的是赖歇尔的严重违规，因为他携带了一整套蓝色行动的作战命令。随后，一支庞大的德军巡逻队（一个来自第 336 步兵师的加强连）被派遣到前述的苏军战线上，试图寻回作战命令和赖歇尔的尸体。后来，他们在一个小山谷中成功找到了坠毁的飞机。这架"鹳"式轻型侦察机的油箱上有一个弹孔，但没有起火的迹象。该巡逻队在对附近地区进行搜索后发现，距离飞机大约 30 码（1 码为 0.9 米）处有两座新垒的坟。在挖出两具尸体时，他们很难辨认其身份，因为尸体严重毁容，而且苏联人还拿走了相关证件和身份牌，但那无疑就是赖歇尔和他的飞行员。结果，莫斯科已掌握了整个进攻计划。

在得知这个巨大的隐患后，希特勒勃然大怒。赖歇尔的上级——汉斯·冯·博伊内堡-伦斯菲尔德少将被就地免职，并且被欧文·麦克（Erwin Mack）接替。尽管如此，希特勒决定还是继续执行原计划，并为进攻做了最后准备。

虽然远不及在当时为巴巴罗萨行动集结的兵力那么强大，但考虑到东线德军相当大的局限性，蓝色行动的攻击力量仍然令人印象深刻。埃瓦尔德·冯·克莱斯特的第 1 装甲集团军（1. Panzerarmee）是其中最大的编队，兵力超过 22 万，拥有约 480 辆坦克和自行突击炮，而保卢斯的第 6 集团军也相差无几，拥有 20 万人，300 辆坦克。霍特的第 4 装甲集团军（4. Panzerarmee）拥有与第 6 集团军数量相同的坦克，但兵力为 18 万人。还有第 17 集团军，它也将 15 万官兵和 180 辆坦克投入到了战场。汉斯·冯·萨尔穆特（Hans von Salmuth）的第 2 集团军主要承担保护攻击部队侧翼的任务，但仍将为进攻贡献 95000 人的力量。这意味着，德军总共将投入超过 75 万兵力、1440 辆坦克和自行火炮，其中包括不少于 125 辆配备新型长管 75 毫米主炮的"四号坦克"。除此之外，意大利第 8 集团军和匈牙利第 2 集团军各有 20 万人，罗马尼亚第 3 集团军和第 4 集团军也会出战 23 万人。同时，这些集团军各自也会带上自己的装甲部队和空中支援部队，但与德国和苏联相比，他们的这些部队实力相当弱小。另外，德国空军一开始将投入 2700 架飞机，但这一兵力规模最多只能维持几个星期。

最终，纳粹德国在 1942 年 6 月 28 日星期日——比一年前的巴巴罗萨行动开始的时间晚了一周——再次尝试彻底击败苏联并赢得战争，而南方集团军群也开始向东方进军。为了纪念这一时刻，威廉·凯特尔——以他一贯可怕的时机意识和对主人的谄媚——向所有即将参与行动的高级指挥官发出一道指令，即"可以在不经事先警告的情况下，枪毙逃跑的战俘。战俘的任何抵抗，哪怕是消极抵抗，都必须利用武力彻底粉碎"。官方批准的针对战俘的屠杀是巴巴罗萨行动的一个重要方面，而在蓝色行动中，德军继续推行了这一恐怖政策。

就在指挥官们消化吸收凯特尔的新指令时，前线万炮齐鸣。汉斯·海因茨·雷费尔特被这一景象惊呆了：

我们的每一门大炮和多管火箭发射器（Nebelwerfer，字面意思是"烟雾迫击炮"）都在倾泻弹丸。炮弹落地后，伊万（德国人有时称苏联士兵为"伊万"）的身边升起了泥土、灰尘和浓烟……在这震耳欲聋的喧嚣声中，坦克、突击炮和坦克歼击车冲了上来……朝着俄军阵地驶去……我们的上空出现了德国空军的编队：He-111 轰炸机负责轰炸敌军后方地区，Ju-87 斯图卡俯冲轰炸机绕着敌军的前沿阵地盘旋，然后……在"杰里科警报器"的嚎叫声中近乎垂直地俯冲下去并发动攻击。

这次进攻取得了圆满成功——"我们毫无阻力地到达了俄军防线。所有东西都被炸成了碎片……我们看到许多敌军尸体，被摧毁的机枪阵地，迫击炮坑——全都被毁了。我们已经突破了对方的防御"！

萨尔穆特的第 2 集团军和赫尔曼·霍特（Hermann Hoth）的第 4 装甲集团军穿过草原向沃罗涅日市进发，全军上下都充满信心——"在目光所及之处，我们都在向前推进。坦克、突击炮、轻型装甲运兵车、半履带车、双管高射炮……都在向前推进……我们从未料到会取得如此巨大的成功，我们现在都相信自己会在短时间内赢得东线战场的胜利"。[1] 另一名前线士兵汉斯 - 阿尔伯特·吉斯（Hans-Albert Giese）的心情也很好："我目睹了我们的装甲部队是如何将俄罗斯巨人打得粉碎的。德军每支部队的士兵都非常优秀，我认为战争会在今年、在这次攻势后结束。"[2] 不过，他的战友古斯塔夫·伯克（Gustav Böker）在攻击开始前给父母写信时就不那么乐观：

一年前，我们攻入俄罗斯。我可以告诉你，那是漫长的一天。9 点钟，我们越过了边境，现在，我们已经在这个"工人的天堂"里待了一年。那时候谁能想到？和许多人一样，我猜想这将是一场为期四周的战争，结果一切都截然不同。没有人预料到俄罗斯会是一个如此强大的军事强国。我想，如果当时有人说"一年后你还会在俄罗斯"，我们会认为他们疯了。但我们现在的确还在俄罗斯，谁都不知道还会待多久。[3]

在南方广阔的空间，空中力量至关重要。对此，德国空军对地攻击中队的一位后座机枪手——海因茨·路德维希（Heinz Ludwig）非常清楚，他说："我们 Me-110 战斗机的主要任务……非常简单，就是对各类敌军目标——坦克、火车、补给纵队、机场进行精确轰炸，加上为支持地面部队而进行扫射，以及与敌方战斗机和伊尔 -2 对地攻击机进行空战。"路德维希对其中一个任务记得非常清楚：

我们攻击了敌人的坦克纵队……当我们拉起飞机，准备和战友会合时，我们发现自己被一群米格 -5（更可能是拉 -5）战斗机包围了。在我座机的防御范围内有两架敌机，第一架位于"马车夫"（Kutscher，即飞行员）前方大约 100 米处……另一架位于机尾后方 30 米至 50 米处，并且飞得比较低，这使我无法攻击它，因为这很可能会误击我的机尾。我不断看到俄罗斯飞行员的脸，但就是难以进攻。我呼叫我的僚机（katschmarek），让他追上来，但他的机枪肯定被卡住了，否则他会把俄国人揍下去的……我们一起绕行了几分钟。然后，我的僚机出现了……但他也无法射击，因为在这种情况下很容易会误击到自己。我建议飞行员采取一些规避动作，这样我就可以向机尾这架敌机开火了。但很快我们就不需要这样做了，因为我们前面的米格飞机这时犯了一个致命的错误，它试图用一个向右的急转弯离开包围圈，布鲁诺（飞行员布鲁诺·鲍迈斯特下士）火力全开，实实在在地击中了那架米格飞机，我只能看到一个火球……我们在返回基地时，摇晃着机翼以示胜利，那感觉真好。[4]

路德维希在重型战斗机部队的另一位战友——赫尔曼·布赫纳（Hermann Buchner）也参与了同样的对地攻击行动，他说："我们先是对目标投下炸弹，然后对我们所能看到的任何一处敌军阵地展开低空攻击，特别是集中力量摧毁敌人的汽车车队，并尽可能多地摧毁车辆。有一次，我们击中了一处房屋，所有的东西都亮了起来，十分壮观……原来我们击中了一座弹药库。"[5]空军人员的努力得到了地面部队的极大赞赏——"我们的飞机现在正在努力工作，当你看到它们满载着炸弹，成群结队地飞过时，真的很有趣……它们不停地飞来飞去，从不让伊万安宁"。[6]但这远非轻易之举，正如霍斯特·拉姆斯泰特（Horst Ramstetter）解释的那样：

当我们开始向前推进时……每个人都说"很好，我们在前进，在进军，一切都很好"……有些飞行员只有18岁，从来没有执行过飞行任务，他们的脑子里满是"元首、人民和祖国""我们将勇往直前，我们这些英雄将赢得这场战争！"……但他们回来后就嚎啕大哭。他们准备放弃，他们没有准备好应对像俄国人这样凶猛的敌人。残酷的战斗让他们认清了现实。

年轻的德军飞行员很快便领教到了苏联人的凶猛，因为他们的一些对手居然使用了自己在巴巴罗萨行动期间使用过的战术——"塔兰"（taran，俄语意为"攻城槌"）。赫伯特·昆茨少尉（Herbert Kuntz）目睹了这样的场景："一架苏联战斗机径直撞上了在我们身后飞行的一架 He-111（中型轰炸机）……两架飞机互相缠绕在一起，旋转着垂直下降，空中没有出现任何降落伞！最后，两架飞机的机翼与机身分离，消失在下面的云层中——仍然没有降落伞出现！"[7]这不是唯一一起自杀式攻击。一天后，瓦西里·科列斯尼琴科（Vasily Kolesnichenko）上尉在驾机与 Bf-110 战斗机撞击后当场战死。

尽管"塔兰"战术令人震惊，但它未能掩盖这样一个事实，即苏联空军仍未从一年前近乎毁灭性的打击中恢复过来。苏联的众多飞行学院培养出了大量缺乏训练的年轻飞行员，他们很容易成为经验丰富的德国空军专家（二战德国空军的飞行高手都被称为"专家"）的目标。"8 点 50 分，我和赫伯特·伊勒菲尔德（Herbert Ihlefeld）少校起飞，去找一个合适的地方以建造我们的新机场。在冲在最前列的装甲纵队的上方，我们在 2000 米高空中突然遭到 7 到 10 架米格 -1 战斗机的攻击……伊勒菲尔德少校击落了其中一架。"维克托·彼得曼（Viktor Petermann）回忆道。随后，彼得曼自己也抓住了机会——"我追赶另外一架米格 -1。在其机身向左倾斜的时候，我开了火，顷刻间就把它的左翼打烂。随后，敌机开始螺旋下坠……但苏联飞行员跳伞救了自己"。

与一年前的夏天一样，德国空军飞行员们仍可以"自由得分"，他们的击坠纪录再次开始急剧攀升，但他们的苏联对手依然不断涌现，这让德国空军战斗机飞行员们感到异常惊愕——"有时他们的编队中有多达一半飞机被击落，但伊万的战斗机仍然不断飞过来"。苏联人愿意付出巨大伤亡并继续鏖战。持续的战斗再次拖垮了德国空军，正如海因里希·塞茨（Heinrich Setz）在日记中承认的那样："我们日复一日地向大批俄罗斯飞机猛扑过去……只剩下我和我的几名战友驾驶飞机来到一个魔鬼被释放出来的地方……"[8]

地面上，德国人的好日子似乎又回来了。在经历了可怕的冬季战役之后，再一次放眼望去，德军的"坦克和半履带车在草原上滚滚前进。在午后，微微发亮的空中，旌旗迎风招展"。[9] 大批前线步兵紧随其后，在炎炎夏日中向东行进。不过，大军有时候会被迫停下来，以"等待新的马匹和士兵赶上来"。鲁道夫·奥胡斯声称："进攻已经开始！部队源源不断地从我们身边经过，俄国人似乎又装上了'飞毛腿'……我们可能要行军很长时间才能赶上俄国人的脚步，但他们很快又逃走了……我们只能在夜间行军，白天实在受不了，这里热得不可思议。"

不过，奥胡斯并没有一直跟着部队推进。他在给一匹新马套缰绳时被马一蹄子踢中了头。在重新加入其炮兵连之前，他要在野战医院休养几个星期。

至于奥胡斯在南方集团军群中的其他战友，他们继续前进，并惊叹于这个国家的广袤，正如威廉·霍夫曼（Wilhelm Hoffmann）——乔治·费弗（Georg Pfeiffer）的第94步兵师中的一名前线士兵——在日记中描述的那样："苏联人占据了多么宽广的空间啊。战争结束后，我们将会在这里拥有多么富饶的土地啊！"与以往一样，霍夫曼和他的同伴们前进的道路只是土路而已。一位年轻军官在一封家书中告诉他的兄弟说，他们扬起了令人窒息的尘土云，"道路被笼罩在一片厚厚的灰尘中，人和动物都在其中穿行，这对眼睛来说很麻烦。尘土经常被卷成厚厚的柱子，一路向队伍吹过来，使人在几分钟内无法看到任何东西"。[10]

苏军纵队也掀起了同样的尘埃，并成了约翰内斯·考夫曼和他的 Bf-110 战斗机中队的诱人目标，他写道："……天气是站在我们这边的。仲夏的太阳日复一日地从湛蓝的天空中炙烤着整个乡村……任何部队或车队只要展开大范围移动，都很容易掀起尘土云，导致自己被敌人发现。"一旦发现敌人，德国飞机"得到命令，首先就要俯冲轰炸敌人的炮兵阵地，然后进行地面扫射，以支援部队。和往常一样，行动前简报所能提供的细节很少……必须非常小心，不要误击自己的部队"。苏联的防空炮火猛烈而准确。后来，考夫曼遭到"15 到 20 架 I-153（老式双翼飞机）的攻击"，他们的"Bf-110 太迟钝了，无法进行缠斗"。不过，他还是击落了一架敌机：

……说实话，这与其说是技术问题，不如说是运气问题。我的对手突然出现在我的鼻子前面，他距离我太近了，我几乎就要撞上他，纯粹是条件反射，我按下了炮钮。在这个范围内，我不可能失手，于是 I-153 翻了个身，然后四分五裂了。

双方的作战节奏都很快，而且在起伏的草原上，德国飞行员经常难以分辨敌我。德国军队通常使用所谓的"飞布"（fliegertücher）——通常是一面由红色、黑色和白色组成的巨大万字旗——向飞行员表明他们是友军，但苏联人很快就发现了这一点，也开始使用它们。后来，德国前线部队使用白色照明弹作为标志，但苏军也复制了这种照明弹，尽管考夫曼注意到这种照明弹与他们的不同，"俄军的照明弹不是纯白色的，而是带着淡淡的黄色，（但）在战斗最激烈的时候，尤其是在明亮的阳光下，这并不总是很容易分辨的"。

德军的推进异常迅速。苏联最高军事委员会（STAVKA）在之前已将大部分红军预备队部署在北方，以应对预期中的德军对莫斯科的进攻，而如今，他们只能紧急向南方派遣援军。在蓝色行动开启两天后，第 6 集团军开始进攻，他们向东南方向进攻，并向顿河进发。其装甲和摩托化编队给一位来自第 389 步兵师的年轻士兵留下了深刻的印象，他说："你无法想象我们亲爱的摩托化战友的速度。"他对德国空军提供的支持也印象深刻，说："当我们的飞行员在我们上空时，我们真的安全感十足！因为你永远看不到任何俄国飞机。"但快速推进也存在问题，正如一名地面支援战斗机飞行员赫尔曼·沃尔夫（Hermann Wolf）详述的那样：

> 我们很少被安置在合适的机场上……大多数情况下，我们仅能使用准备不充分的草地，甚至是休耕地，通常是在前进的装甲纵队后面和步兵前面……在最初的几天里，只有最必要的地勤人员和我们在一起。当主要的支援人员赶上我们时，我们通常已经在下一个前沿野战基地了。我们住在帐篷里，如果附近有村庄，就住在农夫的小屋里。我们睡在睡袋里的气垫上。我们很少接近任何人口密集的城镇或城市。[11]

沃尔夫不喜欢在草原上风餐露宿，但并非所有德国空军飞行员都有同样的感受。约翰内斯·考夫曼就相当享受这种生活——"我们又回到了帆布下，又拥有了同样有益身心的团结和友谊精神……我们之间没有任何疏远的感觉……我们都有令人惊讶的旺盛胃口，我们吃得非常好。我们很少生病，因为我们的医务人员经常对我们进行密切的检查，并定期为我们注射各种疾病的疫苗……在一天的工作结束后，我们都睡得很香"。[12]

德国空军的后勤系统似乎运转良好，但陆军的后勤系统并非如此。由于机动运输十分昂贵，为部队提供食物的任务就交给了马拉的"炖菜大炮"（Gulaschkanone，德军士兵对野战厨房的戏谑称呼），以及 200 升的烹饪锅、90 升的咖啡壶、一群厨师和杂役。许多对于羡慕德国为士兵准备热的新鲜食物的能力，但德国的这种后勤系统因依赖马匹的运力和需要在当地采购食材而严重受到限制。在西欧，从不情愿的农民那里购买很稀缺的食物已很不容易，更何况在苏联。在那里，从那些几乎不足以养活自己的人的手里购买食物就更加困难。一名德国军官在日记中写道，他的士兵实在太饿了，"士兵们跑到菜园里，把所有东西都拿走了"。一名隶属第 6 集团军的战地记者在前进过程中看到士兵们如何"从坦克和半履带车上跳下来。一场大规模的'处决'突然开始执行。然后，这些颈毛血淋淋的、在阵痛中拍打着翅膀的家禽被抬到了车上。最后，士兵们跳上了车，车的履带磨碎了土壤，车辆又继续前进了"。鉴于德国人不愿储备足够的口粮来养活他们的部队，德军士兵必然会抢掠当地居民仅有的一点食物，正如一名军官所说的那样——"这是一大丑闻。我们公布了严厉的禁令，但普通士兵很难克制自己。他是因饥饿而被迫这样做的"。但并不是所有向前推进的部队都有同样的经历。值得注意的是，一位军官说："我从来没有像在这里一样吃过这么多东西。我们用勺子吃蜂蜜，吃到吐为止，晚上又吃煮火腿。"

在轴心国军队中，边走边抢的不只有德国人。在保卢斯的左翼，古斯塔夫·亚尼（Gusztáv Jány）的匈牙利第2集团军趁机从惊恐的当地人那里夺取他们想要的东西。他们的一名士官指出："我们的小伙子们已抢了三壶牛奶。当女人们把牛奶拿到地下室时，我们的小伙子拿着手榴弹出现在她们面前，并且假装要扔手榴弹。妇女们吓得跑开了，我们的小伙子们就拿走了牛奶。"匆忙赶来加入亚尼部队的伊斯特万·巴洛格当时坐在一辆运兵列车上，他看到：

……1941年伟大战役的遗址。到处都可以看到被摧毁的俄国坦克。我们看着它们，对苏联攻击匈牙利的想法感到害怕……我们坚信，我们将粉碎他们对欧洲的威胁……想到有多少人牺牲了，想到有多少德国的同志在这里献出了生命，就令人感到恐惧。

而随着离前线越来越近，巴洛格最初的信心开始动摇：

炮火声近在耳旁。我们可能快要开战了。被烧毁的德国车辆的残骸到处都是。德国人开始失去他们的武运了吗？德国士兵和匈牙利士兵的坟墓随处可见……到处都是尸体、野战炮、车辆和散落的武器。

没过多久，巴洛格和他的战友们就面临着游击队的威胁，几乎可以肯定的是，这些游击队员是德军前进时被困在德军防线后方的苏联士兵——"我们再次遭到游击队的袭击。我们有一个人受伤了。七点钟，我们出发去扫荡这个地区。我们杀死了五名敌方士兵。此外，有两名敌方士兵被我方俘虏并带走审问，之后被枪决"。

随着德国及其盟友步步紧逼，斯大林又做了一件令人吃惊的事情，那就是他批准了红军的战略撤退。希特勒认为——顺便说一下，博克也认为——红军无法从它在巴巴罗萨行动期间所犯的错误中吸取教训，而德军的迅速行动将使得南方集团军群把苏军剩余的大批部队牵制在顿河河畔。希特勒的逻辑是，在几乎没有储备可言的情况下，苏联将在南方陷入崩溃的境地，届时，第 6 集团军就可以到达并切断伏尔加河通往北方的补给线，然后高加索地区就会像一颗成熟的李子一样落入帝国的怀抱。这种设想的关键在于，苏联人会站在原地打一场静态防御战，此时，灵活得多的德国人就能够将苏联人包围在一系列的"小口袋"里，使其无法有序撤退。面对这种新战略，博克无法重现比亚韦斯托克、明斯克、布良斯克或维亚济马的成功，并且即使此番进攻为帝国夺取到广阔的新领土，也不能取得决定性的胜利。的确，数以千计的苏军士兵成了俘虏，但人数远远没有达到德国人的预期。

大多数参与进攻的人都不理解这一现实，他们看到的只是一排排的俘虏和每天的持续推进。弗朗茨·韦特海姆（Franz Wertheim）在进攻部队后面的一家军事医院里服役，他说："新集结的部队以强大的冲击力冲向敌人，并在激烈的战斗中迫使敌人后退。现在，没完没了的战俘队伍又开始从我们医院门口经过了，我们的病人大部分都来自敌人一方。"巴巴罗萨行动所特有的、公开的种族主义倾向再次浮出水面，韦特海姆似乎忘记了他的希波克拉底誓言：

令人难以置信的是，现在在我刀下的人，他们都是原始人！我们不得不节约使用麻醉剂，以便留给我们的部队！但是，这些近乎动物的生物呆呆地接受了我们的手术，没有说话，也几乎没有抽搐。我觉得自己更像一个兽医，而不是一个医生，并且在我们跟随部队前进时，原始的工作条件似乎并不像我在医治普通的文明人和有感觉的人那样不协调。[13]

尽管韦特海姆认为俄国人很"原始"，但这并不妨碍他找一个俄国情妇——"奥尔加的身材好极了，她的魅力温暖着我"。

回到前线，一年前的模式再次出现：装甲部队在前面狂奔，步兵在后面奋力追赶。一名年轻的装甲部队军官当时在夜空下驱车前进，他回忆道："如果我们想完整地占领卡利特瓦河（River Kalitva）上的桥梁，我们就必须在黎明前到达罗索什（Rossosh）……我们不顾一切地呼啸着驶过俄军炮兵和步兵部队的前沿阵地，幸亏他们没认出我们。"凌晨3点到达城郊时，德军装甲部队发现了一座新建的军用桥梁，便毫不犹豫地冲了过去。铁木辛哥本人在该镇陷落时差点被俘，直到最后一刻才侥幸逃脱。虽然攻占罗索什是一次重大的胜利，但对德国人来说，也有不祥的迹象，因为刚才提到的装甲军官承认道："由于弹药和燃料短缺，必须避免与敌人发生一切接触。"备受赞誉的"大德意志"师也处于同样的境地——"我们在空地上停了下来，燃料用完了，不得不强制休息，以等待 Ju-52 运输机给我们送来更多桶装燃料"。[14] 一名坦克乘员哀叹道："命令来了，叫我们排成一道'刺猬阵地'（Hedgehog），以等待燃料和步兵赶上来。"攻势才开始不到一周，补给不足就已成为大问题。

在装甲部队后面，走得脚疼的步兵们继续向夏季的俄罗斯南部干燥、广袤的地域进军。一位刚经历过第一次战役的新兵写道：

晚上，我们在田野里扎营，并且每个人都要用挖战壕的工具挖出自己的"床位"……我们停下来，干脆就在原地睡着了。突然，一位将军出现了，他把我们叫了起来，因为步枪必须被妥善堆放……我们日夜都在行军。

德军指挥官，如装甲部队指挥官艾哈德·劳斯（Erhard Raus），就深知前进对于普通步兵来说有多么困难：

俄罗斯南部的每个村庄都有一到两口井，但在夏季，这些井的水很少，而且味道很重……许多井都干涸了，有的井水必须煮沸才能饮用……在顿河和伏尔加河之间作战的德军部队实际上没有得到当地的饮用水供应。[15]

一位步兵说得更简洁，他说："在这片无边无际的草原上，没有可以掩护飞机的森林，最重要的是，没有可供人和马饮用的水。"赫尔穆特·韦格曼（Helmut Wegmann）同意他这位无名战友的看法，说："这里的地形毫无特色，只是一片巨大的沙质草原。甚至非洲的情况也不会比这里更糟。"

注解

1. Rehfeldt, Dr Hans Heinz, *Mortar Gunner on the Eastern Front*, p.174.

2. Evans, Richard J., *The Third Reich at War*, p.404.

3. 引自古斯塔夫·伯克写给父母的信，编号为 3.2002.0966。

4. Eriksson, Patrick G., *Alarmstart East,* p.95.

5. Bergström, Christer, B*lack Cross Red Star: Volume 3 Everything for Stalingrad*, p.28.

6. 引自鲁道夫·奥胡斯写给父母的信，编号为 3.2013.2829。

7. Bergström, Christer, *Black Cross Red Star: Volume 3 Everything for Stalingrad*, p145. Unteroffizier Walter Tödt.

8. 同上书，pp.35-36。

9. Beevor, Antony, *Stalingrad*, p.75.

10. Evans, Richard J., *The Third Reich at War,* p.407.

11. Eriksson, Patrick G., *Alarmstart East*, p.94.

12. Kaufmann, Johannes, An Eagle's Odyssey: *My decade as a pilot in Hitler's Luftwaffe*, p.151.

13. Hagen, Louis, *Ein Volk, Ein Reich*, p.53.

14. Rehfeldt, Dr Hans Heinz, *Mortar Gunner on the Eastern Front*, p.182.

15. Tsouras, Peter (ed), *Fighting in Hell: The German Ordeal on the Eastern Front*, p.184.

高加索——去而复返！

第五章

阿道夫·希特勒不是一个有耐心的人，他也不愿意接受下属的失败。继一年前的冬天在莫斯科前方遭遇灾难性的失败之后，博克得到了希特勒给予的第二次机会。就希特勒而言，这已经非常慷慨了。但现在，博克又一次辜负了希特勒，因为他没能消灭南方的红军。博克也不是唯一一个表现不佳的人。在背后被人称为"小皇帝"的亚历山大·勒尔，对苏联空军进行了猛烈的打击。两周内，勒尔麾下的战斗机摧毁了近 500 架苏联飞机，但他并没有像希特勒期望的那样，给予苏联空军一记重锤。希特勒忍无可忍，派勒尔去指挥驻扎在巴尔干半岛的第 12 集团军，而勒尔咄咄逼人的下属——冯·里希特霍芬被提拔并接替了他的位置，以负责领导德国空军第 4 航空队。里希特霍芬反过来把自己的第 8 航空军交给了马丁·菲比格（Martin Fiebig），这就是说，后者在当时领导了德国拥有的最强大的空中力量。然而，对蓝色行动——从 6 月 30 日起被重新命名为"布伦瑞克行动"（Braunschweig）——和整个战役的未来影响最大的还是地面战事发生的改变。

　　这位独裁者对博克的"过分谨慎"非常恼火，他决定从根本上改变进攻的步骤。最初的计划要求德军到达伏尔加河，切断苏军补给线，并沿顿河向西北方向形成一个"硬肩"。然后——也只有等到那时——他们的大部分部队才会开始向南推进，到达高加索地区并占领油田。此时，希特勒实际上把这个计划扔进了垃圾桶。取而代之的是，他把南方集团军群分成了两部分，让其中一部分向东推进到伏尔加河，让另一部分同时向南挺进。由于这两支部队的目标相距数百英里，双方都无法支援对方，而德国将被迫同时支持两场完全不同的攻势，这就会令其本已不堪重负的后勤支援系统雪上加霜。以博克本人为首的高级军官们都对希特勒的疯狂计划感到震惊。

　　7 月 13 日，当希特勒飞到博克设在乌克兰波尔塔瓦——这里正是 1709 年沙皇彼得大帝决定性战胜瑞典国王查理十二世的地点——的总部时，这位耿直的普鲁士陆军元帅（Feldmarschall）最近倾向于与他的元首展开公开争论，他告诉后者新计划是愚蠢的，而且在他看来，苏联人"逐渐变得聪明了"。哈尔德——他像只鹦鹉一样永远站在他主人的肩膀上——赞同博克的观点，但希特勒挥手示意他们不要争论——"无稽之谈。俄罗斯人正在全力逃跑，他们完蛋了。过去几个月中，我们给予他们沉重打击，现在他们已经摇摇欲坠了"。当时，斯大林破天荒地命令红军撤退，以避免遭到东线德军围歼，但希特勒对莫斯科的意愿进行了曲解，以证明自己的观点——红军几近崩溃——具有无可辩驳的正确性。当博克继续提出异议时，他的命运也就被注定了。四天后，博克被解职，表面上是因为健康被解职的，但这个消息没有被公开。此后的几周里，博克继续出现在帝国的新闻纪录短片中。[1]

随后，希特勒也做了一件他在战争期间几乎从未做过的事情——将自己的总部迁出德国，搬到了更靠近前线的地方。在博克被解职的前一天，元首的全体参谋人员被带到一个机场，而迎接他们的是"一个壮观的景象——巨大的飞机排成一排，准备起飞，它们的引擎在转动，空气中充满了机翼和电线振动的低沉轰鸣声"。随后，16 架等待中的飞机装上了打字员、厨师、司机和独裁者及其随行人员的全部随身物品，"它们一个接一个地滑行至跑道末端，随后飞到空中"。

三个小时后，它们全都安全降落在乌克兰的文尼察（Vinnytsia）。在该城附近的一座三角形森林里，有一片崭新的、隐藏在高大松树下的建筑群。由托特组织（Todt，简称"OT"）这个准军事建筑团体建造的、代号为"狼人"（Werwolf）的新总部，包括一系列木制小屋和两个为了防御空袭而建造的钢筋混凝土掩体。这一总部的选址不太好，不仅潮湿闷热，还蚊虫成群。参谋人员讨厌这里，希特勒也更喜欢他心爱的贝格霍夫山的新鲜空气。在乌克兰夏天的烈日下，希特勒甚至比平时更易怒，更暴躁。他们将在乌克兰的森林中度过整整三个半月，而这段日子也被幸存的"狼人"元首大本营（Führerhauptquartier Werwolf）的工作人员称为战争中最悲惨的一段日子。此时，相信自己已接近战场——文尼察实际上距离斯大林格勒有 600 多英里——的希特勒开始频繁地干预作战行动的细节。正如哈尔德说的，"在以前的战役中相对罕见的事，现在却成了每天司空见惯的事"。

然而，在到达"狼人"一周后，希特勒就发布"第 45 号元首指令"（Führerbefehl Nr. 45），正式将博克以前的指挥部划分为 A、B 两个集团军群。A 集团军群主要由德军部队组成，包括埃瓦尔德·冯·克莱斯特的第 1 装甲集团军和理查德·鲁奥夫（Richard Ruoff）的第 17 集团军，并由约 9 个罗马尼亚和意大利的师提供支援。它的任务是向南前进，拿下顿河河畔的罗斯托夫，然后向高加索地区推进。它将由西格蒙特·威廉·李斯特（Siegmund Wilhelm List）这个被当代纳粹史作家保罗·卡雷尔（Paul Carrell）描述为"聪明、冷静……不是一个闭门造车的冲动莽夫，而是一个相信合理的军事规划、厌恶一切军事赌博的人"领导。至于 B 集团军群，它包括汉斯·萨尔穆特的第 2 集团军、赫尔曼·霍特的第 4 装甲集团军和弗里德里希·保卢斯的第 6 集团军。它的目标是伏尔加河，而斯大林格勒市第一次被提议作为重点目标。鉴于 A 集团军群在高加索地区掠夺石油的同时，B 集团军群将不得不坚守一条极其漫长的战线，所有来自轴心国盟友的 4 个集团军一旦到达伏尔加河河畔，就会被编入 B 集团军群当中。B 集团军群的指挥权被交给了信奉天主教的巴伐利亚贵族——马克斯·冯·魏克斯（Maximilian von Weichs）。魏克斯戴着一副"秀郎眼镜"，身材高大，微微佝偻，这让见到他的人觉得他更像一位大学教授，而不是一位战地将军。然而，魏克斯得到了很高的评价，就连一向以严厉批评同僚而臭名昭著的古德里安也说魏克斯"既正直勇敢，又聪明"。

随着希特勒决定重新划分南方集团军群，一次大规模的重组行动随之而来，数个军和师被重新分配。对保卢斯和第 6 集团军来说，最大的变动是失去了第 3 装甲师和第 23 装甲师，这两个师都被派去支援克莱斯特的第 1 装甲集团军。军方的想法是，霍特的装甲部队足以弥补两个装甲师被调走所造成的损失。然而，新计划的真正问题在于空中力量和后勤支援力量的分配，这两者都严重不足。就空中力量而言，菲比格的第 8 航空军将留在北方与魏克斯并肩作战，甚至还会接收一些原本预计进入高加索地区的部队。文尼察方面认为，来自苏联空军的主要威胁将集中在伏尔加河地区，而高加索地区将缺少苏联的航空部队，因为它们在该地区的山区和半沙漠地带几乎不可能作战。因此，德国空军的兵力都集中在北方。

对德国人来说，后勤是一个更令人头痛的问题。德国根本就没有足够的燃料和弹药来供应两场攻势，因此一个攻势必须比另一个攻势具有优先权。然而，希特勒不愿意做出这样的决定，所以他选择了最坏的选项，并且坚持认为两个集团军群都必须设法依靠它们当时掌握的资源赢得胜利。于是，随着德国人走出欧洲，进入亚洲，德军前线士兵展开了具有讽刺意味的"高加索往返跑"（Kaukasus hin und zurück）的攻势。

对于赫尔穆特·保卢斯和由阿尔伯特·巴克（Albert Buck）指挥的第 198 步兵师的战友们来说，攻势是从他们乘坐充气橡皮艇渡过米乌斯河开始的，这有点像重演一年前的巴巴罗萨行动。在巴巴罗萨行动中，渡河之后的几天十分可怕，他们遭到了红军的射击、炮轰和飞机轰炸，直到被己方援军解救。赫尔穆特·保卢斯祈祷这次会有所不同。当他和他的战友们到达米乌斯河的对岸时，迎接他们的只有零星的炮火，这让这名年轻的士兵和他的战友们都感到无比宽慰。

赫尔穆特·保卢斯所在的团列队向东行进。在将近两周的时间里，他们被迫不断地更改部署并与苏联留下的后卫部队作战，而这些部队显然是为了减慢他们的速度。德军士兵很快就意识到与1941年的战役相比，情况发生了变化。大批红军编队不再是几乎一动不动地待着，任由前进的德国人切断自己的退路，而是有秩序地撤退。更糟糕的是，他们是坐在美制卡车里撤退的。这正如其中一人指出的那样——"一些俄罗斯坦克部队全部装备了谢尔曼坦克、'阿米'（Ami，德国俚语，意为美国人）道奇卡车和吉普车。甚至俄国士兵穿的制服……都来自美国，我们从被击毁的车辆上的集装箱里取出的口粮也来自美国。俄罗斯血统的东西就只剩下士兵本人了"。这体现了《租借法案》对于苏联红军的巨大价值。

赫尔穆特·保卢斯一路跌跌撞撞地往前走，他发现自己"筋疲力尽，过度紧张，眼睛渴望睡眠，但神经异常绷紧"。[2] 并非仅他一人如此。党卫军维京师的坦克乘员——埃瓦尔德·克拉普多就指出，"在第73步兵师的一个团里，就有40人在很短的时间内因中暑而死"。这并不奇怪，因为"天气晴朗而又炎热。步兵竭尽全力，才能熬过人类几乎无法忍受的高温"。[3] 而汉斯·海因茨·雷费尔特对此回忆道："太阳炙烤着我们，汗水刺痛了我们的眼睛。过了一会儿，灰尘就能像面具一样粘在我们的脸上。"

与克拉普多和他的武装党卫军同伴们并肩作战的，是南蒂罗尔人约瑟夫·塞普·德·吉安皮特罗（Tyrolean Josef Sepp de Giampietro）。德·吉安皮特罗是"特种任务训练与建设第800中队"（Bau-Lehr-Bataillon z.b.V. 800，更多被称为"勃兰登堡部队"）的一名特种作战士兵。他记得，在最初没有交通工具的时候：

> 我们在滚烫的日光下行进，天气酷热难耐。我们想到了那些可怜的步兵，他们每天都要经历这种地狱般的生活……我们汗流浃背，我们的脚像被火烤着，舌头粘在了上颚上……几个小时后，我们来到了一个喷泉旁，大家真的是不顾一切地冲了过去！[4]

最后分得了几辆卡车，勃兰登堡部队才得以在乡间滚滚向前——"眼前没有一片灌木丛，没有房屋，没有山丘，只有灰尘和泥土形成的云朵作为我们的旅伴……道路两旁是大片大片的向日葵田。人们非常友好地跟我们打招呼，孩子们都是金发碧眼"。前进演变成一场又热又脏的噩梦，"我们在巨大的烟雾和灰尘中缓慢前进，开车驶过与我们一起行进的步兵部队。那些可怜的家伙别无选择，只能在闷热的天气中继续徒步前进……天空是蓝色的，没有微风，他们用红红的眼睛充满嫉妒地看着坐在卡车里吸烟的我们"。

在那些闷闷不乐地看着德·吉安皮特罗及其同伴们的步兵中就有赫尔穆特·保卢斯。步兵们被落在衣服上、脸上和嘴唇上的灰尘呛得几乎窒息，唯一的放松时刻是他们占领了一个苏联村庄，并在那里掠夺到食物——"鸡蛋、牛奶、黄油和一流的白面包，味道很好"。一小撮掉队的红军在投降后被立即强征入弹药运输队，然后继续前进。

德军下一个主要目标是顿河河畔的罗斯托夫，这个大城市是通往高加索的门户。在一年前的晚些时候，德军曾攻占过这座城市，不过当时刚刚升任南方集团军群指挥官的赖歇瑙认为该城无法防御，于是在自己指挥的第一次行动中就放弃了它。八个月后，德国人再次试图占领这座城市。里希特霍芬命令所有可用的空中力量发动攻击——"桥梁已被摧毁……我们的飞机将炸弹投向了敌军的集结地"。这座城市横跨顿河河口，其关键设施是一座巨大的水坝，上面有一条连接罗斯托夫和距其约 15 千米的邻近城市——巴泰斯克（Bataysk）的堤道和铁路线，尤其是堤道的最后一段，那是一座桥。夺取那座桥是勃兰登堡部队的一项任务。勃兰登堡部队的成员经过特别的训练和挑选，其中的许多人是在国外生活过并会讲多国语言的德国侨民（Volksdeutsche）。在西方战役和巴巴罗萨行动中，该部队经常赶在对方炸毁重要桥梁之前夺取它们，从而证明了自己的价值。通常情况下，他们会穿着对方的制服，开着缴获的卡车出现，目的是制造混乱，以此来克服逆境，达到乱中取胜的效果。

从西边靠近这座城市时，德·吉安皮特罗着迷地看着他们上方有"一架俄罗斯飞机在巡航……曳光弹突然击中了它，它拖着身后的一团烟雾，旋转着向下坠落，并在撞到地面时摔得粉碎"。勃兰登堡部队一路穿过城郊，与来自维京师的党卫军掷弹兵实现了会师：

毫无疑问，我们从一开始就相处得很好。当我们前进的时候，他们为我们提供火力掩护，反之亦然。我们交替行动，系统地清理了一条又一条街道，一个又一个花园，一栋又一栋房子。

在目标附近蛰伏了几个小时后，勃兰登堡部队的指挥官——齐格弗里德·格拉伯特（Siegfried Grabert）少尉终于下达了攻击命令，他命令道："我们将在凌晨2点30分发起攻击……听好了，你们要玩命地跑。你们必须在伊万意识到自己被攻击之前到达桥对面。当第一声枪响时，我们的掩护火力就开始射击……不要担心桥上的伊万，我们会'照顾'他们的，你们只管往前冲。"于是，在7月25日星期六的凌晨，突击队员开始行动：

按照惯例，我们一声不吭地冲向敌人……我们没有像步兵那样边冲锋边高喊"万岁"。我们勃兰登堡部队的人从来不这样做……我们的喘息声被周围的枪声淹没了……我们偶然发现了多具尸体，是俄国人的还是我们的？都没时间去检查……我们边扔手榴弹，边鲁莽地挥舞着工兵铲，冲进了俄国人的哨所并消灭了哨兵。我们把死人从哨所入口扔出来，然后自己跳了进去。

在夺得这座桥后，勃兰登堡部队不得不等着后续部队赶到并解救他们。苏联人清楚地知道那座桥有多么重要，他们很快就克服了最初的震惊，并投入全部力量去消灭这些德军特种兵。当他的一个手下负伤倒地时，德·吉安皮特罗号召志愿者去救他，他说："我冲出去把他拉进来。谁跟我一起去？"得到的回答是"我，我，我"。在零星的火力掩护下，自愿参与救援的人员冲了上去——"我们用机枪扫射，几步就冲到了受伤战友的身边。他一动不动……难道他已经死了？我们把他拉起来，这时尖叫着'我的膝盖被击中了'的克吕格倒下了；敌人的火力扫向我们，子弹在我们周围的泥地里犁来犁去"。德·吉安皮特罗抓住克吕格，把他拉向一条水沟——"我们一头扎进掩体里。掩护我们的1号机枪手林哈特被击中头部，向后翻倒。另一发子弹简直把格拉贝特的帽子撕成了碎片，还有一位战友喊着'救命，救命'"！[5]

兵力不足的弱点和苏军火力的强大很快就开始显现出来，但勃兰登堡部队还是勉强撑了下来，并最终获救：

他们径直向我们冲过来……就像一辆巨大的压路机，火花四溅……我们每个人都清楚地意识到，如果伊万成功地穿透了我们的"刺猬阵地"，我们就会输掉这场战斗。如果是近距离战斗，我们根本没有胜算……我们的"斯图卡"出现了，咆哮着向进攻的俄军队列中间投掷炸弹……他们来晚了……非常晚，但还不算太晚。

勃兰登堡部队赢得了胜利，但代价却不小——"我们损失 30 人，失踪 4 人，这 4 人可能被淹没在了顿河的褐色河水中，还有 36 人受伤，其中一些人伤势严重"。在苏军展开进攻时，格拉伯特少尉被流弹击中，他失去了半根手指。在回家的路上，他相信自己是刀枪不入的——根据德军前线士兵的说法。但事实并非如此。格拉伯特少尉又一次被机枪击中。德•吉安皮特罗记录道："格拉伯特少尉因重伤而亡。"

尽管勃兰登堡部队损失惨重，但攻占罗斯托夫这一惊人的胜利登上了帝国的新闻头条。成千上万的苏军战俘落入了德国人的手中，正如埃瓦尔德•克拉普多见到的，他说："俄罗斯战俘拿着面包袋，或者半披着毯子……当地人冷漠地看着他们，似乎无动于衷。我想为什么他们不给自己的同胞提供点什么呢？但有人告诉我，他们认为这些战俘是叛徒，没有履行战斗到底的义务。"6

在完全掌控了罗斯托夫后，威廉•李斯特开始盘算下一步进攻的计划。从这座城市到石油圣地巴库有 700 多英里远。由于第 4 装甲集团军被调去支援魏克斯对伏尔加河流域的进攻，李斯特只能派出 400 辆坦克来为自己的进攻打头阵，而且其中的许多坦克在蓝色行动开始后就已行进了近 300 英里，亟须维修。他们必须穿越的地形更是相关军事规划人员的噩梦——开阔的草原十分干旱，沙漠化严重，但几条大河横亘其中，阻断了道路，只能涉水而过。李斯特无法依靠德国空军为自己铺平道路，因为尽管自行动开始以来，苏联空军已损失了近 800 架飞机，但源源不断的增援意味着苏联空中力量在兵力上已经超过了德国人。此时，德国空军的老毛病又犯了，这令情况更加恶化。李斯特最为倚重的战斗机部队，是由京特•吕佐夫（Günther Lützow）率领的、队名为"乌德特"（Udet）的第 3 战斗机联队（Jagdgeschwader 3），即使不断努力，该联队也仅能维持一半的飞机升空作战。作为一名飞行员，约翰内斯•考夫曼看到这一切有多么困难——"我们的地勤人员面临着更大的压力……除了保持我们的飞机正常运行，我们基地的大部分前出任务也由他们负责"。在一个月内，考夫曼的中队就更换了五个不同的临时机场。

不过，德军面临的主要问题是缺乏燃料。没有足够的航空燃料供德国空军使用，也没有足够的汽油供装甲部队和其他机动运输工具使用，而且如库尔特•冯•蒂佩尔斯基希（Kurt von Tippelskirch）指出的，"补给路线变得如此之长，以至于补给纵队仅仅为了完成长距离的运输任务就几乎耗尽了他们所能携带的所有燃料"。针对这种情况，德军采取了一些新的应对措施——"最后，出乎意料的情况出现了，骆驼商队不得不为运输燃料提供服务"。一名党卫军士兵看到了同样的骆驼队，他在日记中写道："我们第一次看到了真正的骆驼，这意味着亚洲已经近在咫尺。这里热得令人难以置信。"

尽管如此，在队伍最前方的装甲部队的引领下，德军还是一路势如破竹——"我们的装甲部队就像长矛的铁尖一样，冲向缓慢撤退的俄军纵队。尽管如此，俄军纵队依然逃脱了被完全包围的命运……没有人对俘虏感兴趣，我们的座右铭是前进"！但最初的乐观情绪很快就消失了——"在几名装甲指挥官头部中弹后，我们变得更加谨慎"。对于李斯特的大多数士兵来说，重新前进意味着徒步跋涉，而且是以德国空军赫尔曼·普洛赫（Hermann Plocher）将军说的"难以置信的快节奏"每天行进30英里。步兵虽已筋疲力尽，但仍抽出时间来回报德国空军的努力——"到处都有空袭的痕迹。路上有翻倒的车辆和重型武器。空旷的铁轨上，货运列车仍在燃烧"。另一名前线步兵评论道："如果我们抬起头，我们就会看到我们的飞机，一个又一个中队，展开无休止的空战……能得到这么好的空中支援，我们感到很自豪。"

格尔德·辛德勒（Gerd Schindler）是一名战斗机飞行员，他参加了针对地面攻势的支援行动，并描述了自己和同伴们是如何适应战场上的恶劣条件的：

在高加索地区，战斗机的作战行动有它自身的特点……对付俄罗斯飞机的战术因机型而异，比如我们会尝试从高空、从背光处或从背后突袭它们，或者在缠斗中利用我们的机枪或20毫米机炮对它们进行偏转射击……我们会以明晰的"双机编队"（Rotte）和"四机编队"（Schwarm，由两个双机编队组成）飞行，并能在很远的地方发现俄罗斯战斗机。它们通常以20至30架飞机组成蜂窝式大编队，呈子弹阵型飞行。遇到这种情况，我们会试图冲破它们的阵型，或者选择某架位于阵型边缘的敌机作为目标，并将其击落。在那些日子里，俄国人的伊尔-2型攻击机仍然没有后座机枪手……有时飞机是由女性驾驶的……当受到攻击时，她们通常会形成一个防御圈以互相保护彼此的尾巴，或者顽强地飞向目标。另外，她们还可以依靠伊尔-2厚厚的装甲，因为这些笨重的飞机经常弹开我们的子弹。我们很快发现，要想获得成功，就需要击中它们腹部的润滑油冷却器，或者在缠斗中直接向驾驶舱开火……

我们通常从后面攻击轰炸机，先尝试消灭后方的机枪手，然后要么击中机翼油箱，要么击中发动机，让飞机着火。我们机枪的弹链上装有不同类型的弹药，如爆炸弹、穿甲弹（AP）、燃烧弹和曳光弹。敌军的"波士顿"轰炸机（美国设计制造的道格拉斯 A-20"浩劫"中型轰炸机）总是顽强地飞向目标，要么只有 1 架，要么组成多达 10 架的轰炸机编队。我们很少见到俄罗斯飞行员从自己被击中的飞机上跳伞逃生，有传言称，要么上级不允许他们跳伞，要么他们根本没有降落伞。[7]

不过，像辛德勒和考夫曼这样的人不可能同时出现在战场的所有角落。这时候，苏联空军就成了真正的威胁，正如一位芬兰党卫军掷弹兵回忆的那样：

他们一直在我们行军纵队的上方飞行，制造混乱……直接损失有限，但他们对我们的战斗精神产生了重大影响……当他们冲向纵队时，我们的士兵就会非常害怕。

就连装甲部队也未能幸免，正如埃瓦尔德·克拉普多亲眼所见的那样——"我们突然遭到了俄罗斯战斗机的袭击，他们的机枪子弹像冰雹一样击中了坦克迅速关闭的舱口和后甲板"。

德军继续朝着无垠的地平线前进——"巨大的开阔地，几乎无穷无尽地向南和向东延伸，吞没了我们……我们的队伍似乎越来越渺小……在我们前面只有敌人，他们似乎正在有条不紊地撤退"。精锐的"大德意志"师冲在全军的最前方，"烈日炙烤，气温通常高达 41 摄氏度，扬起来的尘埃形成'尘柱'，常常会遮挡后面的车辆驾驶人员的视线。为了应对这种情况，他们会戴上绿色的橡胶护目镜，但灰尘和汗水总是粘在一起，甚至连牙缝里也会有沙砾"。另一位前线士兵写道：

目光所及之处都是收割过的田地。我们开始唱歌，但慢慢地，歌声消失了……到了下午，太阳特别灼热。但我们一直走到夜幕降临……我们倒在草原的一片空地上……那天晚上，我们睡得就像死人。

凌晨 5 点，精疲力竭的德军前线士兵被叫醒，并且每人领到了"热咖啡、半条军粮长面包和一片重腌香肠"。然后，他们再次向东行进。迫击炮、步兵炮、榴弹炮、备用弹药等重型武器和补给品都被装到连队的马车上。但即便如此，每个人也都背负着堆积如山的装备：

> 全套装备，包括毛毯、帐篷底防水布和钢盔……我们的腰带上有一个装满弹药的袋子，背上有一个装有战地水壶的装备包，装备包旁边是折叠的掘壕工具。我们的脖子上挂着防毒面具……沉重的步枪在我们脖子挂着的皮带上来回摆动。最后，我们还要用一只手拿一个小包，小包里装满了干净的袜子、内衣和类似的物品。整堆东西重约 40 磅（1 磅约合 0.45 千克）。

可以预见，即使是这些年轻健康的士兵，他们在俄罗斯无尽的旅程中也付出了代价。在前进的过程中，步兵们被太阳晒得皮开肉绽，"他们经常摔倒在地，浑身发抖。过了一会儿，他们又站起来，继续挣扎……他们完全筋疲力尽了"。

高级军官们也不能对这片广袤无垠的草原无动于衷。克莱斯特在他的日记中写道："这广阔的空间让我感到沮丧。还有这些规模庞大的人群！如果我们不能把他们争取过来，我们就输定了！"这位装甲将军的观点并不鲜见，有很多人都认为，德国取得最终胜利的关键在于利用苏联人民来打败斯大林，但在纳粹扭曲的世界里，民众除了被虐待、被剥削和被屠杀，从来没有一丝真正的机会被视作一股强大的力量。一年前，在这种"思想毒药"的推波助澜下，一种恐怖的气氛在巴巴罗萨入侵部队中弥漫开来，并使侵略者行进的道路上铺满了数十万手无寸铁的红军战俘、无辜平民和苏联犹太人的尸体。随着德军的推进超出了犹太人定居的主要地区，党卫军和警察的杀人小队以及他们的助手——地方民兵，正在集中力量对付被占领土上幸存的犹太人。纳粹也在不断发展他们的杀人机器。六个月前，也就是 1 月 20 日举行的臭名昭著的万湖会议为从大规模枪击转为使用毒气室，以及在特雷布林卡（Treblinka）、索比堡（Sobibor）、贝尔塞克（Belzec）和奥斯维辛—比克瑙（Auschwitz-Birkenau）兴建杀人中心铺平了道路。

对于红军战俘来说，前景并没有好到哪里去。德军高层对维持战俘的生存显然没有什么兴趣，大量苏联人一投降就被杀死——"许多俄国人藏在玉米地里。我们射杀了其中的五人，因为他们不接受我们的命令，拒绝放下武器……另一个人甚至向我们的一名士兵开枪，并击中了他的腹部。这个俄国人最后是被我们用枪托活活打死的"。[8] 与巴巴罗萨行动时一样，许多普通德国士兵认为苏联的持续抵抗不是出于面对侵略者的勇气，而是出于未开化的野蛮人的狂热。因此，他们认为犯下暴行是可以接受的，正如埃伯哈德·克赫勒（Eberhard Kehrle）描述的——"我们是第1山地师（1. Gebirgs-Division）的。当我们中有一个人被杀时，少尉不需要下任何命令，我们就拔出手枪，杀死妇女、儿童和我们看到的一切活物"。[9] 不仅德国人表现出了野蛮的倾向，而且正如一位俄罗斯老奶奶回忆的那样，她说："罗马尼亚人太可怕了，他们不放过女人。镇上有很多强奸事件。我没听说有人被枪杀，但可能有三五十人被带走了……"而对于德国人的印象，这位老奶奶的说法是"他们只是认为，我们是他们的奴隶"。

此时，德军的补给线已经长到令人发指，尤其是食物变得越来越少，其后果可想而知——"脸逐渐变窄，制服变得越来越宽松……食物变得越来越单调，煮熟的鸡肉、鸡蛋和黄瓜是标准餐"。在东线的战斗中，拥有一条稳固的前线的想法无异于天方夜谭。随着德军不断前进，大量红军部队被留在了后方，他们有的是因为退路被德军切断，有的是故意留在后方，以等待发动进攻的时机。这类攻击通常针对的是容易对付的目标，比如单辆汽车和补给纵队，正如信差威廉·艾辛（Wilhelm Eising）见证的：

一支大型补给车队在夜间遭到了俄国人的袭击并被摧毁。货车司机在座位上被当场枪杀，试图逃跑的副驾驶被刺死或被棍棒打死在车旁。我们既没有发现伤员，也没有发现幸存者。车辆被洗劫一空，死者的遗物也被取走，甚至连尸体的衣服都被扒走了！

不过，当红军奋起作战时，战斗就会十分激烈——"直接命中！我面前的炮架上闪过一道光。一团火焰，一声可怕的爆炸。我可以活动自己的四肢，但闪光并没熄灭，它在我们的战斗舱里继续燃烧着。'弃车'"！[10]

亨克·基斯梅克（Henk Kistemaker）是一名在纳粹党卫军维京师中服役的荷兰人，他生动地回忆起那些日子：

天气非常炎热……河对岸的俄国人料到我们会来进攻……突然，我们听到隔壁机枪阵地传来一声尖叫——有人中枪了——又是被俄国狙击手击中的……原来是个比利时人……一个好人，但我想他对自己的掩护有点不小心，这让他付出了惨重的代价……他像一头被宰的猪一样流血不止。子弹从他眼睛下方的右颧骨进入头部，又从颈部左侧射出。子弹没打到他的气管，但打穿了他的舌头。

基斯梅克和另一名战友将这个比利时男孩带到了一个医疗站。护士给他们"提供了一杯巧克力牛奶"。男孩也喝了一些，但"他刚把牛奶倒进嘴里，牛奶就从他脖子上的洞里流了出来"！[11]

平原的另一边是高加索山脉，巨大的厄尔布鲁士峰就耸立在最高处。8月21日，由海因茨·格罗特（Heinz Groth）上尉和马克斯·盖默勒（Max Gämmerler）上尉率领的23人的登山队（由强健的山地兵组成）在山顶插上了万字旗，并喝下一杯冰镇杜松子酒以示庆祝。一周前，库班地区的迈科普油田落入特拉戈特·赫尔（Traugott Herr）的第13装甲师手中，这表示纳粹已经攻取了三个目标油田的第一个。结果，装甲兵们发现巨大的储油罐着火了，油田里的设备被洗劫一空，油井本身也被红军爆破队浇筑的成吨的混凝土盖住了。

尽管夺取油田是整个攻势的初衷，但德军并未做好从占领迈科普油田中获益的准备，他们发现重开油井所需的必要设备被困在遥远的西部铁路网的某个地方。一群钻井工程师也抵达了迈科普油田，但遭到苏联游击队的袭击。这些苏联游击队员在夜间袭击了工程师的营房，造成数人伤亡。随后，德国人努力将这些设施重新投入生产并取得了进展。迈科普的石油储量本应十分丰富，但德国人每天最多只能开采出区区70桶石油。

赫尔穆特·保卢斯跟随装甲部队继续前进，他给家里写的信讲述了自己第一次看到高加索山麓时的情景，他写道："我几乎可以想象出回到家里的感觉。这地方太像黑森林的边缘了。"第二天，他第一次受伤了，他的战友们都感到很震惊，他们认为保卢斯很有魔力，因为他不但从巴巴罗萨行动和随后的冬季战役中幸存下来，甚至连一点伤都没有。"起初我根本没有意识到自己受伤了。我看到裤子上有个洞，但没有血，然后我看到我的内裤变成了红色，于是就知道是怎么回事了"——保卢斯左侧的大腿被打穿了，他蹒跚着走到一个急救站，然后被救护人员用手推车送到了后方。[12]

注解

1. 博克对他在攻势陷入困境时仍被任命为指挥官感到极为愤怒，因为他认为自己的声誉会因此受到影响（这一判断十分准确）。此后，他再也没有担任过战地指挥官。在战争的最后几周，博克的汽车在德国北部遭到皇家空军战斗机的扫射，他也因伤势过重而死。他也是德国国防军中唯一一位在战争期间死于敌方攻击的元帅。

2. Stargardt, Nicholas, *The German War: A Nation Under Arms*, 1939-45, p.305.

3. Klapdor, Ewald, *Wiking Panzers*, p.12.

4. De Giampietro, Sepp, *Blood & Soil*, p.173.

5. 同上书，p.189。

6. Klapdor, Ewald, *Wiking Panzers*, p.23.

7. Eriksson, Patrick G., *Alarmstart East*, p.103.

8. Rehfeldt, Dr Hans Heinz, *Mortar Gunner on the Eastern Front*, p.177.

9. Neitzel, Sönke, and Welzer, Harald, *Soldaten*, p.79.

10. Klapdor, Ewald, *Wiking Panzers*, p.23.

11. Kistemaker, Henk, *Wiking*, p.75.

12. Stargardt, Nicholas, *The German War: A Nation under Arms*, 1939-45, p.317.

向东进发，直至伏尔加河畔！

第六章

随着 A 集团军群在南方长驱直入，马克斯·冯·魏克斯也向自己的部队下达了继续朝东挺进的命令，而带头的正是弗里德里希·保卢斯的第 6 集团军。仍然沉浸在伊久姆战役胜利的荣耀中的保卢斯的部队，开始继续前进——"正沿着铁路线向斯大林格勒前进"。不过，就像在南方发生的事情一样，苏军没有被包围和被歼灭，而是井然有序地在草原上撤退。唯一值得注意的是，7 月 17 日，德军在米列罗沃（Millerovo）取得了胜利，但即使如此，德军也仅仅抓获了 14000 名俘虏，这与他们在 1941 年抓到的战俘数量相比可谓是九牛一毛。同样令德军担忧的是，在米列罗沃战役中，德军装甲部队因缺乏汽油而被滞留在草原上。后来，这些装甲部队依靠空军运送的 200 吨燃料才得以重新展开行动，并赢得胜利。但是，临时空运燃油只是权宜之计。到了月底，第 6 集团军在距离下一个目标——位于顿河河畔的卡拉奇（Kalach-na-Donu）的顿河大桥还有 100 多英里时又被迫停了下来。弗朗茨·哈尔德对这种情况感到非常愤怒。此时，即使是继续向前线空运物资，也远远无法满足部队的需求了。保卢斯此时被"困住了"。

为了筹集足够的燃料，保卢斯整整等待了一个星期的时间。随后，第 6 集团军终于再次启程，其此时的目标是消灭顿河以西的红军残余部队。基里尔·莫斯卡连科（Kirill Moskalenko）的第 1 坦克集团军（该军是在几周前刚刚成立的，且缺乏相应的装备）是第 6 集团军最主要的敌人，并且曾遭受了沉重的打击（苏联第 62 集团军也是如此）。双方的战斗异常激烈：

十几颗照明弹照亮了山头的天空，俄国人的炮火给他们（发动进攻的德军步兵）带来了极大的震撼。手榴弹在他们周围落下……二号机枪手发出呻吟声，他被击中了……他们向俄国人猛烈开火……后面传来德军步兵的怒吼声。俄国人正试图进行防御，但从四面八方涌来的德军士兵正穿过铁丝网，靠近战壕。阵地前方和右方的大炮正在炮击一个城镇，炮弹引发的火苗在地上卷起了螺旋形的烟雾。

德军装甲部队也加入了战斗。事实证明，他们对德军前线士兵和红军来说几乎同样危险：

一辆坦克从被德军占领的山冈上驶过，越过现在到处塞满苏军战士尸体的战壕，继续隆隆向前。第二辆和第三辆坦克紧随其后，在血肉模糊的战壕中"犁行"……德军步兵们不得不避开它们。任何不能移动的伤员都很容易遭遇不幸。一辆坦克从伤员身边驶过，几乎撞上他们……有一名步兵躺在地上，看着履带从离他鼻子仅几英寸远的地方碾过。

一名参加过这场可怕的战役的士兵回忆道：

……什么都没有……只有模糊的记忆突然残酷地钻进我的脑海……伤员的哭声，以及痛苦垂死的人……当他们发现自己身体的某一部分变成肉泥时，发出了尖锐的叫声……内脏飞溅在瓦砾上，从一个濒临死亡的人身上喷到另一个人身上。紧紧铆在一起的坦克被炮火像切牛肚子那样撕裂，在火焰中发出"呻吟声"。

德国人赢得了胜利，"所有抵抗都被粉碎了，很多苏联士兵再一次要么落在德国人手里，成了俘虏，要么就阵亡了"。沃尔夫拉姆·冯·里希特霍芬曾在战斗结束后驾机飞越战场，他看到"遍地都是被击毁的坦克残骸，（苏联人）尸横遍野"。他用了"血流成河！"这句话来形容当时的惨状。

然而，并非一切都是按照发动进攻的德国人所设想的方式进行的。就像在一年前进行的巴巴罗萨战役一样，德军装甲部队的指挥官发现他们的许多"装甲战马"与 T-34 和 KV 坦克相比，仍然显得火力不足，后两种坦克的性能要强得多。一名德军装甲部队的指挥官表示："它们（苏联坦克炮）的射程更远，我们不能在开阔的草原上对苏军发起攻击。所以，我把我的装甲部队直接拉到苏联人的视线之外，做一个大迂回，然后从后面攻击他们。"但即使在这种时候，苏联人也经常能够先发制人。战地记者克莱门斯·格拉夫·冯·珀德维尔斯（Clemens Graf von Podewils）在日记中讽刺地写道："这不是一个令人欢欣鼓舞的景象……在一片混乱中，各种各样的车辆都试图以最快的速度超越彼此，以逃出生天！"苏军的伏击令珀德维尔斯感到后怕不已，他向独臂的汉斯·胡贝（Hans Hube）师长寻求庇护，后者告诉他："你最好到前线去，那里更安全。"虽然 36 岁的珀德维尔斯并不相信这位师长的话，但他还是照办了。

虽然德军仍然取得这场战役的胜利，但这次胜利在规模上却远逊于之前的包围战。苏军有大约50000人死亡或失踪，还损失了270辆坦克和600门火炮。不过，由于德军再次因缺乏燃料而停止前进，第62集团军的大部分部队都成功逃离了"陷阱"。此时，苏联空军正专注于打击德国人那已不堪重负的燃料供应系统——7月15日，苏联人的佩-2轰炸机对莫罗佐夫斯克（Morozovsk）北部的一个大型燃料库成功实施了突袭，这使德军面临的情况变得更加恶劣。当时，德国空军最高指挥部的一份报告写道：

第6集团军的战线上空出现了大量敌机。我们的战斗机取得了辉煌的战绩。指挥官报告说，苏联飞行员的素质大大下降……我们的战斗机飞行员在空战中没有遇到什么阻力。现在只剩下一个问题，那就是如何逮住敌人……我们的战斗机能够击落大量苏联飞机。显然，敌人仍然有充裕的装备，但他们的作战人员显然没有得到良好的训练。

沃尔特·特德（Walter Tödt）和约翰内斯·维泽（Johannes Wiese）这两位德军飞行员对这种说法表示赞同。特德曾这样描述他在7月27日进行的一次飞行：

……发现下面有两架米格战机，我们从背光处俯冲下去，设法让他们措手不及。德扎尔（弗拉尼奥·德扎尔中校，一名克罗地亚飞行员）飞在我前面，率先展开攻击……当德扎尔的"猎物"开始冒着火焰坠落时，我追踪的俄国人驾机一头撞向了地面。我不费一枪一弹就取得了胜利！

至于维泽，他也回忆道："我爬升到冒出浓烟的敌机后方，继续向它倾泻子弹。这些子弹的威力很大，敌机的零件开始四处崩落，甚至有一些零件嵌在我的战机上，被我带回了基地……它缓缓地倾斜下坠，留下一缕浓浓的烟迹。"[1]

在维泽轻松取胜的同时，德军地面进攻部队的上空，德国空军在这次战争中最著名的一场"击坠竞赛"正在上演，而这场竞赛的两位主角分别是战斗机飞行员赫尔曼·格拉夫和戈登·戈洛布（Gordon Gollob）。在这场空战中，他们将苏联空军逼入了困境。格拉夫与戈洛布都来自战绩辉煌的第52战斗机联队（Jagdgeschwader 52）。其中，戈洛布是从第77战斗机联队转调过来的。作为一名前业余足球运动员，瘦高的格拉夫为人随和，很受同僚和下属喜爱。他是第七位取得 100 场胜利的飞行员，在蓝色行动开启后的短短 17 天内，他就击落了 47 架敌机，战果斐然。

相较之下，戈洛布是一个很难相处的人。作为一个奥地利人，他一直对自己的国籍耿耿于怀，尽管他的战绩令人印象深刻，但他总是觉得德国上司看不起自己。而且，戈洛布对同僚的态度可以说是粗鲁无礼。戈洛布的许多同僚在经过他的身边时都会小心翼翼的，以免"被他刻薄的舌头抽打"。虽然格拉夫与戈洛布都是出色的飞行员，但他们都非常不喜欢对方，而且都决心要超越对方。他们将这种竞争意识转化为对敌人的空中大屠杀。到 8 月 14 日，两人都取得了 120 场空战胜利，而戈洛布在接下来的两个星期里又击落了 30 架敌机，成为史上第一位击落 150 架敌机的战斗机飞行员，这令格拉夫的压力陡然上升。凭借这一史无前例的战绩，戈登·戈洛布被授予了钻石双剑银橡叶骑士勋章——这是当时纳粹德国的最高勋章。

不过，这两位飞行员在空战中取得的成功和他们的持续生存却无法掩盖一个事实，即在德国空军飞行员人数不断减少的大背景下，他们是特例，而不是普遍现象。斯图卡俯冲轰炸机飞行员赫尔曼·布赫纳表示："随着敌军的抵抗越来越顽强，每一次任务都变得越来越危险……敌军的防空火力一天比一天凶猛……我们还经常遭到敌方战斗机拦截，空战也变得更加频繁了。"为了弥补日益扩大的空中缺口，德国人开始拆东墙，补西墙。约翰内斯·考夫曼和他的部队被从高加索地区召回——"我们接到返回的命令……我们的目的地是弗罗洛夫（Frolov），一个位于顿河大河湾几乎正中央处的机场，此地距离我们的新作战区域——斯大林格勒只有 150 千米"。此外，飞行员和机组人员的生活条件也并不理想，考夫曼回忆道："这里没有永久性的建筑物……热得令人窒息。弗罗洛夫只不过是一大片平坦的、被太阳烘烤得非常坚硬的大草原……饮用水必须由马拉的水车运来。"

对于压力重重的德国空军来说，连睡个好觉都是一件奢侈事——"除了热得让人难以忍受外，气氛有时也很紧张，尤其是在天黑时，苏联空军会派出轻型飞机进行袭扰"。[2] 夜间袭扰战术并不新鲜。事实上，在巴巴罗萨行动中，苏联空军就曾使用过这一招，并取得了巨大的成功。此时，这一战术再次展现了自己的价值，正如另一名德国飞行员描述的那样："夜间骚扰飞机被称为'缝纫机'，它们会投下小型的、没有具体目标的炸弹——据说这些炸弹是飞行员用手投下的！'缝纫机'几乎每天天刚黑就会来袭击我们，一骚扰就是几个小时。这些飞机造成的损失很小，但也让我们没法睡觉，而这也是俄国人的目的所在！"

此时，德国空军已不再奢望能够取得空中优势了，只希望可以保持空中均势。但事实上，兵力优势并不在德国人这边——哪怕是有格拉夫和戈洛布这样的人存在，也只能够稍稍掩盖这一令人不快的事实。

在地面上，第6集团军终于拿下了顿河河畔的卡拉奇，现在他们离伏尔加河只有60多千米的距离了。尽管与苏联第1坦克集团军和第62集团军战斗之后已精疲力竭，且又一次因陷入燃料不足的窘境而被迫停下来，但第6集团军还是重新聚集兵力，不计代价地向伏尔加河发起最后冲刺。一名士兵回忆道："为了攻占卡拉奇，很多人都死了。很多连现在只剩下30到50人，而我们的主要战线也出现了缺口。"这时，德军从顿河河畔的卡拉奇到伏尔加河的最短且最方便的路线，是穿过位于正东方的斯大林格勒。来自萨克森州的农家子弟鲁道夫·奥胡斯曾被一匹拉炮的马踢中头部，现在他已经恢复了健康，并回到了炮兵连。这位21岁的年轻人似乎对未来的战斗充满了迷茫，他在给父母的信中写道：

> 我周一回到了炮兵连，现在我们已经开始行动了，我们离斯大林格勒大约还有30千米的距离……我们一天都没动，很是愉快……这里有很多炮兵，我们的飞行员整天都在战斗——他们大多驾驶对地攻击机或被称为"驱逐机"的飞机，协助步兵发动攻击……过不了多久，斯大林格勒就会沦陷……看来战争不会很快结束。但一旦攻占斯大林格勒，我们可能就只能留在这里了。亲爱的妈妈，为了安全起见，请及时寄来手套和头部护具，因为我不知道包裹运输会在什么时候中断……我想这个冬天我们应该不会还待在这里……安全才是最重要的。[3]

威廉·霍夫曼毫不怀疑战斗的最终结果——"连长告诉我们，如果未来的行动能够取得成功，我们很快就可以到达伏尔加河，并拿下斯大林格勒。然后，战争很快就会结束。也许我们在圣诞节前就能回家了"。另一位德军士兵以同样的口吻写道："敌人的军队已经完全崩溃了，到达伏尔加河并拿下斯大林格勒对我们而言并不难。胜利离我们并不遥远。"还有一个人更加乐观，他在给自己的爱人艾尔莎的信中说："我们连正在向前推进……我们所有人都能感觉到，最后的胜利正在前方向我们招手。"然而，仍有一些人——比如维尔纳·哈雷（Werner Halle）上等兵保持着谨慎的态度：

第 10 连现在已经缩小到只有一个排的规模。我们的连长和排长也是新派来的，和我们并不熟。我们有许多张长长的伤亡名单，这对我们来说不是一个好兆头。我们每个人——这听起来很残酷，但的确是事实——现在都在想，我们当中谁会是下一个被记录在伤亡名单上的人？

保卢斯的部队在打了几场硬仗之后，变得疲惫不堪。这支部队已经行进了 300 多千米。此时，保卢斯把目光投向了一个在他最初接到的命令中几乎没有被提及的城市。这个城市的名字将"代表苏联前线的全部恐怖"，并成为战争本身的一个重大转折点。

斯大林格勒是一个奇怪的城市。作为一个工业中心（它是整个苏联的第三大工业城市），它环绕着伏尔加河西岸，但其他基于河流建造的城市，如莫斯科河河畔的莫斯科和涅瓦河河畔的列宁格勒，它们的布局都大致呈圆形，河流像一条巨大的动脉一样将城市一分为二，而斯大林格勒却几乎没有与伏尔加河东岸接触。事实上，伏尔加河东岸唯一重要的定居点是红斯洛博达（Krasnaya Sloboda）——讽刺的是，这是一个古老的德国种植园。当巴巴罗萨的血与火弥漫整个苏联时，这座城市的居民（约 52.5 万人）在城内的诸多工厂和车间里辛勤工作，生产重型机械、化学品和车辆。因为国家正在受到攻击，城内的工厂在经过相对简单的改装后，开始生产武器装备。例如，捷尔任斯基拖拉机厂（Dzerzhinsky Tractor Works）在 1942 年 6 月初就成为红军的 T-34 坦克的主要制造商。直到同年 9 月，在遭到德国的空袭后，捷尔任斯基拖拉机厂才失去了这一荣誉。位于车里雅宾斯克（Chelyabinsk）的新乌拉尔 - 基洛夫坦克厂（Ural-Kirov Tank Factory），开始大量为苏军生产坦克。

斯大林格勒建于 1589 年，是俄罗斯防御南部游牧民族的堡垒城镇，在其漫长的历史中，曾遭到各方势力的反复争夺。在苏俄内战时期，这座城市遭到了严重破坏。由于斯大林本人曾积极参与过在此地发生的战斗，因此该城在 1925 年 4 月以他的名字被重新命名。此后，作为苏联未来社会的典范，斯大林格勒被指定为苏联为数不多的"花园城市"之一。当然，根据政府的计划，斯大林格勒会建造一系列最先进的工厂综合体。工人的生活区就在工厂旁边，包括单身男女的宿舍，以及为有家庭的人提供的独立木屋——这些木屋周围有花园和菜地，并拥有带尖桩的栅栏和可上锁的大门。此外，苏联还计划以斯大林最喜欢的现代主义风格来建造市民区和政府区，所有这些地方都拥有宽阔的林荫大道、方圆数英亩的公园和开放空间。从本质上来讲，斯大林格勒将会与莫斯科、哈尔科夫等拥挤不堪的旧城市中心形成鲜明对比。理论上，工人们将在新工厂里完成他们的工作，然后在回家的路上经过几乎有 12 英里长的市中心（这里耸立着巨型政府大楼），最后回到他们新刷漆的木屋或漂亮的白色公寓楼。

不论是过去还是现在，斯大林格勒的市中心都被一片名为"马马耶夫岗"（Mamayev Kurgan）的山丘占据。"马马耶夫岗"在俄语中的意思是"马麦的坟墓"，它实际上是一座古老的萨尔马提亚人（Sarmatian）的墓地，以蒙古金帐汗国的一个军阀——马麦汗的名字命名。苏联当局将这座山丘改建为公园，并在沿途点缀上小径和人行道。在这里，满怀希望的情侣和无产阶级家庭成员可以在夏日的阳光下漫步，并寻找一个阴凉的地方野餐或找个安静的地方坐下来放松，打发他们获得的几小时的休息时间。这些人甚至还可以花一些时间和金钱，去附近的百货商场逛逛。为了给这座城市披上一层诱人的外衣，苏联在城内兴建了美容院、舞厅，以及一座巨大的歌剧院（用于举办公共音乐会）。炎热的夏天，移动式冷饮机会在城市中往来穿梭，口渴的市民们可以在换班的间隙喝上清凉的饮料。

"马马耶夫岗"高 102 米，因此它也被苏德双方的军队称为"102 高地"。这座位于市中心的山丘具有绝佳的视野，但几乎看不到南面和北面。

斯大林格勒在 20 世纪 30 年代获得新生。最初，它被称为"察里津"（Tsaritsyn）。"察里津"一词与沙皇没有任何关系，而是由当地鞑靼人的地名"苏萨里"（Sary Su）——意为"黄河"，因为伏尔加河充满黏土而呈黄色——演变而来的。宽阔的伏尔加河在大大小小的岛屿周围起伏不定，在其西岸有大片的河滩与沙洲，它们和马马耶夫岗一样深受城市居民的喜爱。

马马耶夫岗不仅是斯大林格勒数千名工人的"宁静天堂"，还将城市分成了两部分。其北面是四个巨大的重工业中心：红十月（Krasny Oktyabr）金属厂、路障（Barrikady）兵工厂、捷尔任斯基拖拉机厂（以秘密警察机构"契卡"的领导费利克斯·捷尔任斯基的名字命名,有时也被称为"斯大林格勒斯基"）和拉祖尔（Lazur）

化工厂。每座工厂都超过 1000 米长，宽达 100 米，并且都与河流平行。这些工厂的现代化程度较高，如捷尔任斯基工厂始建于 1930 年，是苏联第一个五年计划的一部分。这些工厂都装有玻璃天花板，彼此之间还通过地下隧道相连，且都将电线和电话线埋在地下。此外，每个工厂都是相对独立的，拥有自己的工人住所、学校、商店和公园。

马马耶夫岗以南是老城区"达尔戈瓦"（Dar Gova）。或许，我们并不应该用"老城区"来描述达尔戈瓦。因为所有的"老"建筑都早已不复存在，取而代之的是占地数英亩的混凝土和红砖建筑，包括主火车站、大型百货商场、阵亡战士广场（德国人将其重新命名为"红场"）、高尔基剧院、若干粮食储存筒仓和高耸的粮食升降机群。为数众多的粮食储存筒仓和粮食升降机，也体现了这座城市的一部分功能——它是南方小麦的收集中心，可通过河流将粮食运往北方。市民和工人的白色木制平房在达尔戈瓦绵延数英里，一直延伸到开阔的草原上。

不过，主宰这座城市的是大河——磅礴的伏尔加河，它拥有许多支流和星罗棋布的岛屿，有些地方的水面宽达一千米。伏尔加河的西岸有一条被称为"梅切特卡"（Mechetkas）的峡谷——茂密的灌木丛中存在不少洞穴和沟壑。伏尔加河在苏联人民的心中拥有特殊地位。长期以来，伏尔加河被认为是苏联的国家之河，它在无数民间故事和歌曲中"流淌"，并经常被人们亲切地称为"伏尔加母亲河"（Volga-Matushka）。对于多愁善感的俄罗斯民族而言，伏尔加河在他们的历史和传统中占据了极为重要的位置，甚至还是他们立国的强大象征（尽管有些令人难以置信）。

保卢斯又在等待更多燃料运抵前线的过程中，被困了五天。此时，他正在考虑自己的下一步选择。他在顿河河畔的卡拉奇取得的局部胜利迫使莫斯科方面解散了遭受重创的第 1 坦克集团军，但该部幸存的官兵已经被编入了第 62 集团军（这支部队成功突破了德军的圈套，有条不紊地撤回了斯大林格勒）。不过，在保卢斯看来，这并不是德国人的灾难。他的主要目标是到达伏尔加河，并切断它和苏联北方领土之间的补给线，一旦完成这一任务，第 62 集团军——反正这不是一支非常强大的部队——为了自救，很可能会撤退到伏尔加河东岸，从而放任德国人占领斯大林格勒。这样，魏克斯便可以自由地调动集团军群的其他部队，并将他们沿顿河部署，形成一个"有力的肩部"，以掩护 A 集团军群继续向高加索地区推进。

保卢斯认为，他的首要任务是排除第 62 集团军对自己的干扰，以便从容地向伏尔加河进军。因此，他将目光转向了沃尔夫拉姆·冯·里希特霍芬和德国空军第 4 航空队。航空队的指挥官要求他的部下尽最大努力支持保卢斯，并设法在 8 月 23 日（星期天）将 1000 架飞机送上了天空。飞行员麦基·施泰因霍夫回忆道：

我们在我军前进的道路上方低空飞行，更确切地说，是在大草原的车辙上空飞行，这些车辙直通斯大林格勒。地面上到处都是士兵，他们全都欣喜若狂。夏天的空气很干燥，当我们飞越先头部队上空时，多辆坦克扬起的尘埃直冲云霄。

约翰内斯·考夫曼也参加了这次行动，他回忆道："8 月 23 日 5 时 25 分，我们从弗罗洛夫起飞，执行我们对斯大林格勒的第一次攻击任务。上级告诉我们，要对城市周围的所有铁路交通线展开攻击……那里的环境对我们而言很陌生，几乎可以称得上是险恶……斯大林格勒前面的地面就像是一头大象的皮一样，皱巴巴的。"

考夫曼和他的战友们此时第一次携带了 1000 千克的巨型炸弹，如此重的炸弹让他们担心不已——"我们在第一次起飞时确实非常谨慎，没人知道起落架能否承受额外的重量……任何情况下，我们都不想冒着再次撞到地面的风险过早起飞"。[4]

沃纳·塔勒（Werner Thaler）——德国空军杂志《鹰》（Der Adler）的战地记者，搭上了一架"斯图卡"，他写道：

我们背对着太阳飞行……我可以看到下面那片看似宁静的树林中出现了一些令人毛骨悚然的变化。高射炮上的伪装网被人拉开，安静的地面突然变成了喷火的地狱……对空火力达到了我以前从未见过的猛烈程度……四挺机枪射出的光链从我们进行俯冲的飞机之间穿过。

尽管防空炮火很猛烈，但由于德军派出了一支强大的"空中舰队"，斯大林格勒的防空火力网还是很快就被突破，炸弹如雨点般落在第 62 集团军的士兵和无助的平民身上。飞行员赫伯特·帕布斯特（Herbert Pabst）上尉回忆说：

从清晨开始，我们就一直在装甲部队的前沿阵地上，用我们的炸弹和机枪支援他们前进……我们降落，加油，装上炸弹和弹药，然后立即再次起飞。在我们全力以赴的支援下，任务也出现了"美妙的循环"——当我们起飞时，其他人正在降落，以此类推。

一位亨克尔 He-111 轰炸机的机组成员——迈克尔·戴姆尔（Michael Deiml）曾参加过不列颠战役。此时，他也来到了斯大林格勒上空，他说："我们分别在6时30分、11时30分和15时15分起飞，对城市，特别是火车站实施高空轰炸……我们通常会冒着非常猛烈的防空火力发起攻击……我们接到的命令是向目标投放炸弹……我们不得不一次又一次发起攻击。"

身材魁梧的苏联将军安德烈·叶廖缅科（Andrei Yeremenko）在谈到这一天时说：

在那之前，我们已经经历了很长时间的战争，但那天我们在斯大林格勒看到的景象就像是一场噩梦……巨大的火焰刺穿了天空，地面变成了一片火海，到处都充斥着刺鼻的烟雾。燃烧的石油和汽油就像洪流那样，流入了伏尔加河，将伏尔加河变成了一条火河。

一位正在向斯大林格勒挺进的德国步兵在他的日记中写道："我们能看到大火引发的浓烟……他们说这座城市着火了，在元首的命令下，我们的空军将它付之一炬。这正是俄罗斯人所需要的，只有这样，他们才会停止抵抗。"

一名斯大林格勒的红军高级军官在给总部的报告中说："一切都在燃烧……"由于城市到处都是废墟和燃烧的建筑物，苏联当局无法准确统计死亡人数。不过，可以肯定的是，在德军发动袭击的第一周就有4万多人丧生。

与此同时，汉斯-瓦伦丁·胡贝的装甲部队正在海津特·冯·施特拉维茨（Hyazinth von Strachwitz）的指挥下，向斯大林格勒北部疾驰。一位年轻军官回忆说："我们一大早就从顿河附近出发，赶到了伏尔加河。"来自波罗的海的贝恩德·弗莱塔克·冯·洛林霍芬（Bernd Freytag von Loringhoven）上尉，敬畏地望着河对岸说："望着无边无际的亚洲大草原，我感到不知所措。"德国人终于抵达位于斯大林格勒北郊的里诺克（Rynok），来到了伏尔加河畔。威廉·霍夫曼喜出望外——"好消息。在斯大林格勒北部，我们的军队已经到达伏尔加河，并占领了部分城市"。

此时，德军需要做的就是开始沿着河岸向南挺进，迫使苏联人撤离到伏尔加河东岸。保卢斯预计他将在两天内拿下斯大林格勒，霍夫曼也同意他的看法，说："俄罗斯人只有两个选择，要么越过伏尔加河逃跑，要么投降。"因此，在第二天早上 4 点 40 分，第 16 装甲师开始对邻近的斯巴达科夫卡（Spartakovka）郊区发起进攻。然而，保卢斯的面前还有一块"绊脚石"，这就是安东·洛帕廷（Anton Lopatin）的第 62 集团军。

第 62 集团军是当年 5 月才成立的，是由红军步枪师和步枪旅（约有 10 个步枪师和 6 个步枪旅），再加一个坦克军和十几个炮兵团（含迫击炮团）组成的典型部队。在这些部队中，只有一部分士兵参与过巴巴罗萨战役，剩下的大多数人都是只接受过几周训练的新兵。第 62 集团军曾在顿河河畔的卡拉奇与第 6 集团军交过手。这时，这支部队将在城中与第 6 集团军再次交手。当胡贝的摩托化步兵（从 7 月 5 日起被更名为"装甲掷弹兵"）向南推进时，事实证明一切都比预期中的要困难许多——德军不仅缺乏燃料和弹药，还要面对红军的顽强抵抗。

此时，在德国陆军头顶的天空中，德国空军面临着截然不同的难题，约翰·巴杜姆（Johann Badum）少尉表示："即使运气再好，也只能偶尔遇到些许俄罗斯飞机。"这些德国空军的战斗机飞行员已经习惯猎杀成群结队、训练不足的苏联飞行员，但如今，他们却找不到敌人，这令他们很沮丧。巴杜姆的战友沃纳·霍恩伯格（Werner Hohenberg），曾带着些许幸灾乐祸的心情与一位已经赢得 40 次空战胜利的"专家"——奥托·德克尔（Otto Decker）中尉一同升空作战。霍恩伯格记录道："当时，我和德克尔正深入苏联领土，在斯大林格勒的东北部进行一次自由'狩猎'。突然，我在一英里远的地方看到了一架孤零零的飞机。当我们靠近时，发现那是一架伊尔 -2。"德克尔对这架全副武装的对地攻击机发起了数次攻击。"伊尔 -2 的大半个机体都被撕裂了，但它还在继续飞行。这时，我突然看到德克尔转向东北方向飞去，我赶忙呼叫他，但他没有回答"。飞近之后，霍恩伯格才发现"德克尔的座机的挡风玻璃上沾满了油，他转了个大弯，迅速下降并进行了机腹着陆"。看到德克尔从他的驾驶舱里爬了出来，霍恩伯格也打算降落并把德克尔扶起来（这在草原上是很常见的做法），但"很多俄国人包围了这架以机腹着陆的梅塞施密特飞机"，霍恩伯格"也遭到步枪的猛烈攒射"。霍恩伯格别无选择，只能返航。他后来回忆道："那是我最后一次见到德克尔。他再也没有从战俘营中回来。战争结束很多年之后，

他的家人都一直在寻找他。"⁵

事实上，苏联空军在南方遇到了麻烦。此时的苏联空军还没能从一年前近乎毁灭性的打击中恢复过来。尽管苏联空军中的现代化战机的数量正在不断攀升，但"坐在驾驶舱里的人"仍然缺乏经验，缺乏训练。很多苏联飞行员既无法与德国空军正面抗衡，也无法在战争中长期存活。海因里希·冯·艾因西德尔（Heinrich von Einsiedel）曾在一次空战中遇到了一位缺乏训练的苏联飞行员，他表示：

似乎恐惧已经使他瘫痪了。他在距离地面 10 英尺高的地方，飞直线逃跑，而且没有进行自卫……我的座机因为机炮的后坐力而震动……一道火焰从俄国飞机的油箱中喷射而出。这架飞机发生了爆炸，它在地面上翻滚着，并在草原上留下了一片宽阔的、长条形的焦土。

德国空军最高指挥部这时面临着一个两难选择。多年来，德国空军最高指挥部一直在卖力宣传空战"王牌飞行员"，并鼓励飞行员和公众根据一位飞行员取得的击坠数量来判断其成功与否，从而促成了众人对于"王牌飞行员"的崇拜。此时，由于苏联空军的相对孱弱，德国空军的首要任务已经变成了对地面部队进行近距离支援。这项任务没有多大吸引力，但德国空军最高指挥部只能捏着鼻子指示前线飞行中队集中精力，充当地面部队的"飞行炮兵"，而不是继续追求击坠数量。让里希特霍芬感到非常沮丧的是，德国空军最高指挥部绕过他，直接向斯大林格勒作战地区的所有德国空军部队下达了指令——8 月 28日，在里希特霍芬的飞行员成功击退苏联针对德国空军的新基地（位于顿河河畔的卡拉奇附近）发动的攻击之后，沃尔夫 - 迪特里希·威尔克（Wolf-Dietrich Wilcke）向飞行员们宣读了"对地面部队进行近距离支援"的指令。威尔克个子很高，金发碧眼且讲究衣着，他被部下戏称为"王子"（der Fürst）。威尔克是一位来自秃鹰军团（Condor Legion）的老兵，曾参加过不列颠之战，但他的指令显然遭到飞行员们的蔑视：

先生们，我们之前是为了享受战斗的乐趣而飞行的，大家都想看看谁击落的敌机最多。不过，现在这种游戏必须停下来了。每一架战机、每一滴燃料、每一个小时的飞行时间都具有不可替代的作用。我们在地面上过的轻松生活是完全不负责任的，在空中更是如此……如果空中没有目标，那么每一发子弹都必须用来支援步兵。[6]

在草原上度过几周仅能"勉强糊口"的日子之后，这些聚集在一起聆听指示的飞行员们有何反应是可想而知的。对于苏德双方的空战情况，第16装甲师的炮手、曾当过面包师的卡尔·恩宁霍夫（Karl Nünninghof）向自己远在鲁尔河河畔的米尔海姆（Mühlheim an der Ruhr）的父母解释道：

没什么可说的。在这里，每个昼夜都在发生同样的事情。俄罗斯人的飞机飞了过来，向我们投掷炸弹……然后，我们寻找掩体……俄罗斯人的战斗机和我们的战斗机开始交火。接下来，他们又飞走了。最后，20到25架我们的轰炸机赶了过来，痛击了俄罗斯人……就这样日复一日，夜复一夜。[7]

事实上，令这位务实的、年仅22岁的士兵更感兴趣的是——"我收到了四个饼干包裹和凯瑟琳的一封信（刚收到），虽然不多，但聊胜于无。我对饼干很满意，非常感谢"。关于战斗的混乱状态，他写道：

我们又被包围了，俄国人包围了我们。顺便说一下，这并不罕见。我们先回到弹药、补给和食物能够送达的地方，然后重新杀出一条血路……昨天，我们的步兵在得到空中补给之后，补充了弹药。你肯定能猜到我们目前的战区在哪里……对，就是战斗最为激烈的地方。

到目前为止，德军的夏季攻势已持续了两个月，与一年前的巴巴罗萨行动同期的状况相同，德军的兵员和装备压力都很大。对此，海因里希·冯·艾因西德尔记得很清楚，他写道："出现故障的飞机的比例（已经）达到了惊人的程度……一个由42架战机组成的大队，在大部分时间里只有不超过10架飞机能够作战。"对飞行员和地勤人员来说，他们的处境也没有得到改善，因为"食物很差……征用支队带回来的东西主要是甜瓜"。[8] 这一切累积起来，都对德军飞行员产生了不利影响，他们只能一次又一次勉强升空，就像艾因西德尔和他的上司沃尔夫冈·埃瓦尔德（Wolfgang Ewald）少校在一次飞行中亲眼所见的那样（当时他们发现了一架苏联战斗机）。艾因西德尔回忆道："他（埃瓦尔德）开火了……俄国飞机身后的白色痕迹代表它的发动机被击中了。不过，埃瓦尔德已经落在了这架'拉格'战斗机（即拉沃契金·戈尔布诺夫·古德科夫战斗机）的后面。我掉转机头，想结果了这架敌机，但这时少校对着无线电喊着'把它交给我，把它交给我'！"埃瓦尔德是一名经验丰富的飞行员，但是很明显，他感受到了压力，而且他不是唯一一个有这种感觉的人。

在地面上，保卢斯的两天攻城计划已经泡汤，就像鲁道夫·奥胡斯向父母承认的那样：

我们在斯大林格勒的郊区已经垫伏了两天。这座城市非常坚固，我们只能缓慢而小心地前进。在这里，所有兵种都露面了，你不得不想，城里的俄国人一定逐渐失去了理智……因为，我们真的很难相信现在正在发生的一切。目前，我们的飞行员扮演了主攻手的主要角色，但是俄国人也在这里使用了各种飞机。目睹一场空战对我们来说已不算什么新鲜事了。

奥胡斯一向是个孝顺的儿子，他向父母保证一切都很好，他在信中写道："我们的损失很小。到目前为止，只有3人阵亡、5人受伤，所以你们不用太担心我的安危。"[9] 另一名前线步兵在日记中写道："注定失败的（苏联）部队仍在负隅顽抗。他们真是太狂热了！"

现在，视线暂时回到顿河战线。在乌里夫-波克罗夫卡（Uryv-Pokrovka）附近，匈牙利第2集团军的任务是摧毁河西岸的一个红军桥头堡。伊斯特万·巴洛格参加了这场战斗，他写道：

从凌晨3点到6点，敌人持续炮击我方阵地，炮弹在我们的头上呼啸而过……在这里，死神随时都会找上我们。"斯大林管风琴"（"喀秋莎"多管火箭炮）开始"演讲"……我们的心脏简直快要停止跳动。村子里燃起了大火，所有人都跑开了……

俄国人摧毁了一门反坦克炮……火势逐渐减弱，但村子里仍有大量烟雾。有人受伤了。那些仍在国内的人无法想象，为了在这场战斗中活下来，我们必须进行多么激烈的斗争。

因为重型武器不多，炮兵支援也很少，所以匈牙利人试图强行前进。不过，一切都无济于事，巴洛格回忆道：

我们又回到了以前的阵地，因为俄军再次发起了进攻……我们撤退了……俄军的炮弹击中了第6团的弹药运输车队，这些运输车一辆接一辆地殉爆了。

尽管巴洛格的部队可谓是整个匈牙利陆军中首屈一指的精锐部队，但很明显，他们在武器装备上处于劣势，而且士兵的心情也变得越来越沮丧。对此，巴洛格是这样描述的：

地上到处都是尸体。我们没有机会把伤员运走了……连里只剩下两名士官——我和一名下士，他是连长的助手。我们再次遭到轰炸。大炮和坦克也在炮击我们。这里简直就是地狱……俄罗斯人勇敢得吓人。目前，他们正在战斗到最后一刻。

当保卢斯和里希特霍芬准备对斯大林格勒的北部郊区发起下一次联合进攻时，200英里外的匈牙利人仍在为生存而战——"我们被轰炸了一整晚。哦，上帝啊，人的生命是多么微不足道！俄国人又开始进攻了。我们统计了我们连的伤亡情况，20人阵亡，94人受伤，3人失踪……士气非常低落。我所有的朋友都受伤了"。援军赶到后，巴洛格和他的战友们的沮丧情绪也没有得到缓解——"我们花了一整天的时间来重新分配那些伤亡人员的武器……如果我们被迫继续这样下去的话，我们的神经会崩溃的"。

在保卢斯发动第二轮攻势的时候，弗里茨·帕布斯特正在修复前者急需的公路桥。帕布斯特在8月底给妻子希尔德加德（Hildegard）写信说："希望我没有泄密。我想告诉你，我们和敌人将围绕这座城市展开激烈争夺。"与此同时，戈登·戈洛布和仅次于他的飞行"专家"京特·拉尔，正在与一名刚被击落的、正在等待被送往战俘营的苏联空军飞行员——雅科夫·安东诺夫（Yakov Antonov）少校喝茶。安东诺夫坐在一个临时掩体里，指着墙上的一张苏联地图说："看看这幅地图，你会发现苏联还有大片地区没被你们占领。你们永远不可能打败苏联。"[10]

至于伊斯特万·巴洛格，他写下了这样一句话："我的下士军衔得到了确认。但我不是很兴奋。我想回家。"

注解

1. Bergstrom, Christer, Black Cross Red Star: *The Air War over the Eastern Front volume 3*, pp.68-70.

2. Kaufmann, Johannes, *An Eagle's Odyssey*, p.161.

3. 引自 1942 年 8 月鲁道夫 · 奥胡斯写给父母的信，编号为 3.2013.2829。

4. Kaufmann, Johannes, *An Eagle's Odyssey*, p.161.

5. Bergstrom, Christer, *Black Cross Red Star: The Air War over the Eastern Front volume 3*, p.132.

6. Beevor, Antony, *Stalingrad*, p.115.

7. 引自 1942 年 8 月 27 日卡尔 · 恩宁霍夫写给他父母的信，编号为 3.2008.1388。

8. Bergstrom, Christer, *Black Cross Red Star: The Air War over the Eastern Front volume 3*, p134. Diary of Unteroffizier Wilhelm Crinius.

9. 引自 1942 年 9 月 9 日鲁道夫 · 奥胡斯写给父母的信，编号为 3.2013.2829。

10. Bergstrom, Christer, *Black Cross Red Star: The Air War over the Eastern Front volume 3*, p.80.

"将他们缠绕至死"

第七章

对约翰内斯•考夫曼来说，9 月份的开局似乎还不错，他回忆道："我就跟在一架紧贴地面飞行的'斯图莫维克'（苏军的一款对地攻击机）后面，我仅用安装在机鼻处的 20 毫米机炮进行了一次远距离射击，就将它击落到被战火烤焦的土地上……这架飞机的飞行员很可能不知道自己是被什么击中的。"当这位年轻的 Bf-110 飞行员又取得了一个击杀记录的时候，对位于文尼察的德军高层而言，一切似乎都很顺利。夏天的好天气还在持续，保卢斯的第 6 集团军已经到达了里诺克附近的伏尔加河河畔；由身材矮小的赫尔曼•霍特率领的第 4 装甲集团军正从南方向斯大林格勒推进，并粉碎了所有抵抗力量——"我们目睹了一些不可思议的场景，例如激烈的近距离坦克战——真可谓是在炮口对炮口的情况下进行的"。

让我们将视线转回柏林，帝国首席新闻官就即将到来的胜利向记者们发出告诫："由于我们对斯大林格勒的行动取得了成功，我建议我们的报纸现在随时准备关于这个共产主义堡垒和苏联工业中心的材料，并强调其在经济和军事方面的重要性。"与此同时，希特勒向他的指挥官们发出指示：

一旦进入城市，就必须消灭城内的所有男性。因为斯大林格勒有 100 万（实际人口大约是这个数字的一半）整齐划一的"共产主义居民"，这是极其危险的。

希特勒没有具体说明该如何处理妇女和儿童。很快，斯大林格勒就会陷入德军从南北两边发起的夹攻之中，这座城市似乎必会沦陷。

拿下一座苏联城市对东线德军来说并不是什么新鲜事。自从开始入侵苏联以来，他们已经攻占了几十座城市。德军取胜的诀窍是"让它们无法自卫"。大多数时候，这意味着先孤立这些城市，然后设法令城内的守军缺乏补给和援军。基辅等城市就是这样沦陷的。攻打苏联城市的时候，德国人往往已经将该城以东扫荡一空，并让城内的苏军身处绝境。因此，这些战斗很快就结束了。当海津特•冯•施特拉维茨率领装甲部队到达伏尔加河附近时，他就提出了一个计划。在他看来，是时候越过大河，在东岸形成一个桥头堡，然后绕到城市后面了。这样做不仅能包围苏联的第 62 集团军，还能困住第 64 集团军，甚至更多苏军部队。但是，德军采取这样的行动所需的燃料在哪里呢？

保卢斯从进攻伊始就一直走走停停，而"装甲伯爵"（施特拉维茨）的部队在赶到河边时就已精疲力竭了。此时的德军装甲部队，根本就没有足够的汽油来发起一场大规模包围战。而这不仅意味着守卫斯大林格勒的苏军从未被真正孤立过，还意味着他们可以从伏尔加河东岸获得源源不断的援军和装备，并继续战斗。同样重要的是，守军还可以召唤部署在苏联控制区内的火炮提供支援。这些火炮所处的位置十分安全，而且其数量很快就增加到了300门之多。起初，这些火炮中的大多数都是中等口径火炮。后来，苏联最高军事委员会将多门庞大而沉重的203毫米B-4榴弹炮（203毫米1931式重型榴弹炮）从战略储备库中调到了前线。B-4榴弹炮被德军前线士兵称为"斯大林之锤"，它可以"将100千克重的高能炸药投掷到11英里之外，用炮火淹没任何发动突击的德军部队"。

要想明白这场战斗将如何进行，或许我们可以从交战双方的军队和他们的领导人的性格中找到答案。在取得伊久姆战役的胜利后，柏林方面认为保卢斯已经证明了自己是统帅野战军的最佳人选。尽管有人担心保卢斯缺乏直接指挥部队的经验，但他似乎已经"更改"了自己善于制订计划的专长，并且适应了新的职位。不过，并非所有德国高级军官都同意这一点。早在8月25日，沃尔夫拉姆·冯·里希特霍芬就曾在他的前线指挥部里会见了保卢斯，并对后者感到失望。尽管保卢斯挤出时间为他的束腰外衣套上了崭新的棉领，并努力保持清洁，但他的神经性抽搐这时表现得更加明显了。而且，他反复发作的痢疾此时正在"肆虐"，令他疲惫不堪、无精打采且极其暴躁。而这一切，都让里希特霍芬非常忧虑。两天后，里希特霍芬派遣卡尔-海因里希·舒尔茨（Karl-Heinrich Schulz）上校去会见戈林和耶舒纳克（Jeschonnek，德国空军最高指挥部参谋长），向他们简要介绍斯大林格勒的战事，并坚定地将责任归咎于"陆军在神经和领导方面的弱点"。这是对保卢斯含沙射影的攻击，而且没有加以掩饰。

保卢斯即将在城市的废墟中面对的对手是一个与他截然相反的人。瓦西里·伊万诺维奇·崔可夫出生在一个农民家庭，饥饿迫使他从12岁起就背井离乡，在城市里找工作，并成为一名工厂工人。直到苏俄内战爆发，他才明白了自己真正的使命——成为一名军人。42岁的崔可夫被同僚和下属戏称为"石头"，因为他的脸像铁锹一样扁平，眉毛又浓又黑，目光犀利，且不接受任何反对意见。崔可夫担任过各个级别的部队的战地指挥官，拥有保卢斯缺乏的所有领导经验。不过，他的职业生涯也并非一帆风顺。1940年，苏联对芬兰发动了灾难性的冬季战争。当时，崔可夫担任苏联第 9 集团军的指挥官。斯大林对崔可夫"无法战胜人数和武器装备均处于劣势的敌人"非常不满，遂将他派到中国，担任苏联武官。但是，自巴巴罗萨战役以来，苏联的将军们败绩连连，死伤枕藉，这让崔可夫终于获得了新的机会。

9 月 11 日，崔可夫被征召到前线，接替被解职的安东·洛帕廷，担任第 62 集团军的指挥官。当被问及他的使命是什么时，崔可夫回答道："要么守住这座城市，要么死在战斗中。"崔可夫（和保卢斯一样，烟瘾很大）拥有"精明的军事头脑"，是一位不折不扣的野战军人。

崔可夫一到前线就意识到，苏联若想火中取栗，赢得"不可能的胜利"，关键就在于必须迫使德国人"按照苏军的节奏而不是自己的节奏来作战"。这意味着，苏军必须剥夺德国人在空中力量和机动性方面的优势。于是，他对部下下达了第一道指令（如今已被载入史册）：

我们应该尽可能地缩短交战距离，以便投掷手榴弹……必须让每个德国人都感到自己生活在苏联人的枪口下。

崔可夫把总部设在了马马耶夫岗，他在城市的沙地上画了一条线，开始了其指挥工作——苏军不会再撤退，逃兵将被追捕并处死。那些不服从命令的人，不会得到任何宽恕。崔可夫曾表示：

在（9 月）14 日，我枪毙了一个团的团长和政委。不久之后，我又枪毙了两个旅的旅长和政委。这让所有人都措手不及。我们要确保士兵，特别是军官得知这一消息。

不出所料，当前线士兵意识到渡过伏尔加河向东逃窜并不安全时，逃兵数量开始逐渐减少。

此时，第 62 集团军已经变得和以前不一样了。7 月底，第 62 集团军还是一个相对"年轻"的、未经考验的部队，但到了 9 月初，这支部队已经完全不同了。第 62 集团军积累了不少战斗经验，并得到了一些前第 1 坦克集团军下属部队的补充。在苏联当局无比坚决的命令下，还有大约 75000 名来自斯大林格勒及其周边地区的平民被直接征召到战斗部队中。此外，有7000名青年共青团成员加入了部队；3000名妇女和女孩被招募为电话与无线电操作员、护士，以及辅助人员；还有大约5万名平民加入了所谓的"人民卫队"（People's Guard）。这些志愿者和被征召者将遭受巨大伤亡，但崔可夫准备牺牲他们来守住这座城市。

这时，第6集团军将在城市的街道上作战，这大大削弱了这支部队的机动性。当然，其下属的大部分步兵师也将面临严峻考验。由于被剥夺了机动能力，第6集团军中的预备役人员和年轻的应征者只能依靠毫无根据的乐观主义，对苏军防线发起猛攻。一名来自缺乏实战经验的第305步兵师的士兵在一封家书中写道："根据军官告诉我们的情况来看，我们肯定可以在未来几天内攻陷斯大林格勒。"[1]

保卢斯麾下最精锐的部队，是重新分配给他的装甲部队——来自霍特的第4装甲集团军。这支率先进入城市的装甲部队，很快就在成堆的瓦砾和深深的弹坑中失去了机动能力。被迫在瓦砾遍地的街道上缓慢前行的德军坦克，很容易成为苏军反坦克炮，甚至是挥舞着"莫洛托夫鸡尾酒"的步兵们的目标。德国军官们还愤愤不平地指出，当领头的坦克被击毁后，随行的步兵便会立即趴下，并拒绝在没有进一步支援的情况下前进。

随着坦克的损失越来越大，德国人改变了战术，他们让步兵在前，装甲部队在后，并且让装甲部队负责为步兵提供火力支援。这样做的结果是坦克的损失减少了，但步兵的伤亡数量却在不断攀升——前线连队伤亡惨重。这导致里希特霍芬对"僵化的陆军形式主义……一个拥有12000人的师，只允许1000人在前线作战"，感到愤怒不已。而此时，第6集团军司令部还在大肆宣扬所谓的战果，声称从8月23日发起进攻，到9月的第一周结束，该集团军已经俘虏了26500人，摧毁了350门火炮和830辆坦克。

由于德军无法在短期内取得胜利，保卢斯准备将更多的师派往前线。威廉·霍夫曼所在的第94步兵师也被派到了前线，这名士兵在日记中写道："我们团接到了进攻的命令……难道俄国人真的想在城里坚守吗？在俄罗斯人的大炮和飞机的骚扰下，我们彻夜未眠。"一贯乐观的霍夫曼，心情也开始变得沉重，他说："很多伤员被带了回来。愿上帝保佑我。"

越来越懊恼的保卢斯打算利用子弹、炮弹和"空中炮火"杀出一条血路。飞行员赫伯特·帕布斯特回忆说："俄罗斯人倾尽全力守城……然后我们飞过来，开始盘旋、搜索和俯冲。他们的伪装技术很出色，会不遗余力地把坦克埋在坑里以免它们遭到轰炸……我们还是找到了这些坦克，并击毁了其中的绝大部分。"[2] 一名第 389 步兵师的前线士兵看着"空中舰队"从他头顶飞过——"一大群斯图卡轰炸机从我们上空飞过……在这些飞机发起攻击之后，你会觉得，连一只老鼠都休想活着离开"。不过，苏联人还是坚持了下来，在东岸的炮兵掩护下，不断有援军渡过伏尔加河——9 月 13 日至 16 日，大约有 1 万名援兵抵达斯大林格勒。心里充满挫折感的帕布斯特记录道："俄罗斯人仍然留在那座燃烧的城市里，不肯后退……几乎没有一座完整的房子留下来，只有一片混乱的废墟和大火，我们不断把炸弹投进去……但俄罗斯人不会后退！"

如此集中的攻击行动，给德国空军飞行员造成了巨大的压力。仅在 9 月 15 日，帕布斯特的座机就出动了 5 架次，在空中飞行了 7 个小时。著名的"第 2 股麦曼对地攻击联队"（Immelmann Stuka geschwader）的指挥官保罗 - 沃纳·霍泽尔（Paul-Werner Hozzel）驻扎在距离斯大林格勒约 40 千米的地方，他和他的飞行员执行的任务比帕布斯特的还要多：

> 每次执行飞行任务——滑行到起始点，起飞，进场飞行，爬升到 4000 米的高度，捕捉目标，开始俯冲轰炸，低空飞行离开，降落，滑行到停机坪——我们耗费的时间不会超过 45 分钟。每次转场——包括重新装填炸弹，做一次简短的技术检修和检查——会耗费我们 15 分钟的时间。因此，从日出到日落，我们每架飞机都能出动 8 架次。

不过，地面上的苏军仍然进行了顽强抵抗，正如威廉·霍夫曼描述的那样："经过连续两天不间断的战斗，疯狂的俄国人仍在顽强地坚守着自己的阵地。"此外，苏联空军也依然咬牙坚持战斗，驾驶斯图卡轰炸机的飞行员赫尔曼·布赫纳说道："从第一次出击开始，我们就不断遭遇敌军战斗机的抵抗。"帕布斯特认为这种压力是自己难以承受的，他表示："俄国战斗机总是突然出现……在 20 分钟内，他们从四面八方、从上到下不间断地对我们发起攻击。我们无法用语言来描述这种情况……这让我们的神经都非常紧张。"

无论是在地面还是在空中，德军甚至连晚上都没有喘息的机会。苏联空军的夜间轻型轰炸机——永远存在的"缝纫机"——夺走了德国飞行员宝贵的睡眠时间，并折磨着他们的神经。有德军飞行员是这样描述当时的情况的：

> 夜里，伊万们非常忙碌。巨大的噪声把我吵醒了。沙子从我睡觉的地方的墙上掉下来。我们一次又一次地听到来袭飞机发出的嗡嗡声，我们尽量躺得更平一些，紧紧贴在草垫上，希望它能降低炸弹落下的声音。（这座城市）一直在燃烧。你放眼望去，到处都是火焰……俄罗斯人的大炮和机枪不断从燃烧的城市中向外开火。他们真是不折不扣的狂热分子。[3]

在整个苏联战役中，德国陆军与其"飞行炮兵"之间的关系第一次开始出现裂痕。一贯毫不妥协、咄咄逼人的里希特霍芬说道："在我们的陆军如此虚弱的情况下，德国空军能做的事情并不多。如果你们能够下定决心全力以赴，我们本可以在两天内攻下斯大林格勒的。"

然而，在地面上，保卢斯那些缺乏经验的师都损失惨重，特别是低级军官和士官的伤亡最大。这直接导致士兵们缺乏继续作战的动力，因为他们的指挥官不是阵亡就是受伤了。一名士兵写道："克劳斯中尉昨天阵亡了，我们现在没有连长……俄国人像野兽一样拼命战斗，他们不仅不投降，还会靠近（我们）并投掷手榴弹。"

当崔可夫意识到德军地面部队越来越依赖空中支援之后，他命令部下尽可能靠近德军以使自己免遭空袭。汉斯 - 乌尔里希·鲁德尔（Hans-Ulrich Rudel）看到了这种策略发挥的效果，他记录道：

> 我们必须非常精准地投掷炸弹，因为在敌人几米外的另一个地下室，或另一堵墙的后面，就是我们自己的部队。在我们的城市摄影地图上，对每一栋房子都进行了标记。每名飞行员都有自己的特定目标，并以红色箭头做了记号。我们带着这张城市地图飞行，在确定我们自己的部队的确切位置之前，任何人都不会投掷炸弹。

保卢斯的战术没有任何技巧可言，只是不停地、无情地投入士兵和武器去攻击敌人。布鲁诺·冯·豪恩柴尔德（Bruno von Hauenschild）的第24装甲师（其前身是普鲁士骑兵部队）被部署到了城南，赖纳（Reiner）少尉是该师的一名年轻军官。

赖纳习惯坐在马背上或坦克的炮塔上，于广阔的草原上作战。他认为在保卢斯的领导下，德军已陷入泥潭——"为了攻占一栋房子，我们用迫击炮、机枪、手榴弹和刺刀整整战斗了15天。到第三天，已经有54具德军尸体散落在地下室、楼梯平台和楼梯上……前面的房间都被烧毁了，我们只能把两层楼之间的薄薄的天花板当作走廊"。⁴一名红军士兵的说法与他的敌人不谋而合，他说："建筑物的第一层往往会被德国人占据，我们则会继续守住第二层和第三层……地板被掀起，天花板和墙壁被撕裂……公寓和走廊里经常爆发战斗。"

尽管德军此时的进展缓慢得可以用"米"而不是"英里"来形容，但他们仍在前进，并将防守的苏军从城市的郊区逼退到了市中心。戈特弗里德·冯·俾斯麦（Gottfried von Bismarck）是第76步兵师的一名年轻军官，他写道："搏斗是面对面的、挨家挨户的搏斗，每平方米的土地都要经过血战才能夺下来……俄国人已挖好了壕沟，并坚守在一个300米宽的斜坡上，这个斜坡十分陡峭，一直向下延伸到河边。因为交战区域非常狭窄，所以我们无法使用重型武器。"俾斯麦认为，这条河也是苏联人的生命线，他继续写道："我们从未占领那片土地，因为我们从未阻止俄罗斯人持续获得大量补给。"这是一场异常血腥的拉锯战，交战双方都寸土必争，俾斯麦写道："有一所房子，德国人在地下室和二楼，俄罗斯人在一楼……没有人愿意放弃他们占领的阵地……我和几位战友一起，进入了那栋房子。我们在近距离的战斗中粉碎了敌人的抵抗……同时，我们布置好了阵地，做好了防御准备……尽管遭到敌人的猛烈反击，但我们还是仅用几个人就守住了阵地。"

围绕着斯大林格勒的主要地标建筑物，苏德双方展开了多轮激战。在斯大林格勒南部，主要地标建筑物就是那些谷物升降机和粮仓建筑群。谷物升降机及其附属设施，就像一座现代堡垒——长约90米、宽约50米、高近40米——居高临下地俯瞰着伏尔加河沿岸。它由钢筋混凝土建造，有很多楼层、无数走廊和办公室，以及一个可以将谷物从地面提升到巨大粮仓中的斗式升降机和传送带。运到粮仓后，谷物会被分级储存起来，并准备运输。

9月16日，威廉·霍夫曼接到进攻的命令。他后来回忆道："我们营，再加上若干辆坦克，正在攻击浓烟滚滚的升降机……里面的粮食正在燃烧。"

最初，德军步兵发动的冲锋被苏军强大的防御火力击退，正如当时的一份德军报告描述的那样："升降机有很强的防御能力。此外，由于来自东面的强大的侧翼火力，（我们）几乎不可能前进。"但德军步兵没有被吓倒，他们再次冲了进去。这次，他们使用了新的战术——利用单独和成捆的手榴弹，在升降机的地下室集中装药并引爆。不过，即便如此，他们"还是无法闯入升降机"。德国人又转而使用蛮力，他们的军长维尔纳·肯普夫（Werner Kempf）告诉德国空军说："鉴于我们谈论的是一座巨大的石头建筑，所以需要用最重的炸弹。"德国人将榴弹炮、加农炮等各型火炮拖到前线，以便直接向谷物升降机开火，但即使是强大的 88 毫米炮，也只能在墙上炸出几个洞，而无法将它轰塌。随后，霍夫曼和他的战友们又一次被派了进去，他写道："我们在升降机内激烈交火……如果斯大林格勒的所有建筑都像这样严密防守的话，那么我们这些士兵就没有人能回到德国了。"升降机内的苏联守军给崔可夫发去一份报告，报告称："以前，我们占据着升降机的上部，德国人占据了升降机的下部。现在，我们已经把他们赶出了升降机的下部，但是另一些德国人又渗透到了楼上……现在，战斗还在继续进行。"

德军突击队员的伤亡数量还在不断攀升。绝望中的德国人试图找出苏联守军继续坚守的理由。"营长说，苏联政委已经下令让那些人战死在升降机里。"霍夫曼继续解释道："俄罗斯人不是人，而是某种顽固的怪物。"此时，德军前线士兵甚至不敢把头伸出掩体——"俄罗斯人正在向四面八方开火。我们待在地窖里，根本不敢到街上去。今天，努施克军士长在横穿马路时被打死了。这可怜的家伙，他有三个孩子"。9 月 21 日，进攻开始五天后，德军开始劝降苏联守军。一位苏联士兵表示："德国人从平民中选出特使，试图让他们来说服我们这些保卫升降机的士兵放下武器投降。这些特使——在他们拒绝拿起武器和我们一起对抗德国人之后——被我们射杀了。"[5]

最后（第二天），在耗尽弹药之后，少数幸存的苏联守军决定突围，并试图与他们在河边的战友会合。守军离开后，升降机附近陷入了一种诡异的寂静，霍夫曼和他所在营的剩下的士兵终于啃下了这块硬骨头。"俄国人在升降机里的抵抗已经被我们粉碎了……"一名惊恐的德军步兵记录道："我们在废墟中只发现了 40 具苏联人的尸体，其中有一半都穿着海军制服——海魔（Sea Devil）。"此时，霍夫曼所在的营只剩下一些残兵了。

在城市上空，德国空军的故事可谓是同一主题的"变奏曲"。苏联空军伤亡惨重，德军战斗机飞行员被迫飞到更远的地方去寻找他们，正如一个德军战斗机联队的部队日志所描述的那样："我们是斯大林格勒天空的主宰者，敌人的空中活动范围非常有限。为了取得些许战果，我们会飞到位于城东的敌人机场的上空，希望能迫使他们中的某些人飞上天空。"在空战中，德军的精英飞行员仍然占据着上风，赫尔曼·格拉夫在9月击落了62架苏联飞机——这是一个绝对不会被打破的月度击坠纪录。不过，由于严重缺乏后备力量，德军前线飞行员和飞机的整备率直线下降。而且，随着德军飞行员逐渐减少，剩余的人员在体力和精神上都承受着令人难以忍受的越来越重的压力，从而导致错误频发。格拉夫在日记中承认道："在一次空战中，我未能发现一架敌机。突然间，这架敌机射出的炮弹击中了我的驾驶舱。"地勤人员指出，这枚苏联机炮的炮弹险些击中格拉夫的头部。格拉夫记录道："恩斯特·聚斯（Ernst Süss，第52战斗机联队中仅次于格拉夫的精英飞行员）劝我离开一段时间，免得我变成一具尸体。"与格拉夫相比，威廉·克里尼乌斯（Wilhelm Crinius）的情况更糟——不断发烧的他，体重下降得很厉害。到9月中旬，他的体重下降到了118磅。他的朋友阿尔弗雷德·格里斯劳斯基（Alfred Grislawski）还记得：

尽管疾病和疲惫使他只要闻到机炮喷出的火药味就会反胃，但他还是继续升空作战。因为经常在空战中呕吐，所以他不得不把自己的军便帽（Forage Cap）放在身边。他在帽子里铺了纸，将其当作呕吐袋。

9月22日，克里尼乌斯取得他的第100场空战胜利。然后，他被直接送回家休养。而格拉夫拒绝回家休养，直到他取得了第200场胜利。不过，此时的格拉夫业已精疲力竭。格拉夫的僚机飞行员海因里希·弗尔格雷布（Heinrich Füllgrabe）在完成第50次击杀后，精神几近崩溃，他说："我不得不休息一天……我实在是受不了了。"[6]执行对地攻击任务的飞行员霍斯特·拉姆斯泰特（Horst Ramstetter）认为，"在斯大林格勒战役中执行的任务是最困难的……比整个俄国战役中的其他任何时候都要更困难"。[7]或许，对这些饱经考验的飞行员来说，这种看似疯狂的行为也有一定道理。每个人都知道一连串迄今为止最优秀的飞行员的悲惨故事——他们休假回来后便立即成了苏联空军或地面火力的牺牲品，但没有一个飞行员（他们总是对幸运符之类的东西非常感兴趣）想被列入死亡名单。

月初，在许多人看来，德军的攻势是充满希望的。但这时，无论从哪个角度来看，魏克斯的 B 集团军群都陷入了困境。霍特的第 4 装甲集团军"被拆开"，从而失去了对于装甲部队而言至关重要的核心战斗力。事实上，第 4 装甲集团军还被迫将一些建制较完整的部队转隶给保卢斯，以保持德军对斯大林格勒南半部的攻势。不过，此举也令第 4 装甲集团军失去了攻击重点。此时，魏克斯麾下的 4 个来自轴心国盟友的集团军正缓缓沿着顿河进入预定阵地，但穿越干枯草原的长途跋涉使他们承受了巨大的压力。抵达顿河边后，他们无力摧毁苏军的一些深入西岸的桥头堡，如匈牙利人需要对付的乌里夫桥头堡，罗马尼亚人需要对付的克列茨卡亚（Kletskaya）和绥拉菲莫维奇（Serafimovich）桥头堡。至于保卢斯和第 6 集团军，其本应采取的战术是：利用装甲部队的机动性，在广袤的大草原上左奔右突，冲锋陷阵，不断寻找敌人的弱点，再攻击敌人的弱点以制造混乱，从而使苏联人溃不成军。但德军这时进行的却是一场由步兵主导的、近距离交火的城市消耗战，德军每前进一米，都要付出巨大的代价。

第 6 集团军中几乎有一半部队都缺乏战斗经验，这一问题此时被完全暴露出来。在保卢斯的指挥下，各师都被逐个榨干了。保卢斯很少离开自己的总部，他只能越来越频繁地依赖炮火和空中力量来取得些许进展。不过，德军的空中力量本身也已经被卷入了命运的漩涡——德国空军第 4 航空队不可挽回地陷入了分裂的境地，其必须同时兼顾"掩护进攻斯大林格勒的部队和位于高加索地区的 A 集团军群的任务"。此外，效率低下的后勤补给，也同样让德国人忧心忡忡。此时，德军的后勤供应链还可以供应燃料，但这些燃料无法被快速运抵前线。而且，与燃料相比，弹药的缺乏更是让魏克斯和他的参谋人员夜不能寐。9 月，仅第 6 集团军就消耗了23035863 发子弹、752747 发迫击炮炮弹、575828 发反坦克炮炮弹、178066 枚手榴弹、116932 发步兵炮炮弹和 14932 枚地雷。[8] 在柏林本德勒大街（Bendlerstrasse）的陆军最高司令部，有参谋人员指出，"在前线，弹药储备量的多寡是至关重要的"。在战场上，前线的德军士兵们开始讲起了黑色笑话，说："后方有一千门火炮，但每门火炮都只有一发炮弹！"

现在，让我们将目光转向位于斯大林格勒以西 600 多英里处的文尼察。"对缺乏弹药这样的小事不感兴趣"的希特勒，看到德军迟迟无法攻陷斯大林格勒且在短时间内无法确保高加索油田的安全之后，感到异常愤怒。希特勒认为，德军在"毫不必要地拖延时间"。A集团军群占领迈科普后，希特勒原以为李斯特会继续向格罗兹尼和巴库前进，但他的战地指挥官却一再告诉他，可以继续发起进攻的部队实力有限，不足以完成这一任务。希特勒不相信这位陆军元帅的话，遂派约德尔去高加索前线视察并汇报情况。约德尔回来后告诉元首，李斯特暂缓进攻的理由是经得起推敲的——如果没有增援，A集团军群会陷入困境之中。约德尔甚至冒冒失失地引用希特勒自己的话来反驳希特勒，并为李斯特辩护。看到一向恭谨顺从的约德尔突然说出这么多让自己不悦的话，倍感震惊的希特勒顿时勃然大怒，而此后发生的一连串事件，更是让这位独裁者与国防军高级指挥官之间本已很不和谐的关系雪上加霜。

一年前的冬天，希特勒的人生翻开了新的一页。在施行独裁统治的头几年里，他一直担心军队会发动政变把自己赶下台，所以他总是小心翼翼地对待自己的将军们。但当这些将军未能在1941年战胜斯大林并取得"不可能的胜利"时，希特勒开始制裁那些将他视为"失败者"的人，并将他们一一解职——他已经养成了采取此类措施的习惯。所以此时，希特勒毫不犹豫地将李斯特就地免职。然后，希特勒要求从那时起，速记员要记下"自己在每日形势报告会上所说的每一句话"。这样一来，他的话就不会被"错误引用"了。此外，希特勒任性得像个被宠坏的孩子，他不再和自己的将军们一起吃饭，而是开始独自用餐。或许，这对于希特勒身边的工作人员来说是一个好消息，他们终于不用再忍受希特勒每次吃饭时都会进行的批判式发言了。

此后，希特勒还在长达数月的时间里拒绝与约德尔握手，甚至考虑用约德尔的副手——瓦尔特·瓦尔利蒙特（Walter Warlimont）来取代他。不过，在看到自己上司的遭遇之后，一向对人彬彬有礼的瓦尔利蒙特对此没有任何兴趣。

从实际情况来看，确实需要找人替换李斯特，但希特勒的做法却很"简单粗暴"——他决定自己管指挥权。希特勒认为，"除了他，还有谁能更好地将国家社会主义的意志强加给集团军群的官兵，并带领他们走向胜利呢"？因此，希特勒这时候不仅是陆军总司令，还是"他自己的下属之一"。这名独裁者似乎没有意识到这种情况的荒谬性。不过，希特勒亲自上阵也并没为战局带去什么改变，德国根本没有足够的兵力、装备或物资支撑军队到达遥远的格罗兹尼，更不用说巴库了。一位名叫赫尔穆特·鲁尔巴赫（Helmut Rohrbach）的军官对此感到异常气愤，他说："元首不听我们的将军的话……一个人不可能同时是政治家、国务活动家和将军，这太疯狂了。"

在李斯特被扫地出门，约德尔被打入冷宫两个星期之后，国防军高级将领弗朗茨·哈尔德也未能幸免。希特勒对他说：

你和我的关系一直都很紧张。我的神经衰弱，有一半原因都应归咎于你……不值得再继续下去了……我们现在需要的是国家社会主义的热情，而不是专业能力。我不能指望像你这样的老派军官能做到这一点。

就这样，陆军参谋长下台了。也许是为了帮助哈尔德挽回一些面子，希特勒公开表示说："哈尔德将军不能理解我的计划的精神。"自1937年第一次见到希特勒以来，哈尔德就一直是这位独裁者的忠实支持者，这时他却静悄悄地退休了。哈尔德再也不会担任指挥职务了。希特勒提拔了库尔特·蔡茨勒（Kurt Zeitzler），并想从后者身上看到自己所渴望的"国家社会主义热情"。蔡茨勒比哈尔德小11岁，对担任陆军参谋长这一职位来说，他的资历相对较浅。蔡茨勒与威廉·李斯特是朋友（元首刚刚毫不客气地抛弃了后者），在德国入侵波兰期间，蔡茨勒曾担任过李斯特的参谋长。

不过，蔡茨勒也是一位直率的军人，并且拥有后勤和策划方面的专业知识，但不是一个狂热的纳粹分子。

虽然在同时代的一些人看来，蔡茨勒缺乏管理大规模军队的经验，但海因茨·古德里安却希望希特勒现在能听从他的意见："希特勒现在会对蔡茨勒更有信心吗？他现在会开始重视专家的建议吗？德国的命运就取决于这些问题的答案。"像往常一样，古德里安在著书立言时，"一只眼睛牢牢地盯着子孙后代对他的评价和他的历史地位，你一看便知他的意思"。①

---

① 意指古德里安很在乎别人对自己的评价，并有意凸显自己。

然而，临阵换将并不是一个好主意。正如瓦尔利蒙特在结束一段探亲假期，返回乌克兰森林的总部面见希特勒时看到的那样：

> 他失去了信心，他已经意识到，他那"致命的游戏"正走向终点。我们的第二次尝试没能推翻苏联政府，而现在他肆意妄为发动的两线作战，将把帝国"磨成粉末"……这就是为什么他再也不能忍受身边那些经常见证他的缺点、他的错误、他的幻想和他的白日梦的将军们。这就是为什么他希望远离这些将军们，以及他希望看到他身边的人对他拥有无限的、不可动摇的信心。

虽然这位炮兵将领的观点中有那么一点点"事后诸葛亮"的味道，他的说法却与古德里安不谋而合。因为，这就是事实。

让我们把目光转回斯大林格勒。鲁道夫·奥胡斯抽空给家里写了封信：

> 我们在斯大林格勒还有很多事要忙，要花的时间比我们想象的长很多。前天我就在市中心……我们离伏尔加河只有 1000 米左右的距离。但是整座城市被完全摧毁了，没有什么东西是完整的。每座房子都是坚固的阵地，俄国人据守着这些阵地，并一直战斗到最后。我们被迫摧毁一切……今天，俄罗斯人的飞机又让他们自己难堪了。在一次攻击中，他们有两架轰炸机相撞并坠毁了……除此之外，没有什么新鲜事可说了。我很好，不用太担心我。当斯大林格勒被攻陷后，我们可能就会得到解脱，每个人都在期望着……[9]

威廉·艾辛是一位来自第 16 装甲师师部的摩托车信差，当时他在斯大林格勒城北的里诺克作战。与奥胡斯相比，艾辛就不那么乐观了，他说："有经验的军官均已倒下，前线连队的战斗力越来越弱……我们缺少燃料和弹药……运输机会空投一些物资……我们无法把伤员从急救站带回来，他们仍然处于敌人的炮火之下。"[10] 赫伯特·帕布斯特回忆说，那时几乎每个位于前线的德军士兵都有强烈而纯粹的挫败感：

> 我们一整天都待在斯大林格勒这片战场上，在燃烧的土地上"耕耘"。我无法

理解，人们如何能继续生活在这片地狱里，但俄国人却在残垣断壁中、沟壑中、地窖中，以及工厂混乱而扭曲的钢铁骨架中牢牢地站稳了脚跟。[11]

注解

1. Beevor, Antony, *Stalingrad*, p.119.

2. Bergstrom, Christer, *Black Cross Red Star: The Air War over the Eastern Front volume 3*, p.141.

3. Hoffmann, Wilhelm, *Diary of a German Soldier (1942)*.

4. Holmes, Richard, *The World at War*, p286。第24装甲师于1941年年末组建，其前身是德国国防军最后一个骑兵师——第1骑兵师。第1骑兵师的官兵曾参加过巴巴萨战役，并在基辅战役中取得巨大胜利。

5. 引自1942年12月红军大尉M.P.波利亚科夫（M. P. Polyakov）撰写的报告。

6. 赫尔曼·格拉夫、阿尔弗雷德·格里斯劳斯基、恩斯特·聚斯和海因里希·弗尔格雷布这群杰出的飞行员，很快被他们1第52战斗机联队的战友们称为"卡拉亚四重奏"（Karaya Quartet）。

7. Carruthers, Bob, *Voices from the Luftwaffe*, p.89.

8. Turner, Jason, *Stalingrad Day by Day*, p.107.

9. 引自1942年9月27日鲁道夫·奥胡斯写给父母的信，编号为3.2013.2829。

10. Busch, Reinhold, *Survivors of Stalingrad – Eyewitness Accounts from the Sixth Army, 1942-43*, p.17.

11. Bellamy, Chris, *Absolute War*, p.519.

"老鼠战争"

第八章

"在一处我们于两天前占领的街区内，俄罗斯士兵不知又从哪儿冒了出来。于是，激烈的战斗再次爆发。我们的人不仅在前线被杀死，而且还在后方、在我们已经占领的建筑物里战死……斯大林格勒真是地狱"。威廉·霍夫曼先前的乐观情绪已经在斯大林格勒硝烟弥漫的废墟中消散，但他和那些来自其他各都被耗尽的师的士兵们至少还有一些战果，可显示出他们在城南经历的血腥杀戮——"在三个半星期的时间里，我们已经占领了大约 5.5 平方英里（1 平方英里约为 2.6 平方千米）的土地。指挥官祝贺我们取得了胜利"。德国人终于攻占了粮仓建筑群，还有红场、主火车站和大部分居民区。

当由德国人和克罗地亚人组成的维尔纳·桑纳的第 100 猎兵师接到攻占马马耶夫岗的命令时，这座山头对苏联人来说也不再安全。对于马马耶夫岗这样易守难攻的目标，派第 100 猎兵师出战是非常明智的决策，因为该师由德军猎兵及其克罗地亚盟友组成，他们均受过专门训练，拥有特殊装备，可以胜任在包括城市这样的复杂地形中作战的任务。克罗地亚人尤其乐观。就在几天前，他们的领袖（Poglavnik）、热衷从事种族灭绝的律师——安特·帕韦利奇（Anté Pavelic）接见了他们，而帕韦利奇利也利用这个机会向官兵们颁发了许多勋章和奖状，并赞扬了他们对轴心国事业做出的努力。

前二等兵、现任连长约瑟夫·戈布利什（Josef Goblirsch）参与了攻击马马耶夫岗的行动。他回忆道："9 月 27 日凌晨 3 点，准备工作开始。凌晨 5 点，我们的炮兵开始开火。"苏联人拒绝在战壕里坐以待毙，并召唤己方炮火还以颜色，他们以"'斯大林管风琴'发起一轮齐射，火箭弹击中了一道堑壕，当场杀死猎兵 15 名，重伤了 100 名"。整整 90 分钟的炮击过后，戈布利什的"团发起了攻击……（马马耶夫岗）被炸弹和炮弹覆盖，血流成河"，他们"知道自己会面临最顽强的抵抗"。尽管如此，戈布利什还是被苏联守军凶猛的火力惊得目瞪口呆，他说："不间断的迫击炮炮火让我们低下了头……尽管付出了惨重的代价，我们也只前进了 200 米。"随着部队中伤亡的人数不断增多，戈布利什接到了掘壕据守的命令。他们"蜷缩在俄罗斯人遗弃的弹坑和掩蔽壕里……焦急地等待着夜晚来临"。夜幕降临后，戈布利什才得以退出战场，进行休息和恢复，他惊恐地看到"轮式车辆排（zug）的兵力已大幅减少，只剩下十个精疲力竭的人了"。大量火炮和斯图卡俯冲轰炸机对苏军阵地进行了集火攻击，在二者的大力支援下，戈布利什和他所在的师继续进攻，上级甚至为他们派来了若干分遣队作为援军（不幸的是，这些援军均缺乏攻坚经验），但他们仍然无法占领整座山头。

崔可夫和他的指挥部已经转移到河边一个暂时安全的地方。随后，崔可夫命令亚历山大·罗迪姆切夫（Alexander Rodimtsev）率领近卫第13步枪师越过伏尔加河，登上马马耶夫岗，并且还命令他们要么守住，要么战死，而这也几乎成了苏联对斯大林格勒防御战的象征性态度。近卫第13步枪师经过艰苦的急行军，在傍晚时分才到达伏尔加河东岸的轮渡站。结果该师刚到，上级就命令他们不能休息，必须直接过河，投入战斗。没有时间熟悉战场，况且也没有地图，近卫步兵们就在渐浓的夜色中登上了等待他们的渡船，向着燃烧的城市进发。前往西岸的近卫步兵中甚至有1000人没有携带武器，他们接到的命令是从死者身上取得武器。鉴于城内死亡枕藉，他们是不会缺少武器的。拥有1万人的近卫第13步枪师在最初的24小时内有30%的官兵阵亡，于3天内几乎全部阵亡。但马马耶夫岗的苏联守军并未投降。对年轻的约瑟夫·戈布利什来说，这是一段令人毛骨悚然的经历，他说："我们的整个营都散了架。我的连完全被累垮了。"[1]

在城南的鏖战中，并非只有戈布利什所在的第100猎兵师被拖垮了。在邻近的第71步兵师中，一位技术军士向其总部汇报说，他此时正担任连长，而全连的兵力只有9人。一位前线士兵在家书中写道："我们每日每夜无不感到无奈和绝望……即使你的大脑已经停止正常运作，你也摆脱不了无比的恐惧，这是无法克服的。"这位士兵描述了自己从"屠宰场"中幸存下来的经历，然后让家人们"在深夜，累了的时候，站着阅读这些战争故事——现在是黎明时分，我趁着哮喘病慢慢好了一点……在泥洞里写家书"。像其他很多人一样，这位士兵此时公开将斯大林格勒战役与第一次世界大战中的凡尔登战役相提并论，而凡尔登那场恐怖的战役持续了九个月，造成德军白白伤亡30多万人。"那些读过凡尔登和斯大林格勒的故事，后来又跟朋友边喝咖啡边阐述理论的人，他们什么都不懂"——这个士兵的观点与赫尔穆特·格罗斯特（Helmut Groscurth）的观点不谋而合。格罗斯特认为，斯大林格勒战役与二十多年前导致德军的鲜血浸透法国的原野和堡垒的凡尔登战役具有相同之处——"斯大林格勒会变成第二个凡尔登吗？这里的每个人都非常关心这一问题"。这种类比此时唤起了德国人的恐怖记忆——凡尔登战役在德国是父母和老师灌输给每个孩子的噩梦般的事件。一位德军士官对此有深刻的理解，他认为："斯大林格勒是人间地狱。这里就是凡尔登，是使用新式武器的、更加血腥的凡尔登。我们每天都在进攻。如果我们早上前进了20码，俄国人晚上就会把我们给赶回去。"

不过总的来说，第6集团军在城南仍然算是高歌猛进，一路攻城略地。但正如威利·艾辛说的那样，德军这片新占的领土看上去并不好，"市中心，包括主火车站和红场在内，都成为一堆瓦砾，多层建筑都被炮弹炸毁了。到处都有被木房子的灰烬掩埋的半根烟囱。人们要么逃走，要么躲在废墟、地窖和洞穴里"。

保卢斯这时候决定占领城市北部的工业区，特别是拉祖尔化工厂、路障兵工厂、红十月金属厂和捷尔任斯基拖拉机厂这四座巨型工厂建筑群，以彻底征服斯大林格勒。与在城南一样，保卢斯的所谓计划只不过是"设计了一台极度依赖强大火力的绞肉机"，况且他取胜的前提是苏联不采取任何措施，默许守军自生自灭。在数周的时间里，"勋爵大人"经历了战争中最惨烈的巷战，但他什么也没学到。距离城外几英里远的草原上，保卢斯在他那偏远而平静的总部里与自己的士兵们完全脱节，而这些士兵正在斯大林格勒令人窒息的尘埃中战斗和死去。尽管保卢斯与隆美尔都曾在魏玛防卫军中服役，但他与后者截然不同。

保卢斯此时正准备将他那些实力已经严重削弱的部队重新投入战斗，这将极大削弱这些脆弱的部队，使其处于危险的失衡状态，并在苏军反扑的时候陷入精疲力竭的境地。但这不是保卢斯一个人的责任。希特勒把重担压在保卢斯狭窄的肩膀上，反复要求他尽快占领这座城市的每寸土地，而魏克斯方面也一直保持沉默。越来越多的人认为，随着集团军群司令官被贬为对战场形势无能为力的旁观者，保卢斯和希特勒本人的关系就是B集团军群此刻最为关键的关系。

希特勒极度渴望赢得最后胜利，在他的敦促下，德军再次对斯大林格勒城北发起进攻。德军很快就发现，城北的苏军阵地如城南的 ·样难以对付。一名前线士兵描述了苏军的一个策略：

我们会花一整天的时间从街道的一端清理到另一端，在西端建立封锁线和火力点，并为第二天"又切一片腊肠"做准备。但每当拂晓时分，俄罗斯人就会从远处的旧阵地重新开火！我们花了一些时间才发现他们的诡计。他们在各个阁楼之间打了好些洞。夜里，他们就像房顶上的老鼠一样跑回阁楼，把机关枪架在顶楼的窗户旁边或破烟囱后面。

敌对双方靠得很近，彼此几乎都能闻到对方的气味。德国人总说苏联人有一种独特的香气，那是苏联人不停抽的烟丝粗切的马合烟（makhorka cigarettes）散发的。威利·克赖泽（Willi Kreiser）描述道："我们战壕之间的距离非常近，通常就是你把手榴弹能扔出去的距离。伊万有时会试图把绑在长杆子上的球形炸药推进我们的据点……如果我沿着战壕爬，俄罗斯人就会向我投掷手榴弹。"这是一种有意为之的策略。苏联人知道自己无法与德军的火力匹敌，尤其是空中火力，于是在崔可夫的命令下，他们试图靠近克赖泽及其战友，以使对方无法利用重型武器来削弱己方火力。如果德国人撤退并准备空袭，苏联人就会向前渗透，并模仿德国人的行动，不让他们有一个安全的间隙。这种策略是行之有效的。

增援部队，这是斯大林格勒战役中最急需的，但这是苏联人拥有而德国人没有的。9月15日至10月3日，崔可夫将大约6个全新的、装备齐整的步枪师（其中的2个师是精锐的近卫部队）部署到伏尔加河对岸，而保卢斯只能得到少得可怜的人。当时，在这些为数不多的宝贵的德国援军中，有一名援军抵达了保卢斯的新部队，并受到了指挥官的迎接——"一位我不记得名字的少尉，我想可能是赫希（Hirsch）。他很高兴有我来增援他的连，因为他的连已经缩减到只有十个人了"。那天晚上，赫希的新成员外出去布设铁丝网障碍时，腿部中了枪，他说："他们切开了我的裤腿，我右大腿外侧一个流着血的大伤口露了出来，伤口上还嵌着布料和金属碎片。用英国人的话来说，这就是'一个可以被送回老家的伤口'（Blighty one）。"他很快就被疏散到后方，赫希少尉的连又减少到十人。

崔可夫似乎有几乎无穷无尽的格言可供引用。谈到战斗，他说过一句"时间就是鲜血"的著名格言，而且他准备慷慨地以鲜血来换取时间。没人能躲过城北之战。参谋人员们接到命令，要离开自己的办公桌，去指挥临时战斗小组，而轻伤人员在被包扎好后，要继续留在前线，而不是被疏散到河东岸的战地医院。红十月金属厂的5000名工人也接到通知，通知要求他们拿起自己刚造好的步枪，走出工厂大门，开赴前线。当被问及是否有人知道使用步枪进行射击时，那些举手的人就会得到白色臂章，以示他们会成为不懂射击的人的教官。许多被强征入伍的工人都是单身男子，他们的生活既受到严格管制，又是半军事化的，但即便如此，在没有受过训练且生存机会渺茫的情况下，把步枪扛在肩上，排成一排，集体朝着枪炮齐鸣的方向行进，那又是另外一回事。威廉·亚当（Wilhelm Adam）是保卢斯总部的一名参谋，他目睹了这一场景——"民众拿起了武器。躺在战场上的是身穿工作服的工人，他们僵硬的手里仍然紧握着步枪或手枪。身穿工人服装的死者靠在被击碎的坦克的指挥塔上。我们以前从未见过这种事"。战后对苏联战争期间的战术研究发现：

一个受到威胁的城市，其居民，或者可能是其所有的男性居民……无论其年龄、国籍或健康状况，都被迅速聚集起来，以填充前线部队。这些根本没有接受过军事训练或最多只受了几天训练，而且往往没有武器和制服的"士兵"，就被投入了战斗。他们需要在战斗中学习所有必要的东西，并从死去的战友那里搜集武器……这是一场不折不扣的"人命游戏"。

参与战斗的苏联部队也没有被轮换出前线，而是一直战斗到损失殆尽。例如，到10月初，第244步枪师已经被削减到只剩下1500人，其他一个又一个被派到这座城市废墟上的师也是如此。

为了击败德国人，许多苏联士兵和公民都准备接受这样严厉的措施，但在情绪上并非普遍乐意。正如汉斯·海因茨·雷费尔特亲身经历的那样，他的迫击炮组俘虏了"一名来自第110骑兵师的年轻人，不到17岁，刚入伍三个月"！这位年轻人告诉他们，"现在的男孩15岁就被征召入伍，几乎没有受过什么训练。他受够了"。一名德军士官写道："俄国人的士气非常低落。大多数逃兵都是被饥饿驱使到我们这里来的。"这句话虽具有一定的讽刺意味，但还未切中要害。

显然，崔可夫的手段十分严酷，这也是一个明确信号，即苏联人根本不准备放弃并撤离斯大林格勒。很多德国人都认为，战争已经差不多快结束了。一名德军的前线步兵说，他已经"梦想着住在地下的冬季宿舍，在发光的兴登堡炉上劳阅读中多来自心爱的家园的信件"。在距离集团军群战线很远的后方医院里，弗朗茨·韦特海姆听到的只有好消息——"夏季战役的主要目标要么已经实现，要么近在咫尺。高加索已被占领，我军正在对斯大林格勒进行最后的扫荡，这将是整个攻势的高潮"。[2]

当德国人开始相信这一切可能很快就会结束时，苏联人正在努力调整自身。苏军一支以集中指挥和严格遵守命令而闻名的军队，此时开始尝试新的阵型和战术。红军步枪分队被改编为由一名军士率领、由 8 到 10 人组成的"突击队"（Assault Team），几乎所有队员都配备了全自动的 PPSh-41 冲锋枪。这种冲锋枪因其 71 发的弹鼓和超快的射速还获得了"打嗝枪"（burp gun）的绰号。两个这样的"突击队"将组成一个"暴风突击群"（Storm Group），每个"暴风突击群"的侧翼则由另外两个"突击队"组成的"预备队"（Reserve Detachment）负责掩护，还有一个"增援组"（Reinforcement Group），配备反坦克炮、反坦克枪、迫击炮、火焰喷射器、机枪及包括镐、铲子和地雷在内的防御装备。

苏军的想法是，派遣一个或多个"暴风突击群"去攻击德军的前沿阵地，在攻占目标并杀死德军后，让"增援组"继续向前推进以巩固新夺取的阵地，这样，当德军发动反攻（这几乎是必然的）时，苏军就已经准备好守株待兔了。在"突击队"前进和投入作战行动之前，苏联人在有经验的军官和士官的督导下，甚至在城市里演练了这些战术。这就是红军即将声名鹊起的"巷战学院"（street fighting academy）的雏形。

德军对红军不断变化的战术理解迟缓，反应迟钝。德国人自己也拥有一款出色的 MP40 型冲锋枪，但他们不愿意为大量前线步兵重新配备这种冲锋枪，所以每个德军班中仍然只有一挺该型冲锋枪。事实上，鉴于德国摇摇欲坠的供应系统和不完善的制造设施，德军或许根本无法采取如此重大的改革措施。结果，斯大林格勒街头出现的景象是，携带栓动步枪的德军前线步兵总是面临着由一小群红军冲锋枪枪手发起的近距离射击。

反观德军的对手，这场战争不断激发出苏联人的新思维浪潮。在引入了"暴风突击群"的概念后，红军指挥官开始将办公楼或公寓楼等较大的建筑视为"防波堤"，并利用它们来引诱发动进攻的德军，以使德军沿着红军事先选定的街道进入准备好的杀伤区域。苏军通常会派遣 50 名或更多全副武装的士兵驻守这些大型建筑，并命令他们保持低调。直到发动进攻的德国人从他们身边经过，部署在屋顶和顶楼的机枪，以及其他所有楼层的苏军步兵就会从后面向德国人开火。当愤怒的德国人派出其装甲部队，试图炸毁这些大楼时，他们将在一楼遭遇大量密集布设的地雷和隐藏着的反坦克枪的袭击。

即使德国人设法进入了这些建筑，他们在战斗中一贯使用的可靠手段此时也失去作用。德国人通常会从一楼进入，然后试图杀出一条血路上楼，而这种攻击方式从一开始就赋予苏联人巨大的战术优势。德国人还时常无暇清理地窖或下水道，这使得隐藏其中的苏联人可以静静等待，一旦德国人来到他们上方，他们就能从下方发起攻击。同样，当到达顶楼时，许多德军部队就会认为任务已经完成，自己可以安然地躲在顶楼。不用说，苏联人也会待在那里，他们会等待机会打入毗邻的阁楼，躲到倒霉的德国人身后，制造更多混乱。德国人的各种日记、回忆录和幸存者的记述，都充满了在自认为已经被清理干净的阵地上遭到枪击时产生的挫败感。

在保卢斯手下的高级指挥官中，卡尔·斯特莱克（Karl Strecker）意识到他的士兵们面临的窘境，但似乎无力改善。他认为："敌人是看不见的。他们经常在地下室、城墙遗迹、隐蔽掩体和工厂废墟中伏击我军，给我军造成重大伤亡。"在东方战争中，这是第一次由苏联指挥官而非德国指挥官掌握战场主动权。

事实上，不只东线德军，整个德国国防军此时都承受着巨大的压力。在广阔的俄罗斯前线，没有一处土地是平静的绿洲。在北方，红军再次试图打破德军对列宁格勒的包围，双方在锡尼亚维诺（Sinyavino）爆发了激烈的战斗；在中央集团军群的防区，莫斯科发动了一次又一次的进攻，试图摧毁勒热夫的突出部，并粉碎莫德尔的第9集团军。德军还不得不将本已匮乏的物资运送至数百英里外的高加索地区，而在北非的沙漠中，当蒙哥马利的英国和英联邦军队在阿拉曼展开攻势时，埃尔温·隆美尔迫切需要燃料、坦克和弹药。即使是西线也消耗了纳粹德国有限的资源，而8月19日的迪耶普（Dieppe）突袭吓得柏林方面被迫将一些最好的部队从俄罗斯调到西面的法国，以抵御盟军的新一轮攻势，尽管这轮攻势并不存在。

柏林能留给保卢斯的，只有第50、第162、第294、第366和第672这五个突击工兵营。这些营由保卢斯总部的战斗工兵司令——赫伯特·赛勒（Herbert Selle）上校统一指挥。每个突击工兵营约有600人，其突击工兵在爆破、近距离攻击和清除障碍方面都受过专门训练。他们于10月的第二个星期抵达斯大林格勒，是对第6集团军的有益补充，但人数太少，无法起到决定性作用。较早信奉纳粹主义的赛勒，后来在观察到以下情况时，他的幻想破灭了：

在斯大林格勒，每一栋房子、每一间茅屋、每一栋高楼、每一座粮仓、每一家工厂都进行着激烈的战斗，而双方付出的鲜血、损失的物资常常不能换来攻击或防守的胜利……隐藏在每一堵高墙、每一个楼梯入口、每一个门洞、每一台车床后面的……可能是一架机关枪……双方都在争夺这里的每一寸土地。

多年来，关于苏联在城市战争中战胜倒霉的德国敌人的神话逐渐形成。这个神话本身就异常具有说服力，并得到了德军士兵的回忆录、战地军邮信件和日记（如威廉·霍夫曼的日记）的印证。在德国人的叙述中，几乎每行每句都在咒骂战斗的残酷和苏联人的顽强抵抗，这很容易为人们建立起一种印象，即苏联人依靠娴熟的战技，战胜了无能的德国人。城市战争，即逐家逐户的战斗，对战斗人员来说是一种真正可怕的经历。一是这种战争造成的伤亡人数几乎是一个个累积起来的；一是根据战斗的性质，参战者不是感到幽闭恐惧，就是长期进行"皮带扣对皮带扣"的捉对厮杀。因此，曾经遭受过这种痛苦的人用如此骇人听闻的语言来谈论和描写这场战役，也就不足为奇了。

事实上，红军的大多数士兵是在农村出生和长大的，而德军中的大部分人本身就是城市居民，更习惯于城市环境。与德国的对手相比，红军在斯大林格勒这样的城市中作战，远没有那么轻松自在。同样地，苏联愿意接受突击小队作为基本的战术单位并给予重视，这固然是红军战术的一种有益演变，但要说苏军以此来战胜德军，这种观点却是可疑的。这是因为德国的战术理论正是以小队为基础的，也非常强调优秀的初级指挥官，而且各级士兵都被教导要在必要时行使指挥权，并以他们认为的最合适的方式在瞬息万变的战场上取得胜利——这正是德国人所谓的"任务导向战术"（auftragstaktik）的精髓。

既然人们都承认红军在这场逐家逐户的战役中与德军旗鼓相当，那么这个神话为什么还能流传这么久呢？首先，斯大林格勒的红军拥有相对较少的重型武器，他们将唯一的火炮部署在遥远的东岸，而且他们几乎没有空中支援，因为直到战役的最后阶段，德国空军仍保持着空中优势。红军所拥有的，只是大量轻武器和人员。在这种情况下，苏联人唯一可行的选择就是面对面的厮杀，并承受这种作战方式带来的严重伤亡，正如一名德国机枪手亲眼所见的那样——"阳光太亮了，敌人的头盔都闪闪发光。我们两人（他的装填手）用机枪扫射了那片区域。从远处看，这群俄国人就像一团乌云。你要是一直往他们身上倾泻火力，就能打死很多人……晚上，我往外一看，啊！那么多俄国人的尸体躺在那儿"。相比之下，德国人拥有全套武器装备，也试图利用这些装备，并以能够接受的生命代价来换取胜利。这种"火力优先于流血"的做法并不是德国独有的，在整个二战期间，只要是进攻方就往往会在城市战斗中选择这种做法。最好的例子也许是1945年的柏林会战。在那里，德国陆军，或者至少是其残余力量，派遣很多装备自动武器的小队来保卫首都，而红军选择使用大规模杀伤性武器，包括用大量坦克和重炮在开阔的视野内抵近射击。

斯大林格勒城市战斗的神话同样可被德军诠释，因为德军可将其失败归咎于其自认为的苏联人的未开化和野蛮。理由很简单，城市战斗是邪恶和堕落的，因此更为邪恶和堕落的敌人会占优势。这是绝对的纳粹主义观点，这种种族主义的世界观从上至下地渗透了所有级别的德国军人。一位德国装甲兵将军说："无视人命，蔑视死亡是俄罗斯士兵的特征。"[3] 一名军衔低得多的军官写道：

俄罗斯士兵更适合面对面的战斗……我们的士兵是西欧人，他们不太喜欢这种类型的战斗，更依赖自动武器和使用他们的大脑来打仗，（而）大多数红军师是由亚洲人组成的。[4]

最后，这个神话对双方都有好处。苏联人可以把他们的成功归功于他们的军事实力和不屈不挠的必胜意志，而德国人也能够举手投降，说他们是被斯拉夫民族的野蛮打败的。不过，对于苏联红军在斯大林格勒的废墟中取得的成功，一个更合理的解释是，他们只是因为自己所处的环境而不得不努力去适应。最终，决定双方命运的是各自投入的兵力。莫斯科可以承受罗迪姆切夫的近卫第13步枪师全军覆没——10000人甚至更多——的代价，而保卢斯从8月底到10月5日损失的40011名官兵[5]几乎是无法得到填补的。

双方围绕斯大林格勒工厂废墟所进行的鏖战将证明这一点。由于损失过于惨重，保卢斯的步兵师不得不采取更多绝望的措施来保持某种凝聚力和战斗力，而且许多营被整体解散，其幸存者被用来填补姐妹部队的空缺，但即使是这样，也只能暂时掩盖人员严重不足的问题。其中一个步兵师报告说，其下辖的9个营，平均每个营只有3名军官、11名士官和62名士兵。11月初，当希特勒为他日益窘迫的集团军司令增派了另外4个突击工兵营时，崔可夫总共接收到10个师。双方援军的力量对比过于悬殊。

第336突击工兵营是德军增派的4个突击工兵营之一。该营在抵达斯大林格勒后，被分配到路障兵工厂对面的一处阵地。在那里，营长约瑟夫·林登（Josef Linden）少校对战场进行了侦察，他发现"松松垮垮地悬在高处的波纹钢板在风中发出怪异的吱吱声，T型梁、巨大的弹坑……地下室都变成了据点……这一切均以枪炮和炸弹的噪声为背景，而且这些噪声还在不断增大"。负责支援第305步兵师的欧根·雷滕迈尔（Eugen Rettenmaier）少校的林登发现，这位留着牙刷式小胡子的雷滕迈尔少校虽有营长的头衔，但手下只有37人，而按照编制，这个营的兵力应该在400人以上。雷滕迈尔本人也非常悲痛，不仅是因为他的士兵死伤惨重，还因为他的长子奥托卡尔（Ottokar）于5月死在前线。

不管怎样，身为援军的突击工兵都迅速投入行动，以清除路障兵工厂附近的苏军据点。尽管这些突击工兵训练有素，经验丰富，但他们对接下来将要发生的事情毫无准备。他们带着炸药包、火焰喷射器、手榴弹和MP40冲锋枪，聚集在该兵工厂的东端，等待出击。他们紧紧挤在一起，其中一人无意中触发了一个诡雷。由此引发的爆炸造成18名突击工兵当场死亡，也令其他人惊骇不已。当最终接到发起攻击的命令时，突击工兵们又遭到顽强的苏联守军猛烈的火力打击。从11月9日（星期一）到11月10日（星期二），在这为期两天的战斗中，突击工兵确实成功夺取了给他们指定的、绰号为"化学家商店"和"政委之家"的目标，但他们也损失严重，正如一名军官在一波攻势失败后指出的那样：

我们的部队只剩下这些人了吗？新支援的营已投入进攻，却像在家乡的训练场上演习。结果是什么？他们中的大多数人被打死了，一些人受伤了，其余的人都被打得落花流水，溃不成军。一个被诅咒的地方！

在不到五天的时间里，一千多名突击工兵就战死了。赫伯特·赛勒写了一封苦涩的家信，信中写道："在德国国内，将会有很多人流泪……那些不需要为这些无谓牺牲而负责的人，无疑是幸福的。"

就德国平民和世界舆论而言，彻底占领斯大林格勒迅速成为纳粹德国在战争中最重要的目标。第6集团军最初只是一个偏师，其作为"进攻矛头"本来是为了给夺取高加索油田的A集团军群打掩护，然而此时却成了斯大林和希特勒之间斗争的焦点，这是因为两人都更倾向于把自己的威望压在这片燃烧的城市废墟上。希特勒在对德国平民的广播讲话中宣称："你们可以放心，没人能把我们赶出斯大林格勒。"对保卢斯来说，指挥整个集团军采取大规模行动的日子早已一去不复返，而且他关注的范围惊人地缩小到仅四家工厂及其邻近郊区。此时，这位集团军司令一根接一根地抽着烟，饱受反复发作的痢疾的困扰，而他那咄咄逼人的参谋长——阿瑟·施密特（Arthur Schmidt）趁机攫取了越来越多的权力。集团军司令所做的不过是把一个又一个团投入战斗，并处理一些次要的行政事务，例如签发文件——"保卢斯将军先生准许第 549 团的格奥尔格·雷曼中尉与莉娜·豪斯瓦尔德小姐结婚。诺伊施塔特……请转发"。德军派驻罗马尼亚第 4 集团军——指挥官为康斯坦丁·康斯坦丁内斯库 - 克拉普斯（Constantin Constantinescu-Claps）——的首席联络官汉斯·多尔（Hans Doerr）哀叹道：

大规模作战的时代一去不复返了，战争从广袤的草原地带转移到伏尔加河丘陵上锯齿状的沟壑和灌木丛，转移到斯大林格勒的工厂地区，扩散到凹凸不平、坑坑洼洼、布满混凝土和石头建筑的崎岖地区。

保卢斯似乎陷入了绝望，他下达了一个不符合正常军事逻辑、在战略上颠三倒四且毫无意义的命令，即将自己三支珍贵的装甲部队中的一支——第 24 装甲师派到城内，以进攻并占领路障兵工厂和红十月金属厂的工人定居点。坦克乘员、司机、信号手和炮手等训练有素的专业人员进入了碎石遍地的街道。在那里，他们的专业技能毫无用处。他们还遭受了惨重的损失。"我们发起了进攻！但我们只能紧跟着斯图卡俯冲轰炸机在我们面前投下的炸弹，一米一米地向前爬行……难以置信，我们对这里的一切都很生疏……敌狙击手从侧翼袭击我们，并使我们伤亡惨重……我们根本看不见他们。"一位高级军官描述道："我们衡量距离的单位，现在已用'码'取代了'英里'。"

冈特·科绍雷克接到命令，要率领一批新训练的补充兵从铁路终点站赶往后方，以补充第 24 装甲师，他回忆道："我们不断前进……走了一小时又一小时……我们边流汗，边咒骂，我们中的许多人大喊大叫，只是为了让自己振作精神，但我们仍不得不拖着疲惫的双腿勉强前进——一千米又一千米。"终于靠近城市的时候，他们可以听到隆隆的雷声，看到血红色的天空，那就是斯大林格勒。科绍雷克和其他大约30人一起被派去援助一个消耗殆尽的中队（Schwadron，第24装甲师因其前身是骑兵师而仍使用了旧的编制名称），他们的到来使该中队的兵力增加了一倍，但仍未达到其额定编制的一半。在等待进入前线时，科绍雷克发现："我睡觉的地方被一个从斯大林格勒回来的前线士兵占据了。我几乎认不出他的脸。这张脸长满了胡茬，并且被尖顶的山地帽几乎遮住了眼睛，山地帽的耳盖耷拉下来盖住了耳朵，他睡得很熟。"[6]

与第24装甲师的前骑兵相似，第14装甲师的萨克森人也被派到陌生的作战环境——捷尔任斯基拖拉机厂作战。与第14装甲师并肩作战的，还有埃尔温·亚内克的第389步兵师。亚内克的步兵师的兵员来自黑森，他们本来是要去西欧执行占领任务的，后来因为发动蓝色行动的需要而被迅速派往苏联。此时，他们正在长达3千米的、原为生产车间的废墟中缓慢前进，扭曲的大梁充斥其中，他们被砖灰和浓烟呛得喘不过气来。其中一名士兵惊恐地盯着头顶上的"斯图卡"，他看到"整个天空都布满了飞机，每一门高射炮都在发射，炸弹轰鸣而下，飞机坠毁，这是一个巨大的舞台"，他们"在战壕里怀着非常复杂的心情注视着这画面"。谁又能怪他胆小呢？他和他的战友们都知道，一旦轰炸结束，他们就会收到再次发动进攻的命令。

《信号》（Signal）杂志的战地记者布鲁诺·温德沙默（Bruno Wundshammer）亲自赶往前线，了解战场环境：

我们穿过了一道交通壕。由于伏尔加河就从工厂围墙外流过，我们只要一瞥，就能看到这条大河……我们躲在一个地窖里……一架梯子通向没有后墙的木屋阁楼……敌人离我们只有100码远。我只看到一些木屋和木屋后面的一座巨大的工厂——路障兵工厂。

在苏军火力越来越猛烈的情况下，温德沙默被迫向后撤退，他看到"一名士兵躲在砖墙后面专注地在一个盒子上写信，似乎没有注意到炮火和子弹的袭击"。但是当"炮弹碎片打在腐烂的木头上，吱嘎作响，两名步兵抬着一名伤员从身边经过。伤员的脑袋一动不动地垂下来，他的金发在风中飘动"时，温德沙默随即又回到了现实，回到了残酷的战斗中。而那名步兵只是德军众多伤亡人员中的一个。

"这是一场可怕的、令人精疲力竭的战斗，战场覆盖了地上和地下，激战就爆发在废墟、地窖和工厂的下水道里"。一位坦克乘员描述了他的坦克如何"爬上成堆的碎石和废料，发着尖锐的声响，爬过被毁得乱七八糟的车间，并在狭窄的院子里抵近射击。许多坦克轧到了敌人布设的地雷。在地雷爆炸的威力下，这些坦克要么不停地摇晃，要么被炸得四分五裂"。德军突击小队与装甲部队并肩作战，试图铲除苏军的据点、机枪掩体和炮位，并召集德国空军的"飞行炮兵"将其彻底摧毁。斯图卡俯冲轰炸机部队指挥官保罗-沃纳·霍泽尔回忆说（他说的也被里希特霍芬本人强调过）：

我们联队的"斯图卡"必须进行精准轰炸，以避免对驻守在目标地区附近的我军部队造成威胁。他（里希特霍芬）想观察我们的飞行情况，并判断我们飞行员的准确性……这是一个非常微妙的命令……我们不能冒险从4000米高度上进行俯冲轰炸，因为炸弹的杀伤范围很广，所以我们必须进行所谓的斜距攻击，即直接在屋顶上投放炸弹。我们必须把炸弹扔进目标，就像把面包送进烤箱一样。

由于工厂本身建得如同堡垒（类似谷仓），"斯图卡"便携带了特殊武器，即"一枚500千克重的、带有能有效穿透建筑物屋顶的破甲弹头和延迟引信的炸弹。此外，每架'斯图卡'的机翼下还装载了两枚各250千克重的炸弹，所以每架飞机的载重为1000千克"。一旦这样的俯冲轰炸机完成任务，这时，也只有这时，步兵和装甲掷弹兵才会向前推进，向每一个苏军可能藏身的地方投掷手榴弹并倾泻火力。然而，即使遭受了这样的折磨，幸存的苏联人也会反击——"苏联人进行了激烈的反击，就好像什么都没发生过一样，而我们投下的似乎是玩具鱼雷而不是炸弹"。与在空中的德国空军一样，在地面上战斗的威廉·霍夫曼惊讶地看到"出现了很多手持汤姆逊冲锋枪的俄国人"，好奇"他们究竟是从哪里冒出来的"。艾哈德·劳斯找到了答案——"渗透是俄罗斯人独有的战术……它特别适合俄罗斯人，那个俄罗斯人更是这方面的高手。尽管我们仔细观察了临近的道路，但他还是突然出现了，没人知道他从哪里来，也不知道他在那里待了多久"。无论如何，苏联人就在那儿，并且下定决心，寸步不让：

在每一座房屋和每一间车间内，在水塔、铁路路堤和城墙处，在地窖和每一堆废墟中，我们都进行着艰苦的战斗，我们消耗了巨量的弹药，甚至在第一次世界大战中也没有任何一场战役能与之相提并论。我们和敌人已近在咫尺。尽管有密集的空中力量和炮火的支援，我们还是无法达成突破。

霍夫曼的部队——由萨克森人和捷克苏台德人组成的第94步兵师——在占领南方几英里外的谷物升降机后，正在进行短暂的休整。但随着一支又一支部队损失殆尽，保卢斯别无选择，只能将霍夫曼的部队投入到争夺路障兵工厂的战斗中，与冈特·科绍雷克及其装甲掷弹兵的战友们一起作战。经过彻夜行军，到达新指定的作战区域后，霍夫曼惊恐地看到"有很多顶着我们头盔的十字架"，心想："我们真的损失了这么多人吗？"一天后，当霍夫曼所在的营奉命对路障兵工厂展开进攻时，他得到了答案——"我们的营已经连续发动了四次进攻，每次都无功而返。"他注意到"俄国人已经停止投降……如果我们抓了俘虏，那是因为他们受了无法医治的伤，无法自己行动"。

霍夫曼此时发现来自黑森的亚内克的部队就在附近作战。该部队中有一人回忆道：

我们口干舌燥地走进厂房，厂房里散落着数百件大物件……我们部队的规模相对较大，但这丝毫不能让人放心。即使我们最终击败了他们，他们发射的某颗子弹也一定会击中我们中的某个人。如果那颗子弹不巧击中了我，如果我成为一支胜利的百万大军中唯一一死亡的人，那么胜利对我而言毫无意义……前两个棚子是空的，也许我们抓的俘虏说的是实话。但我们接到的命令是搜查整个地方……我们包围了整个工厂，然后开始向工厂中心移动。我们经过了一系列巨大的类似谷仓的建筑物，这些建筑物似乎快要倒塌了。风刮得很厉害，建筑物里回荡着不祥的吱吱声。不然的话，一切都很安静，不过我们中的一个人故意把一些金属物体推到一边或掀翻一堆板条箱，偶尔会制造出哗啦啦的声音。

这人知道这样的好日子不会长久。这个地方"对狙击手来说是理想的"，对他们来说"是最糟糕的"。

"狙击手！"——在对斯大林格勒发动进攻的德军部队中，喊出这个词就意味着传播恐惧，这是可以理解的。狙击手指的是使用一种特制的步枪进行精确射击的男射手或女射手，他们在射击时通常距离目标很远，而且总躲在隐蔽的地方。自火药发明以来，狙击手一直是陆军部队的一个重要组成部分，但红军将"狙击手"这一概念提到了一个全新的水平。战争期间，苏联发展出一种被俗称为"狙击手教"（cult of the sniper）的学说，对共计近 50 万的士兵和游击队员进行了各种形式的狙击训练。其中，近 1 万人取得了更高水平的狙击资格。苏联"狙击手教"最著名的毕业生是前海军岸勤人员瓦西里·扎伊采夫（Vasily Zaitsev）。扎伊采夫（该名字在俄语中意为"野兔"）在家乡乌拉尔通过狩猎狼和鹿学会了射击，后来他来到斯大林格勒。在这里，他以其致命的射击精确度引起了上级和苏联宣传机构的注意。到 11 月初，扎伊采夫已经击杀了 32 人，并且还负责在拉祖尔化工厂附近的一所临时狙击学校里指导其他狙击手。他在这所学校里教的学生被称为"小野兔"（zaichata），这是对他姓氏的一种调侃。[7] 扎伊采夫的战友、斯大林格勒二号狙击手——阿纳托利·契科夫（Anatoly Chekov）向苏联战地记者瓦西里·格罗斯曼（Vasily Grossman）描述了自己最初的几次击杀：

当我第一次拿到步枪的时候，我无法鼓起勇气，强迫自己去杀死另一个和我一样的人。一个德国人站在那里，说了大约四分钟话，我放他走了。当我杀第一个人时，他立刻就倒下了。另一个人又跑了出来，弯下腰去看那个死人，我也把他打倒了……当我第一次杀人的时候，我浑身发抖，那个人走过来只是为了取水！我感到害怕，我杀死了一个人。

契科夫的顾虑很快就消失了。在后来的一次采访中，他明显表达出自己对一枪击中敌人头颅的偏好，他说："当我开枪时，他的头会立即向后或向一边猛冲，他手里拿的东西就会掉下来，然后他也摔倒在地。"一名德国军官目睹了遭到苏军狙击手袭击的场景，他明白这对自己的士兵意味着什么：

我的连损失惨重。死伤的士兵大多都是头部、颈部和手臂中枪。俄罗斯人有狙击手，他们非常警惕。他们躲在某处，稳稳地端着步枪，一直瞄准我们的援军来去都要经过的一条狭长的战壕。因为战壕挖得不够深，如果一顶德国人的头盔露出战壕，俄国人就会开始读秒，直到头盔再次出现在他的视野中，他再开枪……我的连又被狙击手打死了三个人——都是头部中弹。

在"老鼠战争"期间，苏军狙击手发挥了自己的作用，正如亚瑟·克吕格（Arthur Krüger）承认的那样，他说："他们拥有很好的狙击手，我们白天四处走动就等于自杀。"这位前线士兵还记得，邻近的连"因经常有人被爆头而导致人员短缺"。克吕格所在的部队接收了休假归来的和从军队医院治愈回来的新兵——"他们带着配给车来找我们，他们在心理上可能还以为自己仍在德国。他们没有听从我们发出的'注意！有狙击手，把头低下！'的警告"。[8]由沃尔夫冈·皮克特（Wolfgang Pickert）指挥的高射炮师的一名炮手回忆说，一天晚上，六名替补士兵抵达了他所在的炮兵连，他们及时收到了关于狙击手威胁的警告。尽管如此，这些新人还是一个接一个地试图越过边界去看一眼苏联人，以满足他们对新敌人的好奇心。到天亮时，他们中只剩两人还活着。

扎伊采夫提出了一种名为"六人组"（sixes）的战术，即由一名狙击手和一名侦察员组成一个两人小组，再由三个两人小组从三个不同的射击点进行射击，这就使大片区域能被覆盖到，而且能确保每一寸土地都至少在一支枪的枪口下。这些杀戮场就是德军前线士兵的"死亡陷阱"。在这些地方，契科夫和扎伊采夫两人分别击杀了225人和256人，还有许多苏联狙击手的击杀纪录也达到了100人。随后，苏联人完善了诱骗攻击战术，即在选定的地点切断德国人用于通信的电话线，以引诱出一名信号手，这名信号手将被迫跟着电话线走，直至找出断口处才能进行修理，而他在修理时就会被击杀。之后，任何被派去调查第一个人究竟出了什么事的德国人都会步其后尘，进入坟墓。

弗朗茨·康普夫（Franz Kumpf）在战前是一名理发师，但后来在斯大林格勒成了一名巡线员，他说："狙击手让我们的行程变得困难。"他的好友威廉·霍恩尼格（Wilhelm Hönnige）出去修理断线后还没回来，康普夫就和另一个战友出去找他。"威廉趴在地上……伤口有我双拳那么大……我告诉他，'躺着别动，我们带你去看医生'。但敌人不断的射击迫使我们一直低着头，因为当时是白天，敌人能看得很清楚"。

德军指挥官是苏联人的优先目标。通过军衔肩章来区分军官相对容易，但很快，任何携带双筒望远镜或手枪套的德国人也被苏联人归入了与军官一类的目标，而这是德国人后来才意识到的。结果，德军下级军官的伤亡人数不断增加，士官们则被匆忙提拔，以填补空缺。除了指挥官和信号手，对于经过扎伊采夫训练的狙击手而言，食品运送员（Essenträgers）也是优先目标。德国人坚持其提供新鲜饭菜的配给制度，这意味着前线部队每天都会派人回到"炖菜大炮"处去取热菜热饭。食品运送员通常会背上一个双层铝制容器，这些容器会装满新鲜的食物，而容器的夹层之间会注入热水以给食物保温。因此，德军前线士兵将在苏联狙击手的注视下回到他们的战友身边，而苏联人都急切地想要破坏这些饥饿的前线士兵一天中最好的一餐。送水工也遭到同样的对待，往返于伏尔加河的德军士兵也被列为优先目标。不久后，德国人改变策略，开始付钱给斯大林格勒市区的孩子们，让他们为自己送水。这些饥肠辘辘的孩子愿意为一罐糟糕的食物来回跑，直到被狙击手们发现，也开始遭到狙杀——在斯大林格勒，仁慈是最缺乏的东西。

回到路障兵工厂，那位战地日记的佚名作者（只知道他是黑森人）耗尽了运气，因为苏联人突然从隐蔽处现身，并向这些倒霉的入侵者开火。最后，一名胆大的德军军官让他的士兵架起一挺 MG34 机枪，朝屋顶处发射了大量子弹。苏联守军一个接一个地被打死，他们的尸体就倒在工厂满是碎玻璃的地上。

战斗还在继续。红十月金属厂遭到德军的攻击不少于117次——仅在一天之内，德军就发动了23次不同的攻击，但是均以血腥的失败而告终。[9] 在一次攻击之前，威利·克赖泽惊恐地看着前线发生的事情：

……一场火焰风暴席卷了我们的先遣部队，我们以前从未经历过这样的事情。30分钟后，一切都停止了，我们后方的步兵跳了出来，他们穿过堤岸，向伏尔加河进发。我们以为另一边的人不可能在如此密集的炮火中幸存下来……现在，我们等待着，准备继续前进。那些组成先遣排的人几乎没有一个还活着……俄国人钻进事先准备好的地窖和掩体，让我们的步兵从他们头顶经过，然后他们突然冲出阵地，从我们步兵的背后实施猛攻。

就在红十月金属厂北面的路障兵工厂的废墟上，威廉·霍夫曼目睹了苏联人的"拥抱敌人"（Hugging the Enemy）的战术——"俄罗斯人离我们太近了，我们的飞机根本无法轰炸他们"。但上级还是不顾一切地命令霍夫曼他们继续发动进攻。"我们团没能攻入工厂。我们损失了很多人，我们每次移动的时候还要跨过这些尸体。白天，你几乎难以呼吸，没有地方安置这些尸体，也没有人来搬运这些尸体，所以尸体就这样被留在原地慢慢腐烂……连里已经没剩几个人了。"巴塞罗那出生的保罗·沃特曼（Paul Wortmann）曾是德国一所技术学院的学生，他在给哥哥埃伯哈德（Eberhard）的信中谈到了这场战斗，他写道："谢天谢地，你本来就没指望俄罗斯会在年底前沦亡。没有什么比虚假的希望更糟糕的了。你无法想象俄罗斯人有多强悍。"[10]

根据国防军总司令的命令，所有国防军步兵团从 10 月 15 日起都将被改称为"掷弹兵团"（grenadier regiments），而这些步兵相应地也将被改称为"掷弹兵"（grenadiere）。霍夫曼和沃特曼都认为没有必要在他们的信中提及自己编制名称的变化。不过，20 岁的沃特曼提到了苏联人向他及其战友们倾泻了极为强大的火力，他写道："俄国人经常用几十台'斯大林管风琴'发动进攻。想象一下，20 枚、30 枚或 40 枚火箭弹袭来的场景！这是未来的武器！幸运的是，这武器需要耗费大量弹药。"令人惊讶的是，战斗中仍有一些红军士兵投靠德国人——"昨天，一个俄国坦克中尉给我们建了一个厕所！他驾驶着一辆坦克，朝我们开来，坦克炮上挂着一块白布。他说他吃不饱，并且非常佩服德国反坦克手。他还说'德国坦克好'"。[11]

双方在捷尔任斯基拖拉机厂展开的厮杀，与在路障兵工厂和红十月金属厂的战斗一样惨烈。赫尔穆特·瓦尔兹（Helmut Walz）来自以斯瓦比亚人（Swabian）为主体的第 305 步兵师，他记录下了随部队夺取大型施工棚时的感受，他写道："我们进入了拖拉机工厂……那里的战斗变得异常残酷和无情……我军伤亡惨重。在时不时爆发的近身搏斗中，我的许多战友不是倒下就是受伤。"在和战友沙佩尔（Schappel）一起前进时，一枚炮弹飞了过来，迫使他俩寻找掩护，但沙佩尔慢了半拍：

我给他擦干净，找他的伤口。当我打开他的夹克，看到伤口的尺寸时，我怀疑他能否活下来。血和气泡从一个大洞里冒出来。一块炮弹碎片先是从脊柱附近钻入，然后穿过他的左肩胛骨和肺，从他上半身右侧射了出去。他的内脏看来仅仅是被他的制服给固定住了。

瓦尔兹尽力给沙佩尔做了包扎，然后带他去找军医，却发现了一个满是苏联人的掩体。在扔进一枚手榴弹后，瓦尔兹看到一名受伤的红军士兵爬了出来，嘴巴、鼻子和耳朵都在流血。令人难以置信的是，这个受了重伤的苏联人竟举起手枪，试图杀死瓦尔兹。"现在最重要的是比谁的动作更快……我在试图拔出手枪时，突然眼冒金星"，苏联人比瓦尔兹更快——"俄国人的子弹打碎了我的下巴，还有我的上颚和下颚。他朝我脸上开了一枪。我的一个战友在看到这一幕时勃然大怒，随即就扑向那个苏联人，把他打倒在地，用脚不断地踩他，直到他一动不动为止"。即使这样，瓦尔兹的苦难也没有结束。当他的军官——赫尔曼·亨尼斯（Hermann Hennes）少尉在给他脸上缠绷带时，亨尼斯的"头盔突然飞了出去，一名敌狙击手射中了少尉的头部……我惊恐地看着脑容物从他破碎的头骨中流了出来。那是清澈的液体，没有血"。[12] 难怪一名前线士兵在家书中绝望地写道："我只剩下一个愿望，那就是希望这该死的事情能快些结束……我们都太沮丧了。"

更多的工兵被征召过来，以发挥他们在近距离攻击和爆破方面的专业技能。赫尔穆特·韦尔茨（Helmut Weltz）上尉指挥的第 179 工兵营便是其中之一：

最后，你注意到了一些动静。一个士兵跳过了沟壑的边缘。一个德国士兵。他跑回来了。当然，他可能是一个帮俄国人送信的士兵，但不是，他身后跟着另一个德军士兵，然后一个接着一个。他们都跑回来了……两三分钟后，我们看到了第一批戴头盔的俄罗斯人。俄罗斯人集结起来，重新编队，试图追击溃散的德国工兵。像我们（韦尔茨的人）那天早上做的那样，我们向他们倾泻了一阵飓风般的炮火。俄军停止了前进，战线得到了巩固，一切都恢复了原状。

在付出了巨大的生命代价之后，德军开始缓慢朝着黄褐色的伏尔加河前进。整个德国野战集团军此时都聚集到了方圆几百平方米的土地上。冈特·科绍雷克所在部队的一位高级军士告诉他说："这是你能想象的最疯狂的地方。俄罗斯人距离你通常只有二三十米远，有时他们就在手榴弹的射程内。在我们面前不到 200 米的地方，有一条深深的壕沟直通伏尔加河。"

希特勒则从文尼察向保卢斯"狂轰滥炸"，要求他提供最新的战况报告。顶着希特勒施加的巨大压力，保卢斯要求他的部下付出更多，还号召德国空军再次全力以赴进攻斯大林格勒城区。作为回应，里希特霍芬从高加索地区召回了更多部队，以增援已在斯大林格勒执行任务的空中部队。此时，他们从距离斯大林格勒仅有几英里的野地起飞，并展开行动。这是一个相当成功的举措，空中部队的出动架次明显增多，仅在一天内就出动了2000架次，并且他们还投掷了600吨重的炸弹。保罗-沃纳·霍泽尔回忆道："一架飞机紧跟着另一架飞机，相互之间只隔了几秒钟，就像一串珍珠。这些飞机将炸弹投放在我们划分的目标区域内，没有一枚炸弹错失目标。这得到了步兵们的高度赞扬。"冈特·科绍雷克看到了加大空袭力度所产生的效果——"斯大林格勒的天空在发光……那儿肯定有很多飞机。炸弹不停地落在这座被判了死刑的城市……我们能感受到斯大林格勒冒出的热气，这座城市的景象也十分可怕，到处都冒着黑烟，还有阴郁的火焰。尼禄把罗马城付之一炬后，一定也看到了这样的景象"。但德国空军无法维持这种空袭强度。事实上，由于希特勒越来越担心来自英美的虚幻的威胁，里希特霍芬被迫将宝贵的战斗机和轰炸机中队调回西方。到10月底，他的名册上已少了近140架轰炸机和160架战斗机。

此时正如汉斯·多尔写的那样，"伏尔加河前的最后一百码决定着进攻方和防守方的最终胜负"。没有任何巧妙的、任何狡猾的计划，只有猛攻，猛攻，再猛攻。来自第14装甲师的罗尔夫·格拉姆斯（Rolf Grams）记录了他对厂区战斗的看法，他写道："这是一场不可思议的、令人沮丧的战斗。在地上和地下，在废墟、地窖和下水道里，到处都在爆发人与人之间的近身战斗。坦克爬过堆积如山的瓦砾和残骸，嘎吱嘎吱地穿过被毁得乱七八糟的车间，向满是碎石的街道和狭窄的工厂大院抵近开火。"[13]

最终，在10月14日，也就是德国空军发动最大规模轰炸的那一天，来自黑森的第389步兵师和格拉姆斯所在的装甲师攻占了苏军在捷尔任斯基拖拉机厂的最后据点，并抵达了伏尔加河河畔。这个生产拖拉机和坦克的巨大工厂最终落入德国人手中。

不经休整，第14装甲师就马不停蹄地赶往已成为废墟的路障兵工厂。到了那里，该师仅存的坦克和装甲掷弹兵，与威廉·霍夫曼及其第94步兵师一起投入了战斗。经过疯狂地冲刺，一些德军步兵在占领了工厂的行政大楼后，误打误撞，成功到达了能俯瞰伏尔加河的高崖。但他们只有24个人，还有一名军官——约阿希姆·斯坦佩尔（Joachim Stempel）少尉。

斯坦佩尔是那天清晨从总部被下派到前线的，他说："一大早，我就被命令去前线担任旅长。弗莱赫尔·冯·法尔肯斯坦（Freiherr von Falkenstein）上校交给我一项新的任务，让我以连长的身份去接管一支装甲掷弹兵的残余部队，并祝我一切顺利（Hals-und-Beinbruc，字面意思是扭断你的脖子和腿，实际意思是祝好运）。"斯坦佩尔赶赴前线。他找到了自己的新指挥部，报告了他的任务，并受到了"热烈的欢迎——在前线，根本没有军官来领导这个团，而这个团的兵力实际上已缩减到一个连的兵力了"。

斯坦佩尔率领这支队伍对苏军阵地展开了正面进攻，却陷入了一场噩梦般的战斗：

子弹和炮弹如雨点般纷飞，不断击中墙壁……警报声和爆炸声震耳欲聋。在我们周围，炸弹爆炸所激起的泥浆如喷泉般不断喷涌，迫使我们寻找掩护。头顶上传来了更大的呼啸声——那是我方炮兵发射的炮弹！另一头还有齐射炮弹的声音！这声音就像地铁进站的声音……我们继续从一个弹坑跳到另一个弹坑，从一个土堆跳到另一堵残墙。现在，我们正从一所房子的废墟迅速赶往下一处掩体。

尽管经历了可怕的战斗，但斯坦佩尔和他的士兵已经占领了至关重要的高地。这时，他们必须为无法避免的苏联人的反击做准备。

斯坦佩尔和幸存的士兵开始构筑防御阵地，努力为第二天的战斗做准备。"没有时间休息，但我们都很清醒……整个晚上，魔鬼在我们身边肆虐，我们的食品运输车遭到藏在背后的俄国人偷袭"，第二天也没有任何喘息的机会：

我们把己方的伤员聚到一个弹坑里，把死者从俄军的枪林弹雨中拖出来。我们现在守在这里，离我们的最终目标如此之近，离伏尔加河如此之近，只有50米远，但我们实在无法继续前进了，这根本做不到……俄国人就守在距离我们30米远的地方，在他们身后的是他们的指挥官和政委，再往后就是宽阔的伏尔加河。

斯坦佩尔派了一个信使赶往师部，让其带去一条"没有援军，我撑不下去"的简单消息。师部设法从什么地方搜刮到了一些人，"他们是来自野战补充营

（Feldersatzbataillon）的 80 名年轻士兵，由一名叫费尔奇的年轻中尉领导。这些士兵都只有十八九岁，还没有出于愤怒开过一枪。除此之外，还有更多士兵正从后方赶往前线，主要是伤愈和休假归来的士兵"。随着新鲜血液的突然涌入，斯坦佩尔又重新拥有了信心——"感谢上帝，我们又变得强大了"。然后，苏联人再次发起反击：

俄国人发动了进攻，他们从一个掩体跳到另一个掩体……我们损失惨重，尤其是那些"新人"死伤枕籍……俄国人突破了我们的防线，我们立即反击。战斗由费尔奇中尉领头……他突然从我旁边的战壕里跳了出来，但立刻就一头栽进战壕里。一枚 20 毫米的炮弹击碎了他的头骨……在昨晚抵达的小伙子中，有很多人都在他们的第一次交火中丧生。敌人射来的第一轮子弹就把他们打死了。

在接下来的两天里，斯坦佩尔迅速缩减的部队在黑暗中一次又一次地阻击了横渡伏尔加河的苏联援军：

朝河对岸望去，在东岸下游茂密的森林里，俄罗斯人潜伏着，其炮兵连和步兵部队躲藏在我军视线之外。尽管如此，他们还是在那里不断开火，并且一到夜里就搭乘数百艘船过河。不断向城市废墟派遣的增援部队，（从）饱经风霜的砂岩沟壑中走出，直接跳入伏尔加河……苏联人会向战斗中投入更多新鲜的有生力量。

苏军新部队接到的命令是进攻，进攻，再进攻，在任何情况下都不能后退一寸。正如崔可夫——除了他，还能有谁——告诉他们的，他说："伏尔加河后面已经没有立锥之地了！要么打，要么死！"对此，经常受上级鞭策的红军义务兵做出的反应相当出色——"俄罗斯人在每一个洞窟里、在每一堆瓦砾中顽强抵抗。狙击手也从侧翼朝我们射击，并给我们造成了很大损失。他们无处不在。他们就藏在四周，但我们根本无法发现他们"。年轻的约阿希姆·斯坦佩尔并不是斯大林格勒战役中唯一的斯坦佩尔，他说："在我父亲的第 371 步兵师（理查德·斯坦佩尔是师长）防守的阵地上，苏军昼夜不停地进攻……他们试图用尽全力渗透到城市南部，但第 371 步兵师击退了所有这些进攻。要是我能再和父亲说说话就好了。"

约阿希姆·斯坦佩尔指挥的部队不断萎缩，其遭受的伤亡"相当可怕……全连共有 17 人死亡，33 人受伤"。对少数还能战斗的前线士兵来说，这一切都太难以承受了。由于大多数新成员或死或伤，原部队的老兵也几乎无人生还，约阿希姆·斯坦佩尔少尉带领着他的一小撮幸存者又回到了路障兵工厂的废墟中。曾使第 94 步兵师的士兵们付出了惨痛代价的这座高耸的悬崖，这时只能被主动放弃。对此"感激不已"的苏军小心翼翼地前进，以占领斯坦佩尔及其麾下的掷弹兵们曾经坚守的弹坑、洞穴和战壕。尽管德国人占领了工厂区及其附近的废墟，但他们并未取得完全胜利。正如威廉·霍夫曼说的那样，他说："我们的部队已占领了整个路障兵工厂，但我们无法突破苏军防线，抵达伏尔加河……我们已经筋疲力尽了，我们团的兵力还不及一个连的。伏尔加河对岸的苏军炮兵也不会让我们抬起头来，轻易冲到河畔。"不过，保卢斯还是得到了一个好消息，即长期被苏军控制的斯巴达科夫卡的北部郊区终于落入德军之手。

面包师出身的炮手卡尔·恩宁霍夫于 10 月 30 日星期五在一封给他父母的信中写道："斯大林格勒本身已经攥在德国人手里了，俄国人的据点只剩下一座工厂和城郊的一个村庄。'斯大林管风琴'不分昼夜地向我们开火，但我们自己的大炮每天也都在鸣响。争夺房子最后一角的战斗仍在持续。"[14]

那个星期五，战线非常平静，这是几周以来斯大林格勒第一天没有爆发大规模的战斗。虽然战场怎么都不可能彻底平静，但当双方均极度疲劳且稍稍后撤时，这座城市似乎喘了口气。此时，这座城市 90% 的面积都掌握在德国人手中。崔可夫的部下只占据了管材厂、铸造厂和分拣部门，以及红十月街东段的废墟。此外，苏联人还坚守着拉祖尔化工厂的大部分区域，以及渡轮登陆场周围一个小小的桥头堡。正如艾哈德·劳斯写的那样，"俄罗斯人以令人难以置信的坚韧捍卫了其每一寸土地"。

在文尼察，希特勒正准备飞回慕尼黑的贝格勃劳凯勒啤酒馆（Bürgerbräukeller），去参加"纳粹啤酒馆暴动"周年纪念活动。刚从保卢斯那里收到最新的战况报告后，这位独裁者在其讲稿中写道：

我想抵达伏尔加河河畔，去夺取一个特定的地方，一座特定的城市。在无意当中，它以"斯大林"的名字命名，但不要以为我为了这一点就去攻打它。它本来可以取一个完全不同的名字。但只因它是敌人的一个重要据点……我才想占领它。你们知道吗……它已经在我们手中了，只有几块很小的地方还在敌人手里……现在有些人会问："你为什么不夺取这些区域？"因为我不想凡尔登战役重现，我宁愿用小规模的突击部队去夺取。反正，我们有的是时间。最关键的事情是，再也没有船只能驶向伏尔加河的上游了。

希特勒还进一步指出，有些人说"德国人去……斯大林格勒绝对是一个错误……斯大林格勒战役是一个重大错误，一个战略性错误"，他们"将拭目以待，看看这是否是一个战略性错误"。

希特勒轻视了斯大林格勒的局势，这当然是错误的。第6集团军在伊久姆战役中表现良好，但在朝着东部方向斯大林格勒推进近400英里的过程中，其人员和装备都损失巨大。甚至在抵达斯大林格勒之前，第6集团军就已在伊久姆损失了2万人，在顿河河畔的卡拉奇损失了更多人。一路上，该集团军的后勤物资供应已达到极限，燃料供应更是严重不足。A集团军群要求将大部分可用物资都拨给自己，于是，德国的供应系统无法在保卢斯的前线附近建立重要的物资仓库——修建物资仓库本来是最常见的做法。结果是，所有的补给品都被分发给了下属部队，而且这些部队刚一到达目标区域就把这些物资消耗光了，第6集团军不得不过着勉强糊口的生活。弹药更是如此。在斯大林格勒城内逐家逐户的战斗中，德军消耗了大量弹药，而补充的弹药必须由德国国内工厂生产，然后通过单轨铁路向东运输数百英里才能运抵斯大林格勒。

自从蓝色行动开始以来，重要物资供应不足的问题是不言而喻的。但这时，与之相对应的新问题又出现了，那就是缺乏援军。到此时为止，第6集团军在争夺粮仓、主火车站、马马耶夫岗、红场、路障兵工厂、捷尔任斯基拖拉机厂、拉祖尔化工厂、红十月金属厂、斯巴达科夫卡，以及其他六个郊区和地标建筑物的战斗中，有7700人死亡，超过31000人受伤。这些损失一如既往地集中在前线连队，并导致第6集团军陷入了兵力不足的困境。10月中旬，该集团军的口粮报告列出了33.4万人的兵力，其中只有五分之一的兵力（约66500人）属于战斗部队。第6集团军中有很多缺乏实战经验的师，对这些部队来说，蓝色行动是他们第一次参与的真正的作战行动。这些部队在残酷的巷战中表现最差，而保卢斯又错误地决定在城内使用他宝贵的装甲部队，这就使该集团军的处境更加艰难。

新兵从第三帝国国内的训练场不断涌来，和斯坦佩尔的小规模部队一样，他们被派去增援前线士兵，但经验的缺乏使他们付出了高昂的代价，他们时常在几天内就消失于血泊中。然而，第6集团军真正需要的不是零零散散加入的新兵，而是源源不断的经过充分休息的有战斗经验的师，以便在疲惫不堪的城内部队被轮换去后方进行休整时接替他们的位置。但东线德军根本没有战略储备：曼施坦因的第11集团军在克里米亚战役中损失惨重，随后被就地解散，"枪管都被刮干净了"。保卢斯只能勉强以他现有的力量继续作战。

当时的实际情况，与希特勒在贝格勃劳凯勒啤酒馆所做的、充满必胜信心和自负情绪的演讲大相径庭。在苏德战争中，即使是一年前在布列斯特 - 立托夫斯克（Brest-Litovsk，今白俄罗斯共和国布列斯特市）进行的那场史诗般的战役也只涉及要塞，不涉及更大的城区，而一座城市首次成为重大战役的焦点，这对德国人来说是灾难性的。夺取斯大林格勒的任务实际上已经彻底毁掉了第6集团军。四个月前，第6集团军还称得上是德国国防军内最强大的一支野战部队，此时却成了"满是缺口的脆弱的刀"。一位年轻的前线军官生动地描述了当时在斯大林格勒作战时的情景：

> 我们满是汗水的脸被熏得黢黑。在爆炸、烟尘、持续不断的迫击炮攻击、血泊、家具和人体的碎片中，我们互相投掷手榴弹……想象一下斯大林格勒战役，整整80个昼夜的肉搏战。街道不再以米为单位来衡量，而是以堆放的尸体数量来衡量。斯大林格勒不再是一座城市。白天，它是一大团令人炫目的熊熊燃烧的烟雾，是一个被火焰的反光照亮的巨大火炉；当夜晚——又一个非常炎热、嘈杂、血腥的夜晚——来临时，狗都纷纷跳进伏尔加河，拼命地游到对岸。对它们来说，斯大林格勒的夜晚也非常恐怖。动物都在逃离这个地狱，连最坚硬的石头也承受不了多久，只有人忍受得了。[15]

尽管这位德军军官很年轻，但他对这噩梦般的战斗的感受，他的许多前辈也感受到了，他们发现了斯大林格勒战斗的本质，明白自己无法承受这样的战斗。德国国防军的团级、师级和军级指挥官普遍受过传统军事训练和教育，在国防军擅长的机动作战这一领域里，他们都是不折不扣的专家。在开阔的草原上，国防军军官们能够巧妙地调动自己的团和营，但在面对坚韧不屈的对手——他们愿意为保卫一个地窖或一堆废墟洒下大量鲜血——的时候，就会发现自己束手无策。埃卡德·弗赖赫尔·冯·加布伦茨（Eccard Freiherr von Gablenz）是第384步兵师（兵员主要来自萨克森）的指挥官，他向其所有的军官释放了一个信号，承认了当时的形势非常糟糕，他说："我很清楚我师的现状，我知道我们的力量已经耗尽了……战斗是残酷的，而且一天比一天残酷。这种情况是无法改变的。"然后，加布伦茨告诫他的军官们要表现出更"积极的领导力"，意思就是要施加惩罚：

目前，大多数士兵都处于懒散的状态，这必须由更积极主动的领导来纠正。指挥官必须更加严厉……那些在前线岗位上睡着的人必须被判处死刑……下列表现同样被视为违抗命令……对武器、身体、军服、马匹和机械化装备不够爱惜。

可以想象，这条命令很难被加布伦茨手下那些疲惫不堪、满身虱子的士兵接受。

与加布伦茨担忧的事情相反，第6集团军中仍有大量前线步兵处于战斗状态，而且战斗得异常艰苦。来自波罗的海沿岸的但泽市（Danzig）的亚瑟·克吕格隶属奥托·科勒曼（Otto Kohlermann）的第60步兵师（摩托化），他对此描述道："我们开始缺少口粮和弹药，我们感到既虚弱又疲惫。"不过，他们仍设法击退了苏联人的进攻——"总的来说，我们把他们都给撂倒了"。这种小规模屠杀后的惨状甚至让经验丰富的前线老兵也深感不安：

我们能听到伤者微弱的哭声。三名叛逃者来到我们的阵地，我问他们："你们为什么不帮助你们的伤员呢？"他们回答说："我们只治疗那些能坚持战斗的人。那些回到我方战线的人会得到帮助，那些不能回到战线的人就只能留在原地。"

目前值得担心的不只有陆军，作为德国战争机器的一个关键组成部分，德国空军也出现了问题。德国人习惯掌控制空权，用现代军事术语来说，他们习惯使用战机作为"力量倍增器"，以弥补地面战中人员和装备的不足。虽然在南方战役的头几个月里，这一策略行之有效，但随着宝贵的飞机被转派到西方，德国空军第4航空队此时下辖的部队减少了一支又一支。这使得里希特霍芬手中的力量越来越弱，其现有的飞机不得不飞行更多架次。由此造成的损失和大幅下降的勤务能力，最终导致空中力量的天平迅速向苏联空军一方倾斜。保罗 - 沃纳·霍泽尔少校简洁地描述了他指挥的斯图卡联队的状况——"4 个月，120 天，损失 120 架"。

剩下的飞机甚至缺乏炸弹，地勤人员只能把废金属、旧农具和拖拉机零部件装入飞机的炸弹舱，希望它们能降落在一名红军士兵身上并杀死他——这太荒谬了。德国空军的地勤人员已经筋疲力尽。由于机组人员每天必须执行六七架次甚至更多架次的任务，机械师、装弹员和维修员都只能全力以赴，他们在临时机场工作到深夜，拼命地想要战机正常飞行。空军人员本应得到的特殊口粮——这毫不意外地激怒了保卢斯手下饥饿的步兵——也很少能运送过来，甚至他们的制服也"太破旧了，以至于他们经常无奈地穿上俄军制服"。

里希特霍芬亲自向蔡茨勒提出了抗议，他宣称："指挥部和前线部队都是如此无精打采……我们将毫无进展……要么继续战斗，要么彻底放弃进攻……白天越来越短，天气越来越糟。"私下里，里希特霍芬不抱什么希望，他说："现实是，我们自己的部队不但兵力少，而且精神萎靡，但最高指挥部已经把目光转向了阿斯特拉罕（Astrakhan）。"而阿斯特拉罕是一座位于里海沿岸的城市，也是 A 集团军群的最终目标。蔡茨勒虽然同意这位好斗的德国空军将军的意见，却也无能为力，因为希特勒已痴迷于斯大林格勒，凯特尔和约德尔等人也未站到蔡茨勒这边。

全体德国人此时都将目光投向了斯大林格勒。霍特、保卢斯，甚至魏克斯，所有的 B 集团军群的高级将领几乎都只关注斯大林格勒城内，很少关注城市南部的大草原上发生的事情，也不关注沿着顿河向西北绵延的令人眼花缭乱的侧翼发生的事情。这些侧翼由四支轴心国盟友的部队把守，而这些部队又很脆弱。由于对这些盟友部队的表现印象不佳，希特勒开始在早春时下令，他的盟友们应穿上"带骨束胸"（corset-boned），意思是在他们的部队中穿插德国师，以加强他们的力量。这个想法及其暗含的不信任，同时激怒了罗马、布加勒斯特和布达佩斯，三者联合提出抗议。希特勒屈服了。4 月 15 日，希特勒放弃了先前的命令，转而承认来自轴心国盟友的部队应该在其本国的指挥下独立作战。希特勒此时坚持的只有一条，那就是让罗马尼亚人和匈牙利人离得越远越好，只有这样才不会起内讧：

随着顿河战线在作战过程中变得越来越长，它将主要由我们盟友的部队负责……这些部队要尽可能地部署在他们自己的区域内，匈牙利人在最北边，然后是意大利人，最南边的是罗马尼亚人。

早在 8 月份，匈牙利第 2 集团军就已到达了分配给他们的河段。从那时起，他们就拼命地想要摧毁红军位于乌兹夫 - 波克罗夫卡的桥头堡，这一桥头堡对轴心国军队构成了巨大威胁。在对该桥头堡进行的第一次失败的攻击中，伊斯特万·巴洛格战斗在最前线，他写道："我们有一半的人都死了……我的朋友死在了医院。他伤得很重，但如果他能得到更好的治疗，他或许会得救……我们的口粮是抢来的玉米和土豆。"三天后，巴洛格的部队又接到命令，准备发动下一轮攻势。"9 月 6 日。我们正在准备一场新的战斗。我们整个装甲师和几个德军团正向前推进……我们得到了可能是最好的食物——巧克力块、蜜饯、猪油、糖和炖牛肉"。

新的攻势开始了，匈牙利和德国军队的炮火密集到覆盖了苏军的防御工事，这让巴洛格感到非常乐观，他写道："9 月 9 日，凌晨 5 点，进攻开始了……匈牙利和德国的坦克向前推进，给俄军造成了伤亡……我们的伤员不断被抬到后方。俄罗斯人正艰难地守着他们的阵地。"四天以来，这支匈德联军不断向顿河挺进，并攻入了斯托罗日沃伊（Storozhevoy）村，村内"有许多德国人和匈牙利人的尸体。整个村子都在冒烟。俄国人正在顽强抵抗。战斗还没有结束……炮弹打在他们的坦克上又被弹了回来"。这支攻击部队无法再继续前进了。当这支匈德联军付出了死亡1200 人、负伤 7000 人的代价后，进攻被迫取消。那些费尽千辛万苦掠夺来的阵地，绝大部分都被放弃。他们现在只能艰难地往回走，巴洛格在日记中绝望地写道："如果有人死在这里，没有人会为他哭泣。"

匈牙利天主教牧师斯蒂芬·里特利中尉此时也位于顿河前线，他写道："在斯大林格勒战役中，我所在的团是匈牙利军队中被部署在最南端的团。"他对装备简陋的马扎尔人所遭受的损失感到震惊——"我们团有 3500 人参加了战争，但回到匈牙利时只剩下 400 人还活着"。里特利的职责之一是"从每具尸体上取下身份牌，也就是狗牌（dog tag），它们本应该被戴在脖子上，但通常都被放在胸前的口袋里"。

位于里特利所在团东南方向的邻近部队是意大利第 8 集团军的步兵和骑兵。他们在向东进军的时候有多个方面都值得被记录下来，尤其是在战争史上最后几次全面的骑兵冲锋中，有一次是由他们发起的，甚至可能还是最后一次。这次骑兵冲锋由意大利"第3奥斯塔王子阿梅德奥公爵骑兵师"（3a Cavalry Division Principe Amedeo Duca d'Aosta）的骑兵们发起。该师军官队伍的人员大多来自意大利本土，而且还是罗马人和贵族人士，他们非常渴望感受冲锋带来的刺激，正如一位年轻的意大利上尉说的那样：

> 队伍中，发起冲锋的热情是不可阻挡的，特别是在战马疾驰的最初阶段，连马努萨尔迪（Manusardi）少校和他的勤务兵都加入了我们的行列……敌人的队伍迅速靠近，他们已经排成了两队。"手握——军刀——冲锋！"这是我们等待已久的号令，这是我们从小就梦想的号令。现在，它终于被喊出来，盖过了战斗的轰鸣声、爆炸声和机枪子弹的呼啸声。

对于少数在宫殿里长大又拥有纯种马和跑车的意大利年轻贵族来说，这一切似乎都是令人兴奋的，但这种兴奋感没能在步兵部队中产生共鸣，而这些步兵部队构成了意大利军队的主力，并且被部署到东线的10个师中就有6个步兵师。对这些意大利步兵来说，机动交通工具的缺乏意味着他们要在俄罗斯南部炎热的夏季和令人窒息的灰尘中徒步前进数百英里。当意大利步兵终于抵达顿河河畔时，他们已步履蹒跚，疲惫不堪，而他们的指挥官加里波第马上意识到，他缺乏足够的兵力来防守分配给他们的超过100英里长的战线。于是，他做了一个勉强能够理解但仍然非常糟糕的决定，即他坚持将备受赞誉的意大利阿尔卑斯山地军的3个师改派到自己所在的顿河战线上，而当时这3个师正位于顿河以南数百英里的地方，正与A集团军群一起前往高加索地区作战。阿尔卑斯山地军的官兵对这一决定感到恐惧，这不是没有道理的，正如来自意大利"第3朱莉亚山地师"（3a Divisione Alpina Julia）的营长利纳尔多·达尔阿米（Rinaldo Dall'Armi）描述的那样：

> 我们抵达俄罗斯，被指定去高加索作战。在那里，我们的训练、武器、装备和部署都显得很自然，我们本来还能与最好的德国和罗马尼亚的山地部队进行激烈的竞赛。突然间，我们被调到了顿河河畔的平原地带。在这里，我们的武器——1891

式步枪和 4 门可笑的小加农炮显得很蹩脚，根本无力对付 34 吨重的俄国坦克。我们阿尔卑斯山地部队的兵力很少，这可不是能随便消耗的兵力。

德国人不愿拒绝加里波第的请求，于是默许了。意大利的山地兵们开始向北进发，他们心中充满恐惧，担心自己没有做好准备，无法应对一场可能发生的静态防御战，而且他们的装备也很差。尽管意大利山地兵驻守的阵地内有一条补给线，但这条补给线除了向当地黑市提供货物外，似乎没有其他作用，就像他们的一名军官——布鲁诺·萨瓦格利（Bruno Zavagli）中尉看到的那样：

在利科沃（Rikovo），黑市已经获得了完全的合法性……在防线后方，什么物资都有，但一切都不会向前走得更远。补给会在这里停留一段时间，在经过"掠食性动物"的选择和掠夺之后数量大减，在到达前线时通常就只剩下残羹剩饭了。

结果是可以预见的，这些意大利人几乎缺乏所有东西，特别是食物。但最令人担忧的还是缺乏重型武器，尤其是现代化的反坦克炮——"和往常一样，我们可用的反坦克武器包括 1891 式步枪、一些手榴弹和我们灵活的双腿。两天后，我设法搞到一把俄罗斯 PPSh-41 冲锋枪"。[16] 萨瓦格利并非一个特例。正如当时的战地照片显示的那样，各轴心国的前线部队越来越多地开始利用 PPSh-41 这样的成熟武器来武装自己，德国军需部门甚至从缴获的库存中将这些武器分发到他们的部队。

苏联人还打算影响意大利士兵的思想，他们让二战前的意大利共产党领导人帕尔米罗·陶里亚蒂（Palmiro Togliatti）通过广播或利用扩音器无休止地向他的同胞们宣传：

每个意大利士兵都有权获得通行证，该通行证允许其越过苏联的防线，并以俘虏的身份自首。每名红军士兵和每位苏联公民都有义务陪同意大利士兵前往最近的红军指挥所。苏联指挥官会保证战俘的生命，并在战争结束后将战俘送回祖国。这是给所有继续站在德国一边战斗的意大利人的信息——赶紧投降！

大部分意大利士兵对此有所怀疑，但对于一些更希望结束战争的人来说，这似乎为他们提供了一条出路，他们可以借机摆脱在前线遭受的痛苦。

再往南走，就是参加蓝色行动的规模最大的轴心国盟友部队——罗马尼亚的第3集团军和第4集团军。这两支部队位于斯大林格勒的两侧，环绕着保卢斯的第6集团军。一年前的10月，罗马尼亚攻占了黑海港口城市敖德萨，这使得这两支该国兵力最强的野战部队不仅损失惨重（共计9万多人伤亡），而且还不得不一次又一次地从国内征召训练不足的预备役军人，以填补战斗部队的空缺。即便如此，这两个集团军下辖的共17个师此时都存在人手不足的问题。其中，来自迪维齐亚（Divizia）的第1步兵师状况最差，其实际兵力仅为其编制兵力的四分之一。与匈牙利人和意大利人一样，罗马尼亚人也缺乏重型武器和反坦克炮，德军装甲军官弗里德里希·冯·梅伦辛（Friedrich von Mellenthin）对此深有体会：

与德国炮兵相比，罗马尼亚炮兵缺乏现代化的火炮，不幸的是，与俄国炮兵相比也是如此。罗马尼亚炮兵因其信号设备很差，而难以实现在防御战争中至关重要的快速灵活的火力集中。他们的反坦克武器也严重不足，而且他们的坦克是从法国购买的型号过时的坦克……我的思绪回到了北非和我们部署在那里的意大利部队。这种缺乏训练、武器陈旧的部队，在危机中是注定要失败的。

德军更关注的是罗马尼亚盟友的士气问题。德国第305步兵师（兵员来自斯瓦比亚）的一位上等兵厌恶地说道："罗马尼亚的野战厨房总是准备三种不同的饭菜，一种给军官，一种给士官，还有一种给士兵。士兵只能得到一点点食物。"一名年轻士官认为，"罗马尼亚军官很不好……他们对自己的士兵毫不关心"。

回到斯大林格勒，德军的普通士兵对其侧翼的情况一无所知，他们只关心自己周围的情况。鲁道夫·奥胡斯从位于城市西部的炮兵连阵地给家人写信说：

我们现在正在为过冬做准备，虽然这并不意味着我们会留在这里，但我们还是可以松口气了。我们为自己的马匹搭建马厩……马厩主要建在地下，这样屋顶就可以露出来……我们似乎从去年冬天学到了很多东西，现在我们知道及时建造避难所，这样就不会有那么多人被冻伤了。总的来说，我们的处境没有得到多大改善，我们仍在斯大林格勒，但随着越来越多的俄罗斯人被我们赶出了这座城市，这里变得安静多了……你可以看出，这里的战事正在慢慢结束。[17]

威廉·霍夫曼不像奥胡斯那样乐观。他说："现在连里剩下的人已经很少了……士兵们把斯大林格勒称为'德国国防军的万人坑'。"但他仍抱着一线希望说道："有人告诉我们，我们很快就会被撤回后方，以恢复元气。"

这两名年轻的军人可能相信援军即将到来，或者他们在当年冬天会做好准备，而不必去面对一年前所经历的噩梦。但他们的一名军官并不乐观，他觉得："白天又变短了，你可以明显感觉到，早上的空气也相当凉爽。我们真的要再熬一个那样可怕的冬天吗？"他觉得只有一个选择，那就是胜利——"只要我们能赶在冬天来临之前把斯大林格勒的敌人解决掉，不管付出什么代价，那都值得"。

不论在草原上，还是在城市的废墟中，第6集团军所有的下属部队都有德军步兵和"希维人"组成的工作小组，这些小组正忙着建设"半地下掩体"，为即将到来的降雪做准备。德国野战宪兵（feldgendarmerie，绰号为"链狗"的军事警察，因为他们的脖子上都戴着一个金属饰牌）则忙着围捕幸存的平民，并强迫他们劳动。这些被捕的平民大多数被安排到斯大林格勒城内劳动，但根据苏联的消息，在此期间，斯大林格勒几乎快要耗尽的平民中约有6万人被强制运往德意志帝国，当奴工使用。考虑到当时德国的交通网络极其糟糕，这一数字看起来有点过大，而且即便是苏联的官方数字，我们也要质疑其真实性。尽管如此，有数千人确实遭受了这种厄运，极少有人能活着回去。

据一位热心人士说，所有这些奴工建造的掩体都是奢华的极品。他说："在这种情况下，它们真的令人难以置信，所有相互连通的交通壕都很深。我们还有一个带炉子的掩体，我们可以在上面烤面包，炉壁上有平底锅，一切都做得很漂亮。"这些掩体也不仅仅是为德国人准备的。一位前线士兵记得"'希维人'负责劈柴，建土堡，洗衣服，还修理汽车。他们住在自己的地堡里，没有反叛的倾向"。如果他们的住所真像他们描述的那样奢华，那就不足为奇了。

回到柏林，帝国新闻办公室向所有国内媒体分发了一份题为"我们暂时对'冬天'这个主题保持沉默"的简报。

在这座城市里，保卢斯向他疲惫的士兵们发去了贺电："夺取斯大林格勒后，夏秋攻势胜利结束。第6集团军发挥了重要作用，牢牢地牵制住了俄国人。在这次攻势中，指挥层和参战部队的行动将作为特别的一页载入史册。"随后，保卢斯自己也提到了"冬天"这个词——"冬天来了。俄罗斯人会利用这一点"。然而，他很快就回避了苏联人可能会采取的行动——"俄罗斯人不太可能像去年冬天那样全力作战"。

很难说保卢斯真的相信这些无稽之谈，但他和纳粹最高指挥层似乎都认为战斗即将结束。希特勒甚至下令为所有参加过斯大林格勒战役的老兵发一种特殊的盾章。设计这种盾章的工作被交给了战争艺术家兼士兵的恩斯特·伊格纳（Ernst Eigener），并要求他在盾章的中心放置谷物升降机的图样。然而，这种盾章从未被制造出来。在提交了设计方案以获得批准后不久，伊格纳本人就在战斗中死了。无论如何，伊格纳的设计方案都不可能通过。他提交的图样——一具被带刺的铁丝网包围着的德军士兵的尸体——显然得不到总部的青睐。一位不知名的参谋在图样的空白处写下了这样的评论："太令人沮丧了"。

保卢斯、希特勒和其他所有纳粹高层都坚信，斯大林格勒战役终于结束了。一位不知名的德国前线士兵却没有这种信念，他在城市废墟中的战壕里痛苦地写了一封家信，信中写道："别担心，别难过，因为我越早被埋在地下，受到的痛苦就越少。"他的愤怒也显而易见：

我们经常认为俄罗斯人应该投降，但或许是这些没受过教育的人太愚蠢了，意识不到这一点。

第6集团军与斯大林格勒之间的羁绊还远未结束。

注解

1. Busch, Reinhold, *Survivors of Stalingrad – Eyewitness Accounts from the Sixth Army,* 1942-43, pp.64-65.

2. Hagen, Louis, Ein Volk, *Ein Reich*, p.53.

3. Tsouras, Peter (ed), *Fighting in Hell: The German Ordeal on the Eastern Front*, p21. Paper written by Erhard Raus.

4. 引自理查德·霍姆斯（Holmes, Richard）所著的《二战全史》（*The World at War*），p282。针对埃克哈德·毛雷尔上尉的采访。

5. Wieder, Joachim & Einsiedel, *Heinrich Graf von, Stalingrad: Memories and Reassessments*, p.20.

6. Koschorrek, Günter, *Blood Red Snow*, p.29.

7. 在 2001 年上映的好莱坞电影《兵临城下》中，瓦西里·扎伊采夫由英国演员裘德·洛扮演。该片描述了斯大林格勒战役期间苏德士兵的战斗，特别是扎伊采夫与获得奥运会奖牌的德国神枪手埃尔温·科尼格少校（由美国演员埃德·哈里斯扮演）之间的决斗。不过，这场决斗其实并不是真实发生的，德军的记录中没有提到任何名叫埃尔温·科尼格的狙击手，在奥运奖牌得主中也没有这个名字。有趣的是，苏联当局从未复述过这个故事，如果这件事哪怕有一点真实性的话，很难想象他们会放弃一个这么好的宣传机会。

8. Busch, Reinhold, *Survivors of Stalingrad – Eyewitness Accounts from the Sixth Army,* 1942-43, p.128.

9. Cawthorne, Nigel, *Turning the Tide*, p.97.

10. 引自保罗·沃特曼写给哥哥埃伯哈德的信，编号为 3.2002.0935。

11. 引自 10 月 25 日保罗·沃特曼给父母的信，编号为 3.2002.0935。

12. Busch, Reinhold, *Survivors of Stalingrad – Eyewitness Accounts from the Sixth Army,* 1942-43, pp.248-249.

13. Carrell, Paul, *Hitler's War on Russia*, p.570.

14. 引自 10 月 30 日卡尔·恩宁霍夫写给家人的信，编号为 3.2008.1388。

15. Holmes, Richard, *The World at War,* p286. Diary of Leutnant Reiner.

16. 努托·雷维利中尉隶属意大利陆军"特伦蒂纳"山地师"提拉诺"营第 46 连。

17. 引自鲁道夫·奥胡斯写给家人的信，编号为 3.2013.2829。

天王星行动——红军的反击

在 11 月 1 日星期日举行的高级军官会议上，弗里德里希·保卢斯严厉谴责了德国空军。保卢斯声称，据他的观察，德国空军支援城内地面部队的投入远远不够。闻听此言，沃尔夫拉姆·冯·里希特霍芬彻底爆发了，他说："我们的飞机现在正在把炸弹投在步兵手榴弹的射程之内，而这些步兵什么都没做……在整个联队发动攻击之后，陆军仅用 37 人发起进攻，而且在进攻之初遭受一点损失后，他们就立即停滞不前！"当保卢斯和他的参谋长阿瑟·施密特试图反驳里希特霍芬的说法时，里希特霍芬指责他们"又抛出了这些同样愚蠢、老套的借口……兵力不足，城市战训练缺乏，弹药短缺"。会议结束，大家的心情都很不好。这位余怒未消的德国空军将军回到总部，又受到保卢斯的指责。里希特霍芬联系了蔡茨勒，并对他说："斯大林格勒的指挥官和作战部队都如此缺乏热忱，要想在战事上有所进展，就必须注入新的精神力量。"里希特霍芬还指出"高层缺乏这样做的勇气"。显然，他已对保卢斯失去了信心。

然而，蔡茨勒没把里希特霍芬的话听进去，希特勒也没有。相反，两人都把关注点放在马丁·兰特（Martin Ranft）——来自第 220 炮兵团的一名炮手，该团被部署在北非西部沙漠的阿拉曼的小火车站附近——的汇报上：

10 月 23 日晚上 9 点，我们听到从英军战线处传来了可怕的炮声。我正面对着前线。突然间，整个天空都被炮火照亮，变红了。炮弹从你头顶呼啸而过，在你周围爆炸——太可怕了。我们以为世界末日到了。[1]

和兰特一样，年轻的贵族塔西洛·冯·博根哈特（Tassilo von Bogenhardt）也遭受了猛烈的炮击——"我以前从未经历过如此激烈的炮击。在炮火停息之前，我们只能蹲在防空洞里，抱着最好的希望"。[2] 当保卢斯和里希特霍芬发生冲突时，希特勒与埃尔温·隆美尔之间也陷入对峙，因为他的爱将请求他，允许撤出其已受重创的部队，以免被伯纳德·蒙哥马利的英国第 8 集团军彻底歼灭。希特勒对"沙漠之狐"的回答毫不妥协，他说："依靠坚强的意志战胜更强大的敌军，这将不是历史上的第一次。至于你的部队，除了通往胜利或死亡的道路，你不能给他们指明别的道路。"五天后，英美军队开始在位于阿拉曼以西很远处的法属北非登陆。这次代号为"火炬行动"（Torch）的登陆，标志着德国国防军对北非的统治开始走向终结。

火炬行动如火如荼地展开。在盟军第一波部队成功登陆的第二天，汉斯格奥尔格·贝切尔（Hansgeorg Bätcher）上尉率领一队亨克尔 He-111 轰炸机，袭击了红军位于顿河西岸的绥拉菲莫维奇、距斯大林格勒西北约 160 千米的桥头堡。该桥头堡实际就在彼得·杜米特雷斯库（Petre Dumitrescu）指挥的罗马尼亚第 3 集团军的防区内，但杜米特雷斯库的人根本无法撼动这座桥头堡，而且令人担忧的是，他们还报告说，大量苏军新部队正在渡河集结。当德国轰炸机接近目标区域时，贝切尔的观察员汉斯·霍曼（Hans Hormann）对此回忆道："我们遭到 3 架俄罗斯战斗机的猛烈攻击，并受到地面步枪火力的攒射。我们被击中了好几次。费多尔·卢斯（空军中士）突然倒在机舱底部，我去看他是否还好……我发现他死了。"这次突袭没能取得成功，而更多苏军步兵和坦克渡过了顿河。约翰内斯·考夫曼和其他飞行员也看到苏军逐渐增兵的过程，并且彻底明白了这意味着什么——"这对我们来说再明显不过了，俄国人正计划效仿我们的做法，向斯大林格勒以西发动一次大规模钳形攻势，以孤立这座城市并困住第 6 集团军。但我们……总是接到攻击其他目标的命令"。

卡尔·奥斯塔希尔德（Karl Ostarhild）少尉是一名来自埃德勒·冯·丹尼尔斯（Edler von Daniels）率领的第 376 步兵师（兵员来自巴伐利亚）的年轻情报军官，他的任务是向保卢斯及其参谋长汇报苏军的集结情况。他说："我们看到大量士兵和许多军事物资都集中在克列茨卡亚地区。我们根据命令对这处集结地成功执行了一次侦察任务。"奥斯塔希尔德对苏军集结的原因了如指掌，他说："这是一支全副武装、兵力强大的攻击部队。我们获得了这支部队的有关情报……他们的武器，他们来自哪里，甚至他们指挥官的姓名。我们也知道他们的攻击计划。"保卢斯感谢奥斯塔希尔德提供的情报，又问了自己的情报参谋是否知道同样的信息，然后就让奥斯塔希尔德走人。

保卢斯为何对这条最重要的简短情报置若罔闻，这是一个谜。毫无疑问，弗里德里希·保卢斯头脑中的种族主义观念起了作用，他不相信斯拉夫人这类"劣等人"（untermenschen）能够发起，甚至构思这样的行动。结果，保卢斯这时又在自己的"成就清单"上添了一笔，即他对众所周知的警报充耳不闻。与此同时，崔可夫的上级告诉崔可夫，分配给他的集团军的弹药将立即缩减一半。这位一向咄咄逼人的将军毫无怨言地接受了这个决定，因为他知道这是红军发动反攻前的标准做法，而进攻部队获得了优先供应权。

亨利·梅特尔曼是一名坦克乘员和反坦克炮炮手，他对自己部队将要扮演的角色很清楚——"我们第22装甲师被配属给罗马尼亚军队，任务是保护保卢斯将军那长长的北部侧翼"。梅特尔曼是前希特勒青年团成员，也是一名坚定的纳粹分子，他写道："俄罗斯确实是我们的敌人，它的人民属于低等种族……我们在学校里、在希特勒青年团中、在报纸上和在广播里经常听到这样的话。"19岁的梅特尔曼从年初开始就在苏联作战，此时的他和其他坦克乘员正驻扎在斯大林格勒以西约180英里的米列罗沃附近。"汽油太少了……我们在地上挖了几个坑，然后把坦克开进坑里，并用稻草将其盖住以抵御霜冻，我们甚至得想方设法避免发动引擎"[3]——梅特尔曼和他的装甲部队的战友们采取这样的措施在当时是无可厚非的，但令人始料未及的是，这些措施后来给第6集团军带去了非常不利的影响。

在亨利·梅特尔曼和他的"稻草装甲部队"以南数百英里处，古斯塔夫·伯克正跟随部队在高加索转战，他在一封家书中写道："我们现在已经在莫斯科附近的特列克河（Terek）上建立了一个桥头堡。现在，双方正在这里激战，就像去年的这个时候，双方在第聂伯河和德斯纳河（Desna）之间进行的战斗一样激烈。仅我们连就已经用75毫米大炮摧毁了11辆俄罗斯坦克……从这儿，我们可以看到高加索白雪覆盖的群山。天气晴朗的时候，我们甚至能看到厄尔布鲁士峰。"

然而，并非所有事情都朝着德国人预想的方向发展，正如伯克承认的那样：

俄罗斯轰炸机夜以继日地轰炸我们……威利·克列格尔被弹片击中，受了重伤……我的另一个朋友，来自敖德赛（Odesse）的马丁·贾斯科夫斯基受伤了，另一个连队的战友，来自希勒瑟（Hillerse）的摩托车手埃里希·施拉德战死了。现在，跟我一样来自派尼区（Peine district）的全体战友非伤即亡。最重要的是，情况还在继续恶化。[4]

空军战斗机飞行员埃德蒙·罗斯曼（Edmund Rossmann）对此表示赞同：

战斗越来越激烈，无论是在空中还是在地面。俄罗斯人得到了更新更好的飞机，他们的一些飞行员也相当优秀。由于当时在高加索地区上空，双方飞行员的数量都相对较少，我们在几个不同的区域内就会遇到相同的飞行员。我们甚至会辨认其中一些人的脸。一位驾驶拉-5战斗机（苏联拉沃奇金战斗机）的飞行员给我留下了深刻的印象。我能认出他的脸。几周内，我们在战斗中至少见过六次。他因其特别出色的飞行技术而很难被击落，并且总是通过急速爬升来反制我的攻击。

地面战斗的形势也日趋严峻，正如挪威武装党卫军志愿兵奥尔努夫·比约恩施塔特（Ornulf Bjornstadt）回忆的那样：

我们在一间废弃的房子里修了一个掩体，在步兵的支援下，我们建立了一个迫击炮阵地。我的阵地靠近一条小溪，这里非常理想，因为稍远的地方就是通往村庄的平坦土地，非常适合观察。一天晚上，一支俄国侦察巡逻队正好从我的迫击炮阵地附近的小路经过。我们的人立即开火。第二天早上，我发现一名俄罗斯军官的尸体倚靠着我的掩体。他被扫射的机枪射中了。敌人非常活跃，他们一次次地从村子里冲出来，发起攻击，这些进攻大多在白天。我们使用的新型迫击炮弹能非常有效地杀伤敌人。它们会先落到平坦的地面上，然后再反弹到空中爆炸，并产生致命的弹片。

就在附近的是比约恩施塔特的战友、同为挪威党卫军志愿兵的伊瓦尔·科内留森，他回忆道：

我记得我第一次遭遇炮火袭击时，来袭的是"喀秋莎"火箭弹——我们以前管它们叫"斯大林管风琴"，我感到非常害怕。我们不得不在爆炸区域内穿行，但我找了个可作掩护的地方，并趴在地上。我抬起头，突然看到旁边有一只黑色的大皮靴。那是一名荷兰党卫军下士（Rottenführer），他对我大喊大叫，说："你在干什么？起来，跑起来！"所以，我立马站起来跑了，但我可以告诉你，我当时怕得要命。那是一段恐怖的时光。我们离家很远，补给线又很长，补给品到达我们手中的速度就很慢。这些补给包括食物、弹药、燃料等。我们有一个野战厨房，他们尽最大努力为我们每天提供一顿饭，但他们并不总能做到这一点，所以我们不得不从当地的俄罗斯平民那里购买、交换或偷窃食物。

对党卫军和他们的陆军战友来说，情况令人担忧，山区的温度开始骤降。比约恩施塔特就是其中一名受害者——"当我在散兵坑里安顿下来，准备过夜时，雨下得很大，气温迅速下降。在我睡觉的时候，散兵坑里的水结了冰。当我醒来时，冰就像铁一样坚硬，我几乎像是被冻在了一堵墙上。我根本不能动，我的左半身完全瘫痪了……幸亏周围有很多医生，其中一位听到我大喊大叫后，设法找到了我"。来自丹麦达文（Davinde）这座小村庄的科内留森发现：

上厕所也不是一件容易的事。如果可能的话，我们就挖一条沟，如果挖不动，我们就用炸药炸出一个坑，如果两样都行不通，我们就只能自己拿起铲子，找地方解决了……我们没有配发冬天的衣服或靴子。事实证明，这是一个真正的问题，我们很多人的脚或脚趾都被冻伤了，因为我们靴子上的铁钉会聚集寒气——我们的靴子像磁铁一样不断"吸住"寒气，所以我们很快学会了两招，要么用布料裹住脚来保暖，要么从俄国人的尸体上搜寻毡靴并将其据为己有。

在苏联南部，冬天已经来临。当军方正式宣布将比约恩施塔特和科内留森所在的部队升级为新的装甲掷弹兵师时，这两人并未感到些许安慰。

11月18日（星期三）晚，在党卫军志愿兵以北数百英里的地方，初雪开始落到快被冻僵的罗马尼亚第3集团军的士兵身上，而温度计也显示气温已跌至零下20摄氏度。那时候，德军派驻罗马尼亚第4军的联络官是格哈德·斯特克（Gerhard Stöck）少尉，体格强健的他曾在1936年的柏林奥运会上获得标枪项目的金牌和铅球项目的铜牌。此时，一名激动的罗马尼亚情报军官告诉了斯特克一条不寻常的消息：苏军即将在克列茨卡亚地区展开一场大规模进攻。虽然斯特克不喜欢捕风捉影，但他还是对这份报告给予了足够的重视，并将其汇报到了第6集团军总部。这通电话被记录在案，内容为"根据一名在罗马尼亚第1骑兵师防区内被俘的俄罗斯军官的陈述，预计进攻将于今天5点发动"。接电话的值班军官是来自前非洲军团的温里希·贝尔（Winrich Behr）上尉，他看了看表——周四早上刚过五点，那么苏军会进攻哪里呢？他决定不叫醒他的上司阿瑟·施密特，尤其是考虑到罗马尼亚人已喊过多次"狼来了"，以及施密特对打扰他睡美容觉相当敏感。在总部外面，"我们迎来了第一场雪，现在目力所及的草原已被一层白色的'毯子'覆盖……甚至连战斗的隆隆声儿乎都听不见了"。

回到顿河河畔，在斯特克的对面，整整3500门苏军火炮已经全部进入炮位，蓄势待发。随着密令"西来纳"（Syrene）传来，几分钟后，苏军各炮兵连连长吹响号角，向炮手们发出开炮的信号。距此大约30英里外的地方，亨利·梅特尔曼和他的战友们被粗暴地叫醒了。梅特尔曼写道："乱套了！整个地堡都在颤抖，土块落到我们身上，炮声震耳欲聋。"他从铺位上爬起来，穿上军服，感觉"有股风吹到后背上，连裤子都穿反了"。

艾特尔-海因茨·芬斯克（Eitel-Heinz Fenske）是一个异类，他是来自第44步兵师（兵员主要来自奥地利）的德国人。那天早上，芬斯克担任他所在营的值班通讯员——"突然，在我们左翼，也就是罗马尼亚第3步兵师的阵地，传来一阵地狱般的噪声。无数大炮和'斯大林管风琴'正在猛烈开火。我从来没有听过这样的声音！我们从低矮的山上看向这片地狱，可以看到炮火慢慢地从交通壕转移到指挥所"。炮击只持续了不到一个小时，但每分钟都有数千枚炮弹、火箭弹和迫击炮弹落在罗马尼亚军队的战线上，并将其完全淹没。斯特克又一次打电话给贝尔，这位前奥运选手在电话中说："我感觉罗马尼亚人无法抵御苏军进攻，但我会随时通知你最新战况。"这次贝尔毫不犹豫地叫醒了施密特。

在炮击终于停息的那一刻，红军4个步兵师投入了进攻，但遭到罗马尼亚人的顽强抵抗。由于冰雪和冻雾，苏军无法准确引导火力，虽然其火力密度达到每分钟数千发，其中的许多炮弹却仅仅在草原上炸出了弹坑，而没有击中罗马尼亚军队的阵地。此时，这些被吓呆了但仍然活着的罗马尼亚士兵正在报复，他们用步枪和自动武器向冲锋的红军士兵开火。罗马尼亚人甚至设法发起了反击，但他们缺乏重型武器，其每个步兵师只有6门75毫米的现代化反坦克炮。当苏联人赌上一把，投入T-34坦克时，罗马尼亚军队的命门恰好被抓住，其战壕就被这些坦克的"钢铁之躯"直接碾过。阻止苏军进攻的唯一希望是高强度的空袭，但正如沃尔夫拉姆·冯·里希特霍芬在日记中哀叹的那样，"俄罗斯人又一次巧妙地利用了恶劣天气。雨、雪和冻雾使德国空军无法在顿河上空采取任何行动"。

红军的这次被称为"天王星行动"（Operation Uranus）的进攻，取得了惊人的成功。寡不敌众和武器低劣的罗马尼亚人进行了防御，但这场战斗的艰难程度已超出他们的想象，罗军的防线很快就被突破。幸存者们纷纷向西南方向惊慌逃窜，正如汉斯-乌尔里希·鲁德尔（当天为数不多的几名升空作战的德国空军飞行员之一）

看到的那样——"天气不好，乌云低垂，下着小雪……那些向我们飞奔过来的是谁的部队？是俄罗斯人的吗？不，是罗马尼亚人的。为了跑得更快，有些人甚至扔掉了步枪。真是一个令人震惊的景象"。更糟糕的是，当鲁德尔飞越罗马尼亚军队的防线时，他看到"大炮被遗弃了，弹药就摆在大炮旁边"。在攻击了苏军的先头部队后，鲁德尔飞回基地，重新武装并补充燃料——"返航时，我们再次看到逃跑的罗马尼亚人。他们很幸运，因为我已经没有弹药来阻止这种懦弱的溃败了。他们抛弃了一切"。[5]霍斯特·拉姆斯泰特也设法克服了恶劣天气，驾机飞越了罗马尼亚人的阵地，他看到：

> 他们（苏军）来到了斯大林格勒北部。我们两个人飞越该地区，以便了解发生了什么，因为前线有点混乱。我低头一看，看到一些灰褐色的制服——罗马尼亚人！我降低了飞行高度，但他们冲我开火，我在想这些疯狂的罗马尼亚人，他们在做什么。但这是俄罗斯人干的。我直接飞回皮托姆尼克（Pitomnik，位于斯大林格勒以东的机场）并向上级报告。我告诉他们俄国人在那里，但他们说不可能，因为罗马尼亚人守在那里。最终，另一架飞机证实了我说的话，我们开始为防御机场做准备。我们知道，如果俄国人继续这样前进，他们在一天之内就会到达我们这里，而我们什么都没有，没有步兵，一无所有。

鲁德尔和拉姆斯泰特非常幸运，他们都安全返回了基地。在对一支前进的苏军纵队展开攻击之前，汉斯-约阿希姆·加布里埃尔（Hans-Joachim Gabriel）少校的He-111 中型轰炸机被地面火力击中，并坠毁于火海中。无一幸存。

苏军进攻的消息不胫而走。亨利·梅特尔曼写道："我们现在处于最高警戒状态，俄罗斯人已经利用强大的坦克部队攻击了前线的左翼，并在克列茨卡亚突破了罗马尼亚人的防线。显然，罗马尼亚人的整个战线都已崩溃。"梅特尔曼错了，并非所有罗马尼亚人都投降了。斯大林格勒发生灾难之后，德国人把一切都归咎于他们的盟友，而不承认是他们自己的错。事实上，罗马尼亚第 3 集团军中有相当一部分人仍在顽固抵抗，其中最顽固的是被包围在克列茨卡亚西北 12 英里处的拉斯波平斯卡亚（Raspopinskaya）镇的 4 万名罗马尼亚士兵。在 52 岁的米哈伊尔·拉斯克里尔（Mihail Lascăr）将军的指挥下，罗马尼亚人坚守了四个漫长的昼夜。瓦尔特·温克（Walther Wenck）在抵达该地区时承认：

> 我向杜米特雷斯库将军（第3集团军司令）汇报，并通过他的翻译伊万森少尉了解到情况。形势看起来很绝望。第二天早上，我搭乘一架菲斯勒"鹳"式轻型侦察机，飞到奇尔河（Chir River）拐弯处的前线上空。罗马尼亚的部队已经所剩无几。在克列茨卡亚以西的某个地方，拉斯克里尔的部队仍守在顿河河畔，但其他盟友的部队都已仓皇逃走。

在拉斯波平斯卡亚，苏联向陷入困境的罗马尼亚人进行劝降，只为得到拉斯克里尔的同意。拉斯克里尔回绝道："我们将继续战斗，不考虑投降。"然而，由于没有得到救援和重新补给的任何机会，而且他的士兵每人平均只剩下40发子弹，这位将军便下令尝试突围。当天天黑后，首支罗军纵队由来自摩尔多瓦的第15步兵师领衔，试图突出重围。不久后，由拉斯克里尔的第6步兵师领导的第二支罗军纵队也加入突围的行列。拉斯克里尔自己则选择留在伤员身边，成了苏军的俘虏。

美国合众社驻莫斯科记者亨利·夏皮罗（Henry Shapiro），被他的苏联联络人带去战场参观这场战斗之后的残破景象，他记得自己看到"不计其数的德国人和罗马尼亚人的尸体"。越过白雪覆盖的大地，他还看到：

> ……成千上万的罗马尼亚人在大草原上游荡，他们一边咒骂德国人，一边拼命地寻找俄国人的补给点，渴望成为正式战俘。一些掉队的士兵会投靠当地农民，那些农民对他们很仁慈，只因为他们不是德国人。这些俄国人认为他们跟自己一样，只是一些贫苦农民。除了一小撮"铁卫团"（Iron Guard，罗马尼亚本土的法西斯民兵运动组织，很像意大利的黑衫军）的人还在到处与苏军鏖战，罗马尼亚士兵普遍对战争感到厌倦。我看到的俘虏大致都说了相同的话——这是希特勒的战争，罗马尼亚人没有来顿河的理由。

夏皮罗还指出，草原上"到处都是死马，有些只是半死的，就用三条腿站着，摇晃着那条断腿"。

无论罗马尼亚士兵的感受如何，他们的德国盟友大多都认为他们的这种行为简直就是逃跑。有几次，愤怒的德军士兵自己动手，射杀了逃跑的罗马尼亚人。关于此类事件的消息被传回布加勒斯特，并触怒了罗马尼亚独裁者安东内斯库。他致信德国最高统帅部，威胁要进行报复，信中写道："我觉得有必要提请您注意，除非立即停止这种态度并阻止这类事件发生，否则我将不得不重新考虑我军在你方前线的部署情况。"

　　另一位美国人——戴眼镜的美军准将托马斯·赫尔利（Thomas Hurley）担任美国驻苏联的联络官，他给罗斯福总统写了一份报告，其中写道："从我们在战场上看到的死者和俘虏的情况来看，罗马尼亚军队的水平远低于苏联军队的水平。罗马尼亚人多半装备的是二流武器和马拉火炮。在整个突出部，我们的视线几乎没有离开过马匹和罗马尼亚士兵的尸体。"

　　相比之下，在应对陷入混乱的罗马尼亚人方面，安德里亚斯·恩格尔（Andreas Engel）的经历远不如赫尔利看到的那样惨淡。恩格尔来自德国中部丘陵地区，曾在贝布拉镇（Bebra）担任一名排字工人，这时他在汉斯-乔治·莱泽的第 29 步兵师（摩托化）担任技术军士。当苏军发起天王星行动时，恩格尔的部队正在后方休整。"一道突如其来的作战命令打断了我们应得的休息。战斗部队立刻向一个未知的目的地出发了，而行李列车和服务部门都被暂时留在了后方"。第二天，恩格尔和他的副驾驶米歇尔斯（Michels）上等兵接到一项任务，任务要求他们驾驶一辆卡车，以便将迫击炮弹和机枪弹药运到前方。二人出发不久，就遭遇空袭——"我左大腿的上部被击中，我本能地让自己从车里掉了出来。米歇尔的脚后跟也被击中了"。不知为何，空袭没有引爆卡车上的弹药，卡车在大约 100 米开外的地方停了下来。恩格尔躺在路上，突然看到"一群穿着土褐色制服、乱糟糟的士兵走了过来"。"我们以为他们是俄罗斯人，但令人愉悦的是，我们的猜想被推翻了，他们是罗马尼亚人，正在逃命。他们给我们做了紧急包扎，然后把我们的车开了回来……在我们的请求下，他们把我们抬回了驾驶室，我们才得以重新启程"。

　　卡尔·罗登堡（Carl Rodenburg）是第 76 步兵师的一名年轻军官，他承认说："德国人在面对这种挫折时就喜欢推责，譬如我们就把所有的责任都推给了盟友。"另一位德国人在其日记中写道："俄国人突破了罗马尼亚第 20 师的防线……不幸的是，那里只有罗马尼亚人和意大利人……'阿凡提——撤退！'这个意大利人常说的口号，被我们的盟友大声模仿并不断重复。"不过，并非所有德国人都像这位日记作者那样想，很多人更赞同罗登堡的观点，也相当理解罗马尼亚人的经历——"这些人（在天王星行动期间）失去了所有东西，没有冬衣，几乎没有好鞋，没有后勤服务，他们非常饿。我下令向罗马尼亚人分发跟德国士兵一样的口粮"。

由于防线被苏军撕裂，轴心国只能寄希望于费迪南德·海姆（Ferdinand Heim）的第 48 装甲军。该装甲军由罗马尼亚唯一的装甲师和亨利·梅特尔曼所在的第 22 装甲师组成。第 48 装甲军部署在此处，就是为了抵御像天王星行动这样的苏军反击行动。当梅特尔曼和他的战友们跑向自己的车辆时，他们"终于剥掉了稻草，但大祸临头！不管司机怎么按启动键，马达都发不出吱吱声……老鼠、普通的田鼠都在稻草里筑了巢，还咬破了电缆的绝缘层"。令人难以置信的是，梅特尔曼说的是实话，数十辆坦克都无法启动，它们的电缆都被老鼠破坏了。更糟糕的是，第 22 装甲师库存的履带套筒于几个月前在运输途中遗失了，由于缺少冬季用的履带套筒，许多还能移动的坦克撞进了沟渠与平谷里。

罗马尼亚坦克手几乎装备的都是过时的法国和捷克坦克，他们跟步兵战友一样尽力战斗，但很快就被苏军击溃，剩下的几十辆德国坦克也被苏军摧毁。亨利·梅特尔曼的反坦克炮组也被苏军歼灭——"我们的反坦克炮（PaK）似乎被一辆坦克碾了过去，炮身陷入地里。凯特和巴尔博躺在枪盾后面，被压得面目全非。躺在更后面的拉扎尔，他的肩膀和半个脑袋都被扯掉了"。弗里茨，梅特尔曼最后的同伴，也死在几米开外的地方。梅特尔曼是唯一的幸存者。

尽管在西部的大草原上发生了灾难，第 6 集团军司令部仍把重点放在城内的战斗上，认为苏联人只是想切断与该集团军连接的北方铁路，而海姆的装甲军将会取得胜利。当时，年轻的冈特·科绍雷克正向斯大林格勒城内前进，执行补给任务：

在斯大林格勒，"主要战线"（Hauptkampflinie，缩写为"HKL"）根本不可能存在，因为在所有的废墟中，前线每小时都在发生变化……我们开车穿过浅浅的弹坑，翻越成堆的瓦砾……浓重、刺鼻的烟雾呛得我们的肺透不过气来，道路两旁都是烧毁的残骸和废弃的车辆。（徒步前进时）我们身后有火光，那是一辆被击中的车，附近还有另一场大火，可能是燃烧的汽油堆……我们一会儿爬过石头和横梁，曲折前行，一会儿俯卧在地上，一会儿又重新站起来，继续前进……几颗手榴弹爆炸了，几个人弯着腰从我们身边跑过。

科绍雷克试图在月球般的废墟中寻找自己的目的地。他找到一名军官，并询问后者的部队在哪里。军官回答道："我们必须向右侧移动。几个小时前，我们刚把伊万赶出了这个地区，现在伊万只要想回来，就必须付出惨重的代价。"科绍雷克试着将他所处的境况与《电影新闻周报》（Wochenshau，每周在第三帝国的电影院和广播中播放的战争新闻）的宣传进行对比，他发现："他们总是在军队的新闻公报中说'自豪的德军正在胜利前进'，但在斯大林格勒，我从没看到这样的事情……我们像畏畏缩缩的老鼠一样躲在废墟中，为生存而战。"最后，科绍雷克和他的战友们找到了自己的部队，并交付了他们带去的微薄补给。与科绍雷克等人对接的高级士官告诉他们说："今天早上，仅剩的一名军官死了，所以现在由我来负责这个区域。"到此时为止，科绍雷克所在的中队只剩 18 个人还活着。

为了更直接地控制局势，保卢斯命令将他的指挥部从戈卢宾斯基（Golubinsky）迁到离斯大林格勒还有 50 多英里的下奇尔斯卡亚（Nizhne-Chirskaya）。此时，连保卢斯和施密特也开始意识到北部战线形势严峻。在苏军发起天王星行动的第二天，不知所措的保卢斯意识到下奇尔斯卡亚离行动地点太远，对行动起不了什么作用，于是下令再次搬迁。这次，指挥部搬到了距离城市以东几英里的古拉克（Gumrak）机场附近。在那个靠近火车站的地方，为了容纳保卢斯的指挥部，共有十多座地堡被修建起来。保卢斯自己住在一个面积约为 12 平方英尺的、位于冻土下方 6 英尺处的防空洞内。这座防空洞以一个自制的粘土炉供暖，以门口挂着的毯子抵御最寒冷的天气，而第 6 集团军司令就能像在家里一样舒服地躺在一张小床上，并在床上摆着的一张粗糙的木桌旁工作。指挥部的车辆都要与这些地堡保持较远的距离，以免苏联人依据它们标记出空军或远程火炮的打击目标。

对德国国防军的其他轴心国盟友来说，杜米特雷斯库麾下的罗马尼亚第 3 集团军在如此短暂的时间内全线崩溃，这令人倍感震惊。意大利派驻罗马尼亚军队的联络官、来自意大利陆军情报局的乔治·格迪斯（Giorgio Geddes）上尉，看到了罗马尼亚军队的溃败给他位于旧前线后方的防区带去的影响：

道路被各种残骸堵塞，有军马的尸体，有被烧得只剩金属框架的车辆，还有倾覆的大炮。士兵的尸体躺在血迹斑斑的雪地上，被无情的寒风吹动着。（他看到那群游荡的罗马尼亚幸存者）那消瘦的面孔、破烂的制服，他们没有军官，没有纪律，被寒冰和饥饿折磨着，也被以一对十的战斗给吓坏了。

格迪斯目睹了一场悲剧性事件。他看到两名德国宪兵命令一名罗马尼亚机枪手前往部队集合点，由于对德国人的企图感到愤怒，那名机枪手反而开枪打死了两名宪兵。几秒钟后，机枪手也被自己的一位战友开枪打死。这令格迪斯目瞪口呆。

对轴心国军队而言，军纪此时已变得涣散，困惑的罗马尼亚人开始将权力掌握在自己手中，而且事情还不止于此。艾特尔 - 海因茨·芬斯克和他的战友们接到命令，命令要求他们撤出在城外不远处的舒适阵地，并退到郊区。芬斯克回忆道："（撤退时）我们来到一座巨大的被服和装备仓库，几乎每名德军前线士兵都深入仓库，去搜寻他们能得用上的东西……德军哨兵试图用枪逼迫我们到仓库外面去，但我们告诉他们，如果他们不乖乖站在一边，我们就会开枪打死他们。这些哨兵便消失了。"当芬斯克的不少战友直接冲向堆积如山的香烟时，他却没有：

我在冬服的裤腿中塞了几罐葡萄牙沙丁鱼罐头，这些罐头下面都挂着开罐器……我还将两瓶干邑白兰地放进自己的背包。我想，如果天气一直很冷，一滴干邑白兰地在融雪时或许真的能救命……油浸沙丁鱼是富含脂肪的食物，每天吃一罐，能更好地抵御寒冷。

星期五，当安德烈·叶廖缅科的部队在斯大林格勒以南与兵力严重不足的罗马尼亚第4集团军激烈交战时，这给德国及其盟友带去了更多灾难。冈特·科绍雷克和他的战友们听到一条消息，消息称："警报！俄国人已经在南部突破了罗马尼亚人的防线，现在正从两侧向我们逼近。"为此，他们心里越发不安。

的确，苏军一马当先，城南的轴心国守军已溃不成军。惊惶逃窜的不只有罗马尼亚人，来自第4装甲集团军的赫尔穆特·斯皮思（Helmut Spieth）直截了当地说："在这片土地上，到处都是逃跑的德国人，他们跳上各种车辆，趴在踏板和散热器上。简直一片混乱！"红军的目标不难弄清。红军位于北方和南方的那两个"巨钳"将在斯大林格勒城区的后方合拢，并将尽可能多的轴心国士兵困在"口袋"内。早在10月份，当温里希·贝尔上尉前往第6集团军总部接任他的新职位时，被他替换掉的那个人就已向他简要介绍了红军可能发动反攻的情况，还指着战况地图上顿河河畔的卡拉奇说："他们将在这里收拢包围圈。"

11月23日，在天王星行动发起三天后，红军第19坦克旅逼近了贝尔的前任曾强调过的那座城镇及其附近横跨顿河的桥梁。几天来，轴心国部队一直通过这座大桥向西行进，德国守军对这种景象已经司空见惯。不过，这里使用"守军"一词并不准确，德军只在此地部署了少量由维曼（Wiemann）技术军士指挥的松散部队，其中包括少数几名来自一所临时工程学校的工兵、二十几名"托特组织"的工人和一门只有八发炮弹的88毫米高射炮。因此，当两辆"德军自己的坦克"自东向西驶向大桥时，没人有所警惕。只是当这两辆坦克突然向"托特组织"的工人开火时，德国人才意识到自己的错误。这是苏联人的诡计——这两辆德军坦克是由苏联人操控的。"顿河河畔的高地突然响起了枪声，机关枪的齐射打破了寂静"，维曼和他指挥的炮组成员们试图阻止红军。在被一辆T-34坦克发射的炮弹炸成碎片之前，他们一共发射了4发炮弹，击中了3辆苏联坦克。"经过短暂而激烈的战斗，顿河大桥和桥头堡落入俄国人之手，所有的德国人都撤向了该镇的南方"，苏军的包围圈就此合拢。这时候，斯大林格勒便位于一个从西到东约40英里、从北到南约25英里的"口袋"的东部边缘。

顿河河畔的卡拉奇周围有许多德国国防军的补给仓库、车库、维修车间和后方补给站，这些机构的工作人员都在愉快地从事着自己的工作，对这场迫在眉睫的灾难一无所知。汉斯·克拉姆弗斯（Hans Krumfuss）技术军士负责将一些损坏的汽车发动机送到附近的铁路支线。在那里，这些发动机将被送往西部进行维修。灾难发生时，克拉姆弗斯和他的副驾驶正在当地的一所民房里过夜。突然间，他们被迫击炮和机关枪的声响惊醒，"民房内的俄国女人尖叫并哭喊着'俄国人来了'！街上一片混乱"。两人便跑向他们的卡车，开始赶路，"可是该往哪个方向走呢"？他们"打算先向西南方去奇尔，然后从那里再朝东走，前往斯大林格勒"。克拉姆弗斯对这个决定表示后悔了，他说："后来，我们发现自己走错了路——其他卡车司机都在向西行驶，以免被困在'口袋'里。"克拉姆弗斯将于1月31日被苏军俘虏，并成为少数幸存下来并回到祖国的人之一。

至于美国新闻记者亨利·夏皮罗，他先是搭乘一架苏军飞机，然后降落在卡拉奇附近的德军原先占据的空军机场，最后去视察了这个城镇。他发现，这个镇子已成为"一片废墟，只有一所房子还矗立着"。被俘的少数德国士兵"大多都是年轻人，显得非常痛苦"。他还注意到，红军士兵们都身穿冬衣，戴着保暖手套，不少人还穿着俄罗斯毡靴（valenki），而德国人只穿了夏装，肩上裹着毯子。

　　遭到苏军包围的消息犹如晴天霹雳。弗朗茨·韦特海姆简直不敢相信自己的耳朵——"然后传来了令人震惊的消息，整个第6集团军都被包围了"。[6] 与此同时，苏联人对自己攻势取得的巨大成功感到有些难以置信，也不确定自己到底取得了什么战果。提交给苏联最高军事委员会的初步报告估计，约有9万名德军官兵被困，罗马尼亚军队遭到重创。然而对轴心国来说，实际损失要严重得多。事实上，罗马尼亚人已经溃不成军。罗马尼亚第3集团军和第4集团军分别有55000人和35000人伤亡，这占其有生力量的一半。在顿河河畔的卡拉奇失守之前，大约有39000名德国人利用顿河大桥，从"口袋"中成功逃了出来。不过，仍被困在"口袋"里的德国人超过25万，此外还有1.5万名罗马尼亚人、1千多名克罗地亚人、2000门大炮、100辆坦克、1万辆其他机动车辆和数千匹马。实际上，第6集团军的全部部队和第4装甲集团军的绝大部分部队均被困在"口袋"内。[7]

　　冈特·科绍雷克是逃出"口袋"的幸运儿之一。他找到了一座可用的桥，但桥上挤满了其他想要逃跑的人——"聚集在桥上想要逃到顿河对岸的车辆造成了严重的交通堵塞，每个人都竭尽全力向前挤，我们连勉强爬行都做不到……我们呆立在原地，快要冻僵了"。不管怎么说，直到第二天早上，骚动还没有结束，"这时只剩下3辆汽车，还有我部队的14个人和其他来自三支不同部队的人"。在一名工兵军官的指挥下，科绍雷克他们在匆忙间被集结成一支紧急小部队。但科绍雷克对他们所处的形势并不乐观，他说："大多数士兵和士官都士气低落，他们没有战斗经验，而那些来自斯大林格勒地区的士兵主要在供应、维修和行政单位中服役。"

　　当科绍雷克和他的装甲掷弹兵战友们试图在一片混乱中重建一条防线的时候，亨利·梅特尔曼正从他遭受灭顶之灾的炮组中找寻某种意义。他搜集了所有能找到的食物，为自己做了一顿"有黄油、肉和鸡蛋的丰盛大餐"。睡了几个小时后，他又收集了死去的战友的身份牌和军人证。梅特尔曼尽最大努力来武装自己，他"听到一阵哀号声，随即拔出手枪，跟着声音走，在一片洼地里发现了一些罗马尼亚人和德国人的尸体"。躺在那儿的并非全都是尸体——"我看到一个胳膊几乎被扯断的罗马尼亚军官正用恳求的眼神看着我。然后，我又看到更多人，包括一些德国人。他们还活着，但都受了重伤……我从没受过任何医疗培训，也没有绷带或棉花"。这位19岁的年轻人毫不犹豫地走开了，他"没有对他们中的任何一个人说些什么，也没有给他们任何安慰，甚至没有给他们一点儿喝的，只是迅速转身走开了"。

一场史诗般的艰苦跋涉开始了。梅特尔曼穿过白雪覆盖的大草原，期间还在红军部队附近的干草堆中躲了三天，最终回到了自己的战线上。

当洼地中的伤兵对着梅特尔曼迅速消失的背影大喊大叫时，国防军最高统帅部正在争论下一步该做什么。当时只有两种选择：保卢斯可以集结他的部队并尝试向西突围，或者他可以建立一个全方位的防御阵地（刺猬阵地）并等待救援。这两种选择都不是特别值得考虑的。因攻占斯大林格勒而消耗了大量弹药，第6集团军此时严重缺乏子弹和炮弹，也缺少装甲部队、牵引车和卡车所需的燃料。这座城市的野战医院中有近1万名伤员。几乎可以肯定的是，一旦采取突围行动，这些伤员大多会被抛弃，而且每个人都知道这意味着什么。另外，德军还不得不放弃许多重型装备和武器，其中可能有多达数千辆的汽车、1000门或更多的火炮以及可能多达100辆的坦克。

选择按兵不动也充满了风险。当时，东线德军在其大部分战线上都承受着巨大的压力，很难集结一支能够到达斯大林格勒的救援部队。无论是北方集团军群还是中央集团军群都没有任何一支成规模的后备部队能被派到南方，曼施坦因的第11集团军在苏军发起天王星行动的三天后（11月21日）被正式解散，而A集团军群的各师此时都远在数百英里外的高加索地区。

就在第11集团军被解散的同一天，阿瑟·施密特打电话给第8航空军司令马丁·菲比格，要求他开始为第6集团军提供空运物资，这让菲比格既震惊又害怕。由于保卢斯选择在一旁偷听电话，并把与空军对话的任务留给了他那个好斗的下属，这位德国空军将军非常明确地反对了施密特的要求，他说："为一整个集团军提供空运物资？那是不可能的！我们的运输机被大量用于北非和其他战线了。我劝你不要这么乐观。"菲比格挂断电话，又立即打电话给里希特霍芬，详细说明了空运补给不可行的原因。里希特霍芬完全同意菲比格的意见，并打电话给作为德国空军参谋长的耶舒纳克——"你必须阻止它！在这种恶劣的天气下，我们不可能从空中为一支 25 万人的军队提供补给，这简直太疯狂了"！

在所有关于斯大林格勒的神话中，最经久不衰的是赫尔曼·戈林在这一刻为陆军求情并坚称空运补给行动会取得成功，从而决定了第 6 集团军的命运。事实却更加微妙。在天王星行动的初期阶段，戈林实际上正在巴黎进行一场大规模掠夺行动，他肆无忌惮地从巴黎的博物馆和画廊中洗劫艺术品，然后将它们运往他在德国的多处豪宅里。当这位肥胖的纳粹德国空军总司令意识到东方发生了那么重大的事情时，他极不情愿地离开了巴黎这座光明之城，前往东普鲁士的拉斯滕堡（Rastenburg）。希特勒也将总部搬迁到了拉斯滕堡，这位独裁者终于放弃了简陋、破败的文尼察，来到了相对舒适的"狼穴"（Wolfsschanze），并打算再次掌控局面。

与此同时，在斯大林格勒，第 6 集团军总部陷入了一片混乱。在保卢斯终于意识到苏军的进攻不仅仅是为了切断北部的铁路线时，他作为指挥官所具有的缺点也被证明是致命的。第 6 集团军应该突围还是原地不动？保卢斯犹豫不决。当他举棋不定时，他的一些下属就制定了自己的计划。对他手下的军长和师长们来说，他们显然要在这个"口袋"刚刚扎紧、还较薄弱时逃离它。为了准备这样的行动，他们命令自己的部队立即放弃冬季掩体，集中精力向西进攻。但其他一些指挥官不这么认为，他们的士兵留在了原地。保卢斯一直保持沉默。当他把所有军长召集在一起，商定一份行动计划时，结果却是无所作为。实际上，作为一个勤奋的参谋，保卢斯自然向拉斯滕堡提出了各种选择，并列出了每种选择的利弊，也把最终决定权留给了"狼穴"。保卢斯此时无力掌控自己部队的命运，这一命运取决于希特勒。

根据蔡茨勒本人的描述，这位留着小胡子的总参谋长在一次与独裁者讨论如何应对这次危机的会议上，直截了当地说保卢斯无法得到足够的空中补给。希特勒回答说："帝国元帅（戈林）已经向我保证，这是可以做到的。"在蔡茨勒的坚持下，希特勒将戈林本人叫进会议室，并问道："你能为第 6 集团军提供空中补给吗？"戈林举起他那松弛的右臂，行了一个纳粹礼，回答道："我的元首，我向您保证，德国空军可以完成给第 6 集团军提供补给的任务。"

蔡茨勒的声音充满了轻蔑，他回应说："德国空军做不到这样的事情……德国空军知道每天必须空运多少吨物资才能满足需求吗？"

戈林带着明显不安的神色回答说："不，我不知道，但我参谋部的军官们会知道。"希特勒知道蔡茨勒在后勤方面的专业背景，就问他被困的部队每天需要多少吨物资。

蔡茨勒说保卢斯每天需要 300 吨物资。戈林反驳道："我能做到！"蔡茨勒气得脸色发紫，怒吼道："我的元首，这是一派胡言！"戈林听了这番反驳，目瞪口呆。尴尬的希特勒悄悄告诉蔡茨勒，由于戈林是他的正式副手和确定的继任者，他别无选择，只能相信戈林的话，因此空运补给将继续进行。

再来看前线，保卢斯此时认为，突围或许才是最好的选择。他告诉魏克斯，自己仅有少量只能维持六天的燃料、弹药和食物，从而取得了魏克斯的支持。第 6 集团军无法依靠这些"微薄的面包屑"生存，它必须从苏军的"口袋"里冲出来。11 月 24 日，星期二，上午 8 时 30 分，保卢斯向"狼穴"发出突围的请求得到答复：第 6 集团军要留在原地。同时，"狼穴"还命令保卢斯要将其总部迁到斯大林格勒城内。[8]到此时为止，对于在斯大林格勒激战的第 6 集团军而言，魏克斯几乎是一名看客，在余下的战斗中，他更是被牢牢地置于次要地位。

威廉·霍夫曼在他的日记中写道：

我们被包围了。今天上午公布了元首的讲话——"陆军可以相信我，我将采取一切必要措施，确保物资供应，并迅速突破包围圈"。

注解

1. Arthur, Max, *Forgotten Voices of the Second World War,* p.206.

2. Hagen, Louis, *Ein Volk, Ein Reich,* p.176.

3. Metelmann, Henry, *Through Hell for Hitler*, p.113.

4. 引自古斯塔夫·伯克写给家人的信，编号为 3.2002.0966。

5. Rudel, Hans-Ulrich, *Stuka Pilot,* p.68.

6. Hagen, Louis, Ein Volk, *Ein Reich,* p.53.

7. Hayward, Joel, S. A., *Stopped at Stalingrad – The Luftwaffe and Hitler's Defeat in the East 1942-1943*, p.231.

8. McNab, Chris (ed), *Hitler's Armies: A History of the German War Machine 1939-45*, p.44.

杀死战马！

第十章

斯大林格勒空运是德国国防军在战争中遭遇的非常惨痛的军事灾难之一，即使在今天，它还在持续引发争论。首先需要说明的是，在 1942 年冬天，大规模空运行动对于东线德国空军来说并不算什么新鲜事。当年 1 月，5500 名德军官兵在苏联北部城市霍尔姆（Kholm）陷入重围，只能依靠空运获得补给，而且由于地域狭窄，德国空军运输机无法降落在包围圈里，只能飞越城市并空投物资。这场史诗般的战斗一共持续了 105 天，由西奥多·舍雷尔（Theodor Scherer）率领的德国守军一直坚守到了五月初，直到苏军解围为止。令人印象更加深刻的是，德军在德米扬斯克包围战中取得的胜利，而这场包围战与前面提到的围攻几乎发生在同一时期，并且德米扬斯克就位于霍尔姆东北方向大约 60 英里处。在那里，大约 10 万德军部队被苏军围困，并暴露在持续的攻击之下。为营救地面部队，德国空军进行了至当时为止最大规模的空运——救出了数千名伤员，并且每天为包围圈内的地面部队运送300 吨的物资。这是一项巨大的成就，但总的来说，其迷惑性也很强，德米扬斯克空运行动取得的成功支撑了这样的论点：如果德国空军可以维持德米扬斯克和霍尔姆守军的生存，为什么不能维持斯大林格勒守军的生存呢？

对纳粹最高领导层来说，这个问题的答案本应是不言自明的。首先，最重要的是规模。比起德米扬斯克的 10 万人和位于霍尔姆的少量部队，斯大林格勒有整整 25 万人的大军，所需补给品的吨位将远超前者。其次，针对德米扬斯克和霍尔姆的空运行动还有一个有利条件——它们都是在温度上升、春天即将到来的大背景下进行的，而斯大林格勒的"空中桥梁"不得不在隆冬时节搭建并指望其发挥作用。除此之外，在北部，德军的战线是坚固而安全的，这使得德国空军可以从相对靠近着陆区的基地行动且不受阻碍，而南部不是这样，因为整个集团军群都在转战当中，根本不存在稳定的前线。另外，随着第 6 集团军和第 4 装甲集团军陷入混乱，以及罗马尼亚军队被彻底击溃，苏军得以继续前进，并在解放之前被德军占领的大片领土的同时，还迫使德国空军的运输力量不断向西转移。对德国人来说，雪上加霜的是当时德国空军运输机部队本身的状况也十分糟糕，而第 6 集团军正急需它超额完成任务。

对德国空军而言，运输机部队从来都不是一个受关注的兵种，自空军成立之初，它就备受忽视。运输机部队的主力装备仍然是老旧的三引擎容克斯 Ju-52，这种运输机于 1930 年首飞，在战争来临时就已经过时。Ju-52 的速度慢的令人头痛——它的最高时速只有英国霍克"飓风"战斗机的一半——它的装备也很差，最重要的是它的载货能力有限，只有两吨半，而且装卸物资颇为不便。但是，由于德国空军必须把重点放在新型战斗机和中型轰炸机，而不是乏味的运输机上，在战争开始的时候，德国空军运输机部队仅有 552 架 Ju-52，而这些飞机被前线步兵亲切地称为"容克大婶"（Auntie Juss）。1940 年，在德国空军发动的所有空降作战中都使用了 Ju-52 运输机，不过，第二年，在德军为入侵克里特岛而发动的革命性空降中，整个运输机部队遭受了重创——共计 146 架运输机失事，另有 150 架受损。德米扬斯克战役的情况更糟，共有 256 架运输机被毁，387 名经验丰富的机组人员丧生。由于德国工业界在战争期间总共只生产了 2804 架 Ju-52，德国空军是无法持续承担这么巨大的损失的。

事实上，在 1942 年 11 月，德军运输机部队共装备 750 架 Ju-52。为抵御盟军发动的火炬行动，德国空军将其中三分之一的 Ju-52 派往地中海战场，让其主要负责从西西里岛运送部队和物资到突尼斯，以对抗盟军登陆部队。剩下的 500 架运输机被分散在苏联和其他欧洲占领区内——德国空军在德米扬斯克空运行动中也投入了 500 架运输机，因为军方知道，由于维护不良等问题，每天实际可用运输机的数量仅约 150 架。这是一个神奇的数字。如果德国人能保证每天有 150 架 Ju-52 飞进斯大林格勒，它们就能运送 300 吨物资，这与蔡茨勒在希特勒面前声称的、被围部队每天所需的补给吨位相同。另外，里希特霍芬只获得了东线 295 架运输机的指挥控制权，而且其中许多运输机已经因缺乏备件和维护不佳而停飞了。

考虑到夏季攻势期间，南方德军的后勤状况不佳，而且德军占领的主要铁路枢纽就只有斯大林诺（Stalino，距离德军前锋有 350 英里之遥），里希特霍芬的 Ju-52 运输机部队自蓝色行动开始就已经为陆军空运了 27000 名增援人员，以及数千吨的燃料、弹药和其他物资。这些飞机还将 52000 名伤员运回了后方——德军运输机经常俯冲降落到大草原炙热的土地上，并从战线后方接运伤员。这种滚动式的空运导致地勤人员没有时间对飞机进行维护和维修，筋疲力尽的地勤人员仅能努力保障飞机的正常飞行。因此，当戈林宣布他的德国空军可以完成斯大林格勒的空运任务时，耶舒纳克站在后面咬牙切齿，在正式的斯大林格勒空运开始日（1942 年 11 月 25 日，星期三）当天，里希特霍芬检查了他的飞行名册，他绝望地指出："在我们所有的 Ju-52 中，只有 30 架可用于（空运）……在昨天可用的

47 架 Ju-52 中，一共出动了 22 架（进入包围圈），在今天的 30 架中，出动了 9 架。我们只空运了 75 吨物资，距离预定的 300 吨物资还有较大差距。"第二天的情况与第一天相差无几，而且在 11 月 27 日，当恶劣的天气来临时，德国空军只将 28 吨燃料运进了"口袋"。[1] 接下来的三天情况好了一些，但也好不到哪里去。11 月 30 日是情况最好的一天，德国空军共将 129 吨物资运进了包围圈，但距离目标数字仍差 171 吨。[2]

实际上，蔡茨勒在希特勒和戈林面前声称的、运送 300 吨物资即可维持斯大林格勒守军运转的观点纯属即兴发挥。跟那个像小丑一样的德国空军总司令戈林一样，蔡茨勒也不知道保卢斯到底需要多少吨物资。事实上，在战役的各个阶段，参与其中的指挥官也从未商定过一个确切数字。在当时的一份电报中，埃里希·冯·曼施坦因（他将在斯大林格勒战役中发挥重要作用）表示，在他看来，每天最低的需求量实际上接近 700 吨，其中包括 400 吨的燃料和弹药，300 吨的食物和其他补给。著名的德国历史学家和斯大林格勒战役专家约阿希姆·维德（Joachim Wieder）指出，这样的需求量意味着"每天必须有 350 架 Ju-52 飞机降落在这个包围圈里。在短暂的冬日和漫长的冬夜里，每四分钟就要有一架飞机起降一次，一刻也不能停止"。

至于保卢斯和施密特，他们要求每天空运 750 吨物资。这是他们通过简单的数学比例换算得出的结果，因为如果在德米扬斯克的 10 万部队每天需要 300 吨物资，他们的 25 万官兵自然就需要 750 吨物资了。[3] 而与曼施坦因罗列的数字一样，保卢斯和施密特开出的"订单"绝大部分都是弹药和燃料，其余是食物和维持军队正常运作所需的大量其他物资。鉴于第 6 集团军还有一些储备物资、野战口粮和数千匹马可供食用，因此对他们来说，当务之急是补充燃料和弹药。

要想将如此巨量的物资运往"口袋"，就需要修建基础设施，以保障机场可以昼夜运作，而机场必须拥有装卸设备、辅助导航设备、加油点，以及最重要的战斗机的护航——没有战斗机的保护，笨重的运输机很容易被苏联空军战斗机猎杀。"口袋"内最初有 7 个机场，但只有皮托姆尼克和巴萨吉诺（Basargino）两个机场拥有无线电信标辅助导航设备，而且只有皮托姆尼克机场拥有适合夜间飞行的灯光设备和跑道照明线。余下的卡尔波夫卡（Karpovka）、伏罗波诺沃（Voroponovo）、波尔莎亚·罗索什卡（Bolshaia Rossoshka）、斯大林格勒斯基（Stalingradski）和古拉克这几个机场，只不过是在开阔的草原上夷除部分草皮所形成的平地。马丁·菲比格被匆忙任命为整个空运行动的负责人，他选择了塔钦斯卡亚（Tatsinskaya）作为空运的枢纽。塔钦斯卡亚被简称为"塔兹"（Tazi），位于斯大林格勒以西约160英里处，在德国空军机组人员和地勤人员中广为人知，它距离皮托姆尼克（Pitomnik）有1小时15分钟的飞行路程。军方通常将飞行速度较慢的Ju-52运输机编入"特种任务轰炸机联队"（KGzbV）中，因为除了在德国空军控制的空域内飞行，运输机在其他任何空域内飞行都需要战斗机来护航，而这些运输机和战斗机的大部分都被部署在塔钦斯卡亚机场。由于采取了护航制度，再加上苏联空军战斗机很少在德军后方进行狩猎的事实，东线德国空军在整个6月份仅有3架运输机被击落。

在皮托姆尼克机场遭到苏军包围之前，来自德国空军第3战斗机联队"乌德特"的一些战斗机常驻在该机场，但是等到苏军完成合围之后，军方决定撤回大部分战斗机，取而代之的是新组建的部队——"皮托姆尼克机场防御中队"（Platzschutzstaffel Pitomnik），其任务只有一个，那就是负责保护即将抵达的运输机。按照设想，该中队的飞行员都是志愿者，并且应该轮流驻扎在该机场。不过，皮托姆尼克机场的设施铺设并不理想，所以每次只有2到3架Bf-109能够满足任务要求，但像赫尔曼·格拉夫、库尔特·埃本纳（Kurt Ebener）和乔治·施特克（Georg Schentke）这样的"专家"飞行员还是坚持了下来，他们尽自己最大的努力守卫着这座至关重要的"空中桥梁"。由于这一空域从不缺少对手，德军战斗机飞行员的战绩开始陡增。施特克取得了29个击坠记录，埃本纳取得了33个击坠记录，直到皮托姆尼克机场陷落为止，三人联手总共击落了130架敌机。这可能是一次愉快的狩猎，但埃本纳对他在皮托姆尼克的时光并没有报多大热情：

有一天——那是12月初——我带着四架飞机去皮托姆尼克执行为期一周的护航任务。我发现那里的东西都很糟糕。我的床是医用担架，我们在一个烟雾弥漫的泥土掩体中吃饭睡觉。谢天谢地，我带了个睡袋。我当然知道这里不会有什么奢侈品，但我从来没有在这样的地方过过夜。我设法从战友那里拿了两条旧毯子，以免被冻死。最初我们只想在此地待一周，但任务被一再延长，直到机场被放弃。我们都没有得到解脱，不得不一直留在包围圈里，直到迎来痛苦的终结。

埃本纳还描述了他和其他几名飞行员所承受的巨大压力，他说："在皮托姆尼克机场，共有 12 名战斗机飞行员，分别来自第 3 战斗机联队'乌德特'的不同中队，我们的职责是保护地面部队和少数停靠的德国飞机免受敌人空袭，并保护运输机的起降安全。不过，在同一时间只有一两架战斗机升空作战的情况下，往往无法做到同时保护机场又保护运送物资与伤员的运输机。"

无论这几位战斗机飞行员有多么勇敢，他们在面对敌人时也是寡不敌众的，只能为少数几架运输机护航。大多数 Ju-52 运输机都要依靠飞行员的飞行技术和安装在运输机顶部的机枪来保护自己。此外，Ju-52 运输机的机身上还有两个机枪座，也就是说，其机身两侧可各装一挺机枪，但这样做的话会占用宝贵的空间和载重量，并令装卸货物变得更加困难，因此这两个机枪座很少被利用。

在菲比格的领导下，德国空军很快在皮托姆尼克机场确立了一套操作规程，以使空运过程尽可能高效、快捷。一架飞临的 Ju-52 运输机将先由无线电信标引导降落到机场。一旦进入预定范围，机场就会打开红色的十字形着陆灯，并向天空发射绿色的照明弹，帮助这架笨重的飞机成功降落在坚硬的雪地跑道上。而从这时起，让这架飞机重返天空、尽快返航就成了机场的第一要务。

首先，机场方面会派人手动引导飞行员驾驶飞机离开主跑道，进入卸货区域。在那里，由"希维人"和德国人组成的地勤团队将打开飞机的侧门，再把一块木板的一端楔入地面，把另一端搭在侧门上，最后再将货物——主要是弹药箱和燃料桶——卸下。与此同时，其他团队会从机翼油箱中吸走多余的燃料（运输机油箱中的燃料远超其返程飞行所需）。其中，从左侧机翼油箱中吸取的燃料将被送到库尔特·埃本纳的座机和皮托姆尼克机场防御中队的其他战斗机那里，而从右侧机翼油箱中吸取的燃料将被送到中央仓库，以待统一调配。随后，工作人员会将伤员从机场医院抬到飞机上，而且重伤员会得到优先待遇，但每架飞机也只能救出大约 12 名伤员。一旦装载完成，飞机就可起飞了，因为根据德国空军的要求，每架运输机在地面上停留的时间不能超过三个小时。

为了返航时的安全，运输机飞行员们认为联合起来组成一支编队一起返航会更好，但这支编队的规模不能太大，那样很容易成为苏联空军的目标。他们认为三机编队是最为理想的规模，但是当天气状况不佳或时间太紧迫时，Ju-52 机组人员就别无选择，只能冒险独自驾机返回"塔兹"。如果一切顺利，这些运输机将在首次起飞后不超过 6 小时的时间内再次回到基地。理论上，每架 J-52 每天可以完成两次飞行。库尔特·埃本纳目睹了真实发生的残酷事件——"我们不得不眼睁睁地看着 Ju-52、Ju-88 和 He-111 被敌军击落，当时它们正试图在空中聚集，组成编队，然后共同返航。现在，它们却带着伤员一同坠毁、燃烧，无人幸免于难"。

即使菲比格的下属 24 小时不停地工作，但完成装卸作业也需要耗费一些时间。因此，德国空军在第一周平均每天只能向"口袋"内运送 50 吨货物，在第二周运送 60 吨货物。到了第三周，平均每天的输送量达到 100 吨，但这仍然只是蔡茨勒估算值的三分之一，而且远远低于保卢斯的要求。[4]

参与其中的一些德国高级军官开始意识到，空运是一场正在上演的灾难。瓦尔特·冯·塞德利茨-库兹巴赫（Walther von Seydlitz-Kurzbach）来自普鲁士军事史上最显赫的家族，也是功勋卓著的第 51 军（LI. Armeekorps，该军是第 6 集团军内规模最大的军）的军长。11 月 25 日，他向阿瑟·施密特提交了一份报告，详细说明了他的部队每天需要 50 至 100 吨弹药（具体量取决于战斗的激烈程度）、16.5 吨粮食，以及 9 吨燃料，因为"目前的库存几乎耗尽了"。赛德利茨-库兹巴赫承认他的要求有点"过分"：

集团军所需的大量 Ju-52 运输机从何而来是一个谜。即使真有这么多可用的运输机，也得先从欧洲和北非各地飞过来才行。考虑到必须要飞越如此遥远的距离，它们自己所要耗费的燃料量将会相当巨大。鉴于过去在燃料补给方面所取得的经验，我非常怀疑空军能否满足我们的要求……对这次（空运）抱有希望就相当于抓住一根救命稻草。

如果这位普鲁士名将家族的成员听到飞行员汉斯·格伦伯格（Hans Grünberg）技术军士的话，那么他对空军的不信任感会进一步加深。格伦伯格和他所在的运输机联队从伊尔门湖（Lake Ilmen）北部转移到了斯大林格勒战场，他说："在厚厚的积雪中着陆，（许多）飞机都头朝下栽了进去……还有很多飞机迫降了。"

在上述因素的共同作用下，空运行动步履维艰，正如维德指出的那样，"在空运的前三周，平均每天只能空运 70 吨物资，这包括 6 吨食物（每人每天 20 克）和 64 吨弹药和燃料……是曼施坦因划定的最低红线的 10%"。另外，对于保卢斯和他的集团军来说，作为秋季战斗造成的直接结果，战况并不稳定，时有起伏。更令人震惊的是，他们补给品的库存已经消耗殆尽，整个第6集团军几乎每天都要依靠从遥远的西部仓库运来的物资，所以当补给线被苏军切断后，他们几天之内就开始面临几乎所有补给品全线短缺的窘境了。

显然，德国空军迫切需要采取措施，以大幅增强其空运能力。对此，菲比格呼吁将所有可用的飞机和机组人员全部集中到俄罗斯南部。"塔兹"被空军确定为主要的航空枢纽，容克 Ju-52 机队将驻扎在那里。但由于运输机部队在克里特岛的损失仍未得到弥补，而且突尼斯的作战行动仍在持续当中，留给耶舒纳克的选择并不多。唯一可行的措施是，将飞行学校的教职员工和尚未完成学业的（甚至有课程刚学过半的）飞行学员转调至前线。这些机组人员非常宝贵，损失其中任何一人都可能会使德国空军的运输机部队失去下一代飞行员，甚至还可能会失去训练未来飞行员的教官，但为了应对这场危机也只能如此。鲁道夫·赫纳（Rudolf Hener）就是一位被征召到前线的飞行教官：

> 匆忙之间，德国空军组建了另一支由 180 架容克运输机组成的运输大队，以协助先前的部队共同为第6集团军供应物资。该大队的飞行员都是飞行教官。我被征召到该大队。在最恶劣的条件下，我在前线飞行了四个月，每次都是满载弹药进入包围圈，再满载伤员飞离。当 180 架 Ju-52 仅剩下 40 架，机组人员也同比例下降时，这个大队就被解散了。[5]

一名飞行员生动地回忆了空军为提升其空运能力所付出的努力，他回忆道："新调来的有飞行教官、羽翼未丰的学员，还有从某些作战单位或其他什么单位挖来的飞行员……这个五彩缤纷的'混合体'被派到了前线，就好像突然从什么地方凭空变出来的。"

卡尔·威廉·霍夫曼（Karl Wilhelm Hoffmann）这年 20 岁，是一位仅取得了部分资格证书的副驾驶。当时，共有 340 名飞行学员接到上级命令，要立即赶赴东线并参加斯大林格勒空运行动，霍夫曼也是其中之一。霍夫曼最初在西里西亚的布雷斯劳 - 甘道（Breslau-Gandau）飞行学校学习，但很快就被指派飞往斯大林格勒"口袋"。在那里，上司告诉他，将伤员装上飞机需要足够的时间，因此他可以趁机匆匆吃上一口饭。霍夫曼回忆道："餐勺差点从我们手中掉下来……一大群伤员踩在薄薄的积雪上，一瘸一拐地走向机场。"霍夫曼的Ju-52运输机在"满载的情况下，可以塞进25到30个人，因为他们都可以坐着……但由于空间不足，如果是担架的话，就只能塞进去12个人"。这段经历令霍夫曼感到心碎，特别是当他与护送伤员的陆军士兵"进行几次简短交谈"的时候，他说："他们的蓝眼睛看着我，露出诚挚的目光，他们说'元首很快就会带我们离开这里'！"

塔钦斯卡亚机场已人满为患，德国空军就将莫罗佐夫斯卡亚（Morozovskaya，德军按照惯例将其简称为"莫罗"）指定为新基地。所有被改装为运输机的其他新机型都将前往这一基地，其中最主要的是亨克尔He-111中型轰炸机。经过粗略的改装，它们的弹舱可以装载货物，这对运输机部队来说是一种宝贵补充——"弹舱里塞满了面包和弹药，机翼内的油箱里装满了燃料，以供包围圈内的车辆使用"。与He-111共同被改装为运输机的还有Ju-86轰炸机（最初是作为民用客机设计的）、福克-伍尔夫Fw200"秃鹰"侦察/巡逻机（更多被用于在北大西洋进行反舰巡逻）和亨克尔He-177重型轰炸机，甚至还有少量Ju-290远程侦察机（希特勒最喜欢的个人运输机）。在这些机型当中，没有一种是专业的重型运输机。四引擎的He-177是德国空军对标英国"兰开斯特"和美国B-17战略轰炸机而开发的重型轰炸机，但不幸的是，它有一个重大缺陷，即它经常在飞行中突然爆炸并把机组人员活活烧死。到达"莫罗"的机型越来越多，一个不可避免的问题出现了，那就是地勤人员的维护和修理工作变得越来越复杂，即使是通常来说可靠性极强的亨克尔He-111型也出现了机械问题，发生了本可以避免的事故。一位飞行员对此记忆犹新，他说："由于草地跑道不平坦，飞机严重超载，在我们滑行时，飞机的起落架于在起飞前不久就突然折断。于是，我们利用飞机的腹部，让飞机滑行了数百米。但它并没有爆炸起火，这只能说一个奇迹。"

在一封家书中，鲁道夫·奥胡斯向他的家人描述了"口袋"内的生活究竟是什么样的：

我们的集团军已经被俄国人包围了好几个星期。在最初的几天里，情况非常混乱，每个人都在为逃离这个"水壶"做准备，我们烧毁了所有的秘密文件和多余的东西。但幸运的是，希特勒并没有下令突围，而是下令保卫这座城市和所有的阵地，直到最后，这一策略是行之有效的……俄国人再次遭受了可怕的损失……然而，我们也因此遭受了许多损失……在包围圈内，运输机飞行员做了大量有益的工作，但他们主要是给我们的坦克输送汽油……并没有带进来多少食物和包裹，但只要我们还能屠宰马匹，我们的日子就还算顺利。

奥胡斯认为他和他的战友们很快就不用再继续屠宰战马了——"在接下来的几天里，我们可能不再需要吃马肉了，因为食物和包裹会开始定期送过来"。[6]

在斯大林格勒，奥胡斯和他的战友们依赖新鲜屠宰的马肉生存。当时，英国和美国等国家正在大力发展"预包装口粮"，这种口粮在为士兵提供人体所需的热量、维生素和矿物质的同时，还易于储存和运输。然而，德国人仍在使用一套传统的新鲜食物供应系统，该系统主要依赖于在战地采购和准备食物。这意味着，后勤军官至少在表面上要从农民那里购买牲畜、面粉、水果和蔬菜，然后派遣人员利用相关设备就地宰杀牲畜，并进行预备和烹饪。例如，在苏军发动天王星行动之前，第 6 集团军的主要补给基地位于克列茨卡亚以南 30 英里处的布尔什 - 纳巴托夫（Bolshe-Nabatov），当苏军前锋的坦克呼啸而来的时候，有大约 800 头待宰的牛哞哞叫着，四散奔逃。

这套系统就是依靠著名的"炖菜大炮"及其附属设备（烧木头的马拉炉子和巨大的烹饪锅），以及对所有德军师都至关重要的"面包连"（bakery）和"屠宰连"（butchery kompanien）运作起来的。"炖菜大炮"主要有两种尺寸，较大的厨房可以为 125 至 225 人提供食物，较小的厨房则可以为大约上述一半的人提供食物。每个野战厨房都至少配备两名训练有素的厨师和若干名助手，后者通常被前线士兵称为"厨房公牛"（Küchenbullen）。这些前线步兵通常每天吃三顿饭。最先吃的冷早餐，食物包括面包和果酱或橘子酱，也许还有一些奶酪和火腿，所有这些都被放在士兵的面包袋或干粮包（brotbeutel）中并被随身携带，而喝一杯咖啡（在战争的这个阶段，咖啡通常是用橡子或菊苣制成的假咖啡）有利于下咽。接下来，士兵在一天中吃的主餐，即由"炖菜大炮"烹制的热餐，占到其每日口粮的一半。晚餐，占到士兵每日口粮（Portionsatz）的三分之一，也是由野战厨房集中准备的。最后，"炖菜大炮"还得特意留下士兵六分之一的口粮，作为第二天早上的早餐。

德军将食物分为十个独立的类别，如肉类 / 豆粉、奶酪、鱼和鸡蛋都是一类，黄油、猪油等脂肪是另一类。[7] 但是，面包才是每位德军士兵的主食。更具体地说，主食是该师自己的面包连每天新鲜烘烤的、每块重 750 克的标准陆军烤粗面包。每个参加战斗的士兵每天都会得到一块这样的面包，作为他分配到的一级口粮的一部分。二级口粮分量较少，并且普遍被分发给了占领区和后方的部队。三级口粮一般是给帝国本土的驻军部队的。四级口粮是分量最少的，是为德国国内的护士和在办公室工作的军事参谋准备的。

在确认顿河河畔的卡拉奇已经沦陷，而己方已被苏军彻底包围的三天后，第 6 集团军总部下令将每日面包的配给量从 750 克削减到 350 克，也就是说还不到半块面包。随着布尔什 - 纳巴托夫的牛群被红军夺回，德军原本每天 120 克新鲜牛肉的配给也被马肉取代——这些集团军的役畜都被统统用来填满"炖菜大炮"的饭锅和前线士兵的肚子了。除了面包和肉，前线士兵每天还可以得到 30 克各种脂肪，这些脂肪来自集团军直属仓库，并且一共可以维持 10 天。通常情况下，集团军的物资堆放场和后勤列车中要储备 3 天的口粮，师部的补给站（专门提供后勤相关服务，包括辎重、伙食和补给、车间、军械库、铁匠、工资出纳、医疗服务，等等）要储备 1 天的口粮，团部的火车要储备 2 天的口粮，而"炖菜大炮"也要储备 1 份全额口粮和 1 份野战口粮（eiserne Portionen），各排的四轮马车要储备 1 份野战口粮，士兵本人的面包袋也要储存 1 份野战口粮。

每份"野战口粮"（也被称为"铁口粮"）总重约 650 克。其中，硬饼干、烤干面包片、曲奇饼干或黑麦粗粮压缩饼干几乎占了一半的重量，罐头肉为 200 克，腌制蔬菜为 150 克，还有 25 克的麦芽咖啡（Muckefuck，帝国政府官方指定的假咖啡）和 25 克的盐。后勤系统还可以提供所谓"半野战口粮"（halb-eiserne Portionen），但其重量实际上只有野战口粮的三分之二，而不是一半。[8]

野战口粮和半野战口粮只有在部队指挥官明确许可的情况下才能被吃掉，所以在"口袋"里，最初的情况是充分利用现有的食品库存，凑合着吃，并以每天 300 匹的速度屠宰军马以保持肉类供应。因此，这些原本用来拉动、拖曳从辎重车到火炮等一切东西的宝贵食草动物，都变成了炖马肉、马肉酱和马肉汤。德军没有浪费这些军马身上的任何东西，甚至连腿骨也不浪费。一旦清除了腿骨上面的肉和其他可食用的部分，德国人就会将这些骨头插在地上，当作路标。

食用马匹减轻了空运部队的压力，令其能够集中精力输送弹药和燃料，而不是食物，但却降低了保卢斯部队的机动性，因为越来越多的马车成为摆设，只能搁置在原地。更何况，随着冬天到来，天气变得越来越恶劣，这些马匹的命运也显而易见——与其让它们消耗食物，不如让它们成为食物，这既能让士兵们多些口粮，还能减轻空运部队的压力。毕竟，一个标准陆军烤粗面包可能只有 750 克重，但一枚标准的 105 毫米口径的轻型榴弹炮的高爆炮弹就重达 14.81 千克，而一门炮每天都可能发射几十枚这样的炮弹。这对第 6 集团军的生存而言至关重要。尽管耗费物资的百分比各不相同——例如，一支摩托化部队自然要比一支步兵部队需要更多的燃料——但平均而言，在一个标准德国师的物资吨位的构成中，有超过 60% 都是炮弹。无论是进攻还是防守，炮火支援都是必不可少的。保卢斯陷入重围的集团军需要调用他们的炮火来阻挡红军的进攻，并支持他们自己发动的反击，而这意味着必须要有强大的火力。

由于进入"口袋"的飞机要优先运送弹药和燃料，留给食物的运载空间就非常有限。到 12 月初，因"口袋"内库存的面粉迅速减少，第 6 集团军决定再次减少面包的配给量，将 350 克减少到 200 克——"配给让我们处于饥饿的状态……士兵们非常饥饿，他们给五个人只发一条不新鲜的面包"。为弥补这一损失，肉类配给量实际上从 120 克增加到 200 克，但马肉的供应并非是取之不尽用之不竭的，这只是一个临时解决方案。[9] 按照官方规定，士兵们每天还应该得到 30 克脂肪、30 克奶酪和 3 支香烟，但这些配给很少出现在前线战壕里，士兵们每天卡路里的摄入量已经大大减少，甚至减少到了保持一位活跃的男性身体健康所需的一半。更糟糕的是，食物本身往往是在战线后方很远的地方烹制的，然后再由食品运送员带往前方。即使食品运送员躲过了狙击手，躲过了炮击，食物也常常会变得很凉，甚至更糟——"即便从野战厨房到前线的路程相对较短，也足以把食物冻成冰块"。前线士兵们想尽一切办法来加热他们微薄的口粮——"我们有些人把食品罐绑在汽车排气管上。用这种办法来加热食品罐会很快，但如果在排气管上放太久，在打开罐子的时候，食品罐几乎都会爆炸，滚烫的液体会浇到冻僵的手上"。随着车辆逐渐耗尽燃料，这种权宜之计也无法继续使用了。

科莱斯汀·冯·齐策维茨（Coelestin von Zitzewitz）少校目睹了这一切，他是陆军最高司令部的一名参谋。在蔡茨勒的坚持下，齐策维茨于 11 月 24 日飞入"口袋"，同行的还有一支由 1 名军士和 6 名士兵组成的通讯小组。他们的工作很简单，即定期、直接地向蔡茨勒本人报告"口袋"内的情况。齐策维茨的报告读起来并不轻松。最重要的是，他详细说明了虽然空运行动优先考虑了弹药和汽油，但由于消耗过巨，弹药很快就被用光了，特别是轻型和重型野战榴弹炮的炮弹，而且输送的燃料只能满足前线所需的10%左右，这导致第6集团军的机动性变得越来越差。他还提到，为了向部下展现自己的领导能力，德国空军在"口袋"内的防空司令沃尔夫冈·皮克特坚持与其部下吃同样的口粮——每天两片粗面包和一点稀汤。在总部，并非所有人都相信齐策维茨的报告，当一些怀疑论者质疑其真实性时，齐策维茨为他们讲述了一个故事：一名士兵睡着了，醒来时发现老鼠已经啃掉了他的两个冻伤的脚趾，而这个处于半饥饿状态的士兵甚至都没感觉到。

像戈林这样的人，是拒绝听到任何与他们自己臆想的观点相悖的信息的。他们甚至还说齐策维茨的无线电发报机显然已被苏联人缴获，而这些荒谬的谎言正是苏联人想要反馈给德国最高指挥层的。但卡尔·沃尔夫（Karl Wolf）可以证明，在12月那些黑暗的日子里，前线士兵们所能获得的食物是多么贫乏，他说："每个人只能分到一片50克重的面包和四分之一勺大小的香肠。"当然，食物匮乏不是包围圈内的德军所要面对的唯一敌人——"一个又一个连队被敌人消灭了。没时间休息"。

在某一类补给品上，德国人本应处于有利地位，那就是冬装。在一年前的冬天发生的灾难中，成千上万的德军士兵穿着单薄的夏季制服，在严寒中被活活冻死。此后，德军在很短的时间内就向供应商下了大量订单，并在米列罗沃、塔钦斯卡亚、切尔科沃（Cherkovo）和其他地方的后勤基地中储备了大量冬装。这些仓库里装着大约200万件毛料衬衫、10.2万内外双毛毡靴和超过5万件"双面冬装"（umkehrbare Winteranzüge，这种冬装设计十分出色，包括一条长裤和一件连帽外套，其一面是白色，一面为迷彩色或野战灰色，两面均可以穿在外面）。一位前线士兵亲眼看到"大量的毛毯，羊皮制成的特殊冬衣，配有厚厚的绝缘鞋底和乱糟糟的缠结毛鞋面的套鞋、手套、双层猫皮头套，以及使用汽油、石油或凝固酒精就能很好地工作的便携式加热器"，还有"堆积如山的口粮和数以千计的其他必需品，都被装在特制的箱子里"。然而，一名士兵还是痛苦地感叹道："我们既没有冬衣，也没有皮靴。看来，所有的衣服都被留在包围圈外面了。"这确实反映出一些真实的情况，有些个人冬季服装和用具都被运抵了前线，但是绝大多数都被扣住了，因为运输机得到的命令是必须优先运输弹药和燃料。

结果是，第 6 集团军不得不再次依赖在苏军发动天王星行动之前就已储存在城市补给仓库内的"寒冬赈济"（Winterhilfswerk，一种纳粹的收集系统，旨在鼓励平民为前线部队捐赠金钱和衣服）这类五花八门、毫不稳定的物资储备。汉斯·米歇尔（Hans Michel）告诉他的家人说："我们有充足的过冬用品，我弄到了一双袜子、一条上好的羊毛围巾、一件套头毛衣，还有皮衣、保暖内衣等。这些东西都来自'寒冬赈济'，但是当你看到哪位士兵穿着一件女士套头衫或类似的东西时，你会忍不住笑出来的。"当士兵们穿戴着女性的披肩、围巾和外套时，战地记者海因茨·施罗特（Heinz Schröter）便以黑色幽默的角度来看待这一切——"出现在（被服）仓库的场景是为数不多的能让斯大林格勒的士兵们开怀大笑的事情之一"。

虽然在斯大林格勒的严寒中取暖是件好事，但这也助长了蚊虫的滋生，每一名前线士兵身上都爬满了虱子，它们会传播斑疹伤寒等疾病——"每个人都有自己的动物园……它们会把你逼疯……那些该死的虱子，它们会把你吃掉。把你的身体吃干抹净"。[10] 另一位士兵在其家书中写道："甚至洗衣服的念头都没有了，因为想了也是白想。今天，我杀了第一批虱子，一共八只"。老兵们告诉新来的小伙子们要把每件衣服单独埋在土里，只留一个角露在地面上。虱子——它们在德军中的绰号是"小游击队员"（kleine Partisanen）——就会全部聚集在那个角，然后就可以趁机烧死它们。

不管采取什么措施，虱子似乎是不可战胜的——"我们像老鼠一样住在洞里，那里既不舒服又十分肮脏……我们的主要消遣就是捏碎个头最大的虱子。但在自己夹克的袖子里捏碎了一百只这样的害虫后，我放弃了计数"。一位低级士官说："我挠腿挠得太厉害了，以至于我都不想穿靴子了……有一次，我试着数一只袜子里究竟有多少虱子，结果数到 150 只就放弃了。我甚至能听到它们在我周围蠕动的声音，我身上的虱子实在太多了。"苏联人的一些行为更加剧了德军前线士兵的痛苦——"有一天晚上，当口粮被送上来的时候，几个俄国人钻进了我们的战壕，他们不仅吃光了一口锅里的东西，还在锅里拉了一泡屎，然后逃回了他们的阵地"。可想而知，这些不利的情况积累起来，对德军前线士兵产生了怎样的影响——"我们都摆着一张发黄的苦瓜脸，无精打采，行动迟缓"。

与此同时，在菲比格的努力下，空运行动正在向好的方向发展。得益于"塔兹"和"莫罗"两个机场的努力，12 月 10 日（星期四）至 12 日（星期六）这三天成为空运行动的最佳时段，相比前一个星期 100 吨的运输量，这时段的运输机编队平均每天能输送 180 吨的物资到包围圈内。尽管缺乏战斗机掩护，天气越来越糟，飞机维护严重不足，德国空军及其运输机机组成员仍在从事着艰苦的工作，但他们每天输送的物资吨位仍比最低限度的要求少 120 吨。这印证了约阿希姆·维德的观点，他说："第 6 集团军正在忍饥挨饿，也逐渐将弹药消耗殆尽，而且正变得越来越僵化迟钝。它突破包围圈的能力每一天都在急剧下降。"信号军官戈特弗里德·格雷夫（Gottfried Greve）对此持相同的看法，他说："我们依靠德国空军来维持我们的后勤供应，但通常它们输送的吨位还不到我们需求量的十分之一。"

格雷夫的连队全靠马匹来拖曳设备，他不得不悲伤地看着：

……一匹又一匹马被送进了野战厨房。看着我们忠诚的四条腿的战友们变得越来越虚弱，这真是让人怜悯。它们曾和我们一起穿越法国，并把我们一直送到了东方几千千米远的地方……我们曾有 110 匹马，在艰苦卓绝的草原行军中都没有损失过一匹，这曾让我感到非常自豪。

在"口袋"内狂热的气氛中，马匹也成了货币单位，"当时有一个买卖马匹和柴火的黑市，人们可以用一根木梁从骑乘部队那里买到一匹马"。那些用珍贵的坐骑来换取柴火或其他任何他们想要得到的东西的人，把这种交易合理化了——"最好在这些可怜的动物饿死之前就把它们宰了，因为没有食物给它们吃"。

和以往的战争一样，士兵们为了生存，不断进行创新。亚历山大·冯·哈特曼（Alexander von Hartmann）的第 71 步兵师负责防守城市的南半段防线，该师的萨克森人很快就意识到，在他们身后屹立着巨大的带着谷物升降机的粮仓或许是一个有待开发的宝藏。一些有进取心的士兵出发了，他们发现，粮仓里果然还剩下一些粮食。他们装好粮食，往回走，"马上，就有俄罗斯家庭自告奋勇地提出要研磨这些粮食。他们有一个大型但原始的手摇磨，需要几个人来转动，这非常费力"。意识到自己有多么幸运，苏联人"夜以继日地工作"。"晚上，我们步兵接替了这些俄国平民……更好的是，我们连里有一位面包师，我们怀着虔诚的敬意吃了第一块刚出炉的新鲜面包"。由于粮食遭受污染，面包尝起来有些酸，"但即便是这样的面包，也总比没面包强"！他们"还向当地平民提供了这种面包"。

在斯大林格勒的废墟中，埃卡德·弗赖赫尔·冯·加布伦茨不再劝告他的指挥官们施加新的惩罚来改善他们士兵的懒散状态，相反，他绝望地写信给他在帝国国内的妻子说："我不知道这一切将如何结束，这对我来说非常困难，因为我本应该努力激励我的下属，让他们对胜利抱有不可动摇的信念。"

　　此时，即使是纳粹最高统帅部中最乐观的人也已经清醒地意识到，保卢斯和他的手下不可能在伏尔加河河畔熬过冬天。只有冒险发起一次救援行动，才能挽救他们。于是，所有的目光都转向了南方集团军群剩余的部队和埃里希·冯·曼施坦因。

注解

1. Bekker, Cajus, *The Luftwaffe War Diaries*, p.238.

2. Hayward, Joel, S. A., *Stopped at Stalingrad – The Luftwaffe and Hitler's Defeat in the East 1942-1943*, p.257.

3. Taylor, Brian, *Barbarossa to Berlin Volume Two; The Defeat of Germany, 19 November 1942 to 15 May 1945*, p.9.

4. Wieder, Joachim & Einsiedel, Heinrich Graf von, *Stalingrad: Memories and Reassessments*, p.146.

5. 引自帕特里克·G. 埃里克森（Patrick G. Eriksson）所著的《东部响起警报》（*Alarmstart East*）的第 97 页。鲁道夫·赫纳后来成为第 3 战斗机联队的战斗机飞行员。

6. 引自鲁道夫·奥胡斯致其家人的信，编号为 3.2013.2829。

7. 这些类别是：面包、肉类 / 大豆等、蔬菜、布丁和牛奶、调味品（如盐、芥末和醋），然后是香料（如肉桂和丁香）、脂肪、茶和咖啡、糖，最后是酒。烟草独占一类。

8. Evans, Richard, J. *The Third Reich at War*, p.537.

9. Carrell, Paul, *Stalingrad,* p.171.

10. Evans, Richard, J. *The Third Reich at War*, p.416.

冬季风暴行动

"希特勒究竟什么时候会采取决定性措施，把我们从包围圈中解救出来？"——威廉·霍夫曼的请求短促有力，直击核心。在德米扬斯克战役中，解围计划异常简单。该计划先是对包围圈内的德军空运补给，直到天气转好，就可尝试救援。这一计划取得了成功。斯大林格勒战役与德米扬斯克战役的主要区别在于时间。德米扬斯克"口袋"直到2月份春天即将来临时才形成，而第6集团军与外界的联系在11月中旬就被苏军切断。在德米扬斯克，沃尔特·冯·布罗克多夫-阿勒费尔特（Walter von Brockdorff-Ahlefeldt）的部队不得不在气温开始回升之前忍饥受冻六到八周，但在"严冬的铁腕控制下"，保卢斯的部队被困的时间是前者的两倍多，而且即便按照苏联人的标准，斯大林格勒也是一个无比寒冷的地方。尽管斯大林格勒距列宁格勒以南数百英里，但斯大林格勒在冬季平均气温方面却比后者低了近两度，而且从11月中旬到3月下旬，其白天的气温都在零度以下。

约翰内斯·考夫曼曾被调到高加索战区去支援德军在该地发动的攻势。当考夫曼回到斯大林格勒时，他注意到"天气突然变得异常寒冷，寒风刺骨……温度计显示，气温已骤降至零下38摄氏度"。装甲指挥官艾哈德·劳斯很清楚这对东线德军意味着什么，他说："除非迫不得已，德国人是不会在隆冬时节发动进攻的。"但德国人此时正被形势所逼，所以德国国防军将要尝试其以前从未尝试过的事情——在冬季发动攻势。

早在11月28日，保卢斯就收到了一封电报，电报告诉他说："坚持住——我要把你从那里救出来——曼施坦因。"保卢斯为此非常高兴。在得到曼施坦因的允许后，保卢斯把这个消息告诉了自己的手下。包围圈内的一位少尉说道："这消息令我们印象深刻！这可比一火车皮的弹药和一架装满食物的'容克大婶'更有价值！"那不是一句空话。这时的曼施坦因已是德国国防军中的一位传奇人物，身为击败法国的幕后策划者、巴巴罗萨行动的领衔者以及克里米亚和塞瓦斯托波尔的征服者而闻名，如果他说他会来，那么他一定会来！在电报发出的前一周，曼施坦因还成了保卢斯的上司。当时，希特勒把无能的魏克斯推到一旁，并组建了顿河集团军群（Heeresgruppe Don）。该集团军群以曼施坦因之前的第11集团军司令部为基础，由第6集团军、第4装甲集团军和杜米特雷斯库的罗马尼亚第3集团军的残部组成。这个新集团军群听起来令人印象深刻，但问题是，其大部分力量都在"口袋"内，而"口袋"外的力量却少得可怜。事实上，曼施坦因麾下真正有战斗力的部队只有三支，分别为第17装甲师、第23装甲师，以及艾哈德·劳斯的第6装甲师（该师正在法国休整，此时重新启程，赶往斯大林格勒）。

尽管如此，在12月12日星期六的黎明前，曼施坦因还是发动了"冬季风暴行动"（Unternehmen Wintergewitter）。这次进攻让苏联人大吃一惊。进攻一开始，赫尔曼·霍特的230辆坦克就作为前锋，猛冲猛打。在他们的头顶上，德国空军的战斗机于进攻第一天也击落了约54架苏联空军的飞机，而自己只损失了6架。在塔钦斯卡亚，马丁·菲比格兴奋地在日记中写道："俄罗斯人像过去一样，正在落荒而逃。"曼施坦因也很高兴，并指示保卢斯为部队的突围做好准备。由于深知第6集团军突围的最佳时机是在制造"口袋"的苏联人腹背受敌之时，曼施坦因计划尽可能地靠近斯大林格勒城，然后命令保卢斯冲出"口袋"去迎接他，而突围的信号就是"雷鸣"（Thunderclap）。

威廉·霍夫曼已准备好突围，他写道："今天，军官告诉我们要做好行动准备。曼施坦因将军正率领大军从南方逼近斯大林格勒。这个消息给士兵们的内心带来了希望——上帝，让它成为现实吧！"对隶属亚历山大·冯·哈特曼的第71步兵师的通信兵弗朗茨·康普夫来说，援军来得还不够快。康普夫在从军前就是一个理发师，一天早上，他被叫到团部为他的指挥官理发，却发现这位军官的勤务兵囤积了很多看起来很好吃的水果馅饼。

"这些都是从哪儿弄来的？我们队伍里不是没有吃的吗？"

"我从法国带来的！"

"别骗我，给我一个馅饼，否则我就告发你。"

令康普夫欣喜若狂的是，这位心虚的勤务兵果然乖乖递上了一块馅饼。康普夫"用刺刀切下四分之一，急匆匆地吃了，又将剩下的塞进饭盒里，留着之后吃。"[1]康普夫给军官理好发，就把战利品带回他所在的掩体，与他最亲密的四个战友分享。几个星期以来，他们五个人第一次有了快吃饱的感觉。

在同一个团的团部，普鲁士地主、忠诚的丈夫曼弗雷德·弗莱赫尔·冯·普洛托（Manfred Freiherr von Plotho）在一封给妻子的信中写道："我们仍被困在这里，但局势已经完全稳定下来，所以我们可以充满自信地静候战局的进一步发展……信件只能通过航空运输，所以仍然很难收到。"为了让妻子放心，普洛托试图描绘出一幅乐观的景象，他还写道："我们的士兵英勇完成又一次壮举……我军的领导层和士兵们都通过了全面的考验。现在，我们要扭转局面，去对付那些精疲力竭、深陷困境的俄罗斯人。这样，我们就可以在冬天休息一下。"普洛托甚至还抱有早日见到妻子的希望，他写道："穆提乌斯上尉应该会赶到前线。之后，我休假的机会就会大大增多，因为经过一些训练，他已经可以接替我了，但首先必须等到军事态势恢复之后。"[2]

在草原上，霍特和曼施坦因继续率部向前推进。冈特·科绍雷克和他的战友们祈祷着奇迹发生——"有传言说，霍特大将（Generaloberst）和他的坦克正赶来攻破斯大林格勒周围的包围圈。这是真的吗，还是像往常一样，只是流言蜚语？也许，这真的是所有被困的人都热切期盼的伟大救赎"。[3]

自斯大林格勒"口袋"形成以来，谨慎乐观的情绪第一次在被困于第6集团军周围的、饥寒交迫的前线士兵中弥漫开来。此时，曼施坦因距离"口袋"已不到40英里。有传言说，曼施坦因带了一支庞大的卡车车队，正等着将车队满载的各种食物和各式奢侈品送到守城官兵的手中。传言有一部分是正确的。在曼施坦因先遣队的核心队伍中，确实有一支由800辆满载货物的卡车组成的车队，但他们运载的不是面包和俗气无用的饰品，而是共计3000吨重的燃料和弹药，以便保卢斯能够行动起来，投入战斗。它们将是"德国人藏在袖子里的一张王牌"。在收到"雷鸣"信号后，保卢斯将把他剩余的装甲部队和重型武器集中起来，并让部队冲进大草原，抵达那支卡车车队所在的区域，以获得宝贵的补给。这样一来，第6集团军就能得救，德国人也可集中精力建立一条坚固的防线，从而避免灾难发生。

12月16日，星期三，驻扎在斯大林格勒的德军前线士兵们在严寒中醒来，身体冻得僵硬。他们发现各师正在分发一天前空运到"口袋"内的145吨重的物资，而他们只分到一点口粮。这天，德国空军又将另外145吨重的物资送进包围圈，以表明他们正在不断努力。然而，这次给前线士兵发放的口粮几乎都来自第6集团军最后的库存。个别师和团仍留有一些储备物资，几千匹马也还没被宰杀，但突围不能再拖延下去了。

指挥官亚历山大·冯·哈特曼命令汉斯·克拉姆弗斯与全师所有的司机一起列队，并向其简要汇报情况。哈特曼是一名普鲁士人，来自一个有着悠久军事传统的家庭。他的祖父埃伯哈德·冯·哈特曼（Eberhard von Hartmann）将军在普法战争中表现出色，后来成为乌尔姆州（Ulm）的州长。哈特曼不是一个喜欢和士兵闲聊的人，当他直接向士兵提问时，他给克拉姆弗斯留下了深刻的印象——"他沿着我们的队伍走来走去，向军阶较高的士兵不断提问，又看看我们身上佩戴的勋章，对我们非常友好"。随后，哈特曼向司机们询问车辆的状况，还有多少燃料，因为这些司机很快就要用这些车辆进行突围——"他说话很急迫，这令我们印象深刻。我以前从来没听过（他）那样说话……临别时，他跟每名司机握手，还一直看着他们的眼睛"。

那个星期三的早晨，在遥远的西北方，天气异常寒冷，一层厚厚的冰雾笼罩着大地。大雪纷飞，能见度最多只有100码。突然，"天空变得通红，火光冲天。在'喀秋莎'火箭炮连续四轮齐射后，我们的村庄陷入了火海"。在这场令人敬畏的火力展示中，每分钟多达20000发的炮弹开始落到意大利第8集团军的正面防线上。两个苏军集团军参与了这次进攻——第三个集团军也很快加入进来——并攻击了意军的"第3拉文那步兵师"和"第5科塞里亚步兵师"。这两个步兵师的热那亚人、利古里亚人（Ligurians）和艾米利亚-罗马涅人（Emilio-Romanese）都没有逃跑，而是进行了反击，朝着进攻的苏联步兵猛烈开火。意大利人急需炮火支援，但在其后方的炮兵阵线上，炮弹太少了，甚至连发射一枚炮弹都要请示团级指挥官。更糟糕的是，意大利人在其装备的反坦克炮等武器方面跟以前在他们旁边的罗马尼亚部队一样简陋，因此二者的战斗结局也非常相似。

一名年轻的意大利军官埃吉斯托·科拉迪（Egisto Corradi）亲眼看到，一辆红军坦克从一门反坦克炮（这在他的部队里可是稀罕物）上碾了过去，然后朝着他的方向猛冲过去。科拉迪赶忙跳进一道壕沟。当这辆坦克从壕沟上方碾过去时，他抬头看了看坦克的底部。科拉迪对此回忆道："'必须堵住这辆坦克，不能让它继续前进了'，这是我当时脑海中全部的想法！那是一辆美制谢尔曼坦克，也许它已经出了故障，或者被击中了。它在30步外的地方停了下来。我们马上就爬到它的上面，用我们的枪野蛮地敲打着它的装甲。我们大喊'出来'！里面的苏联坦克手回答的是'不'！我们就像醉鬼一样，心中充满了骄傲和愤怒。"

德国人也不得不在遭受掣肘的情况下作战。一位德军战斗群的指挥官决心摧毁一座位于苏军部队集结地中心的房子：

经过不断请求，我终于征得团里同意，可以发射六枚炮弹，并与步兵炮长一起指挥发射。第一炮打得太近，因为炮管还是冷的。接下来的几发炮弹都落在了目标周围……不幸的是，我们的弹药太少，以至于发射弹药必须先得到上级批准，而且只能朝一个有价值的目标射击……因此，我们不得不在没有击中房子的情况下中断射击，但打了这几发炮弹，我们已经感到很享受了！

年迈无能的意大利第 8 集团军指挥官伊塔洛·加里波第，先前对希特勒试图用德军部队来"束缚"其师的做法感到愤怒，此时却拼命地要求德军增援他。但德国人也束手无策，因为每名士兵、每辆坦克和每门大炮都远在南方，都在曼施坦因手里。加里波第唯一可用的部队是他自己的预备队，即"第 156 维琴察步兵师"。因此，他通过无线电向该师的师长埃特尔沃尔多·帕斯科利尼（Etelvoldo Pascolini）发出命令，要他率部前进。这是不可能完成的任务。"维琴察"师只有两个兵力不足的团，而不是通常的三个团，而且这两个团的兵员都是按照在后方执行安全任务而非前线战斗任务进行训练和装备的，还都是些中年预备役军人。在没有一辆卡车的情况下，帕斯科利尼的士兵只能在白雪茫茫的原野上跋涉，根本不可能及时抵达前线并帮助他们陷入苦战的战友们。

从那时起，德国人就像对待天王星行动中的罗马尼亚人一样开始宣扬一种"标准说法"，即意大利人在遭受攻击的第一时间就逃跑了，但这种指责是没有事实依据的。12 月 18 日，即使"拉文那"师和"科塞里亚"师的应征者们正在为自己拼命战斗时，德国国防军最高统帅部的一名参谋对意大利外交部部长加莱阿佐·齐亚诺伯爵提出的关于意大利的损失问题回答的也是"根本没有损失。他们从未停止逃跑"。

事实上，直到 12 月 19 日，也就是被称为"小土星行动"（Operation Little Saturn）的攻势发动后的第三天上午，由于"拉文那"师和"科塞里亚"师损失过多，意军战线不可避免地陷入崩溃，苏军才取得突破，随着意军战线被苏军全面突破，而且这一缺口又得不到任何部队的填补，苏军便乘胜追击，把整个意大利第 8 集团军击溃。很快，精疲力竭、饥肠辘辘的意大利人开始在雪地里向西撤退，不顾一切地想要抵达安全地带。第 4 库塞恩山地师的维尼罗·马尔桑（Veniero Marsan）少尉描述了他的勤务兵奥塔维奥（Ottavio）的遭遇：

在某个时刻，奥塔维奥干脆不走了。他坐在雪地里，一动不动。我叫他起来。

我告诉他，如果他待在原地，他会死的。但他没有回应。我打了他的脸，对他大喊大叫，让他站起来，行动起来，救自己。但他还是没有回应，一动不动地，就像一座雕像……我们把他带到一间俄罗斯农民的小屋（isba），那里至少有20名士兵躺在地上，他们也受了不同程度的伤。我们知道这些人已经无法忍受痛苦了，他们在这种状态下很快就会死。

柏林方面终于意识到这场正在上演的灾难，便从中央集团军群派出了为数不多的增援部队，试图阻止这场溃败。第299步兵师的汉斯·罗斯（Hans Roth）参与了东线的全部战役。一年前的秋天，他所在的师曾作为第6集团军的一部分参加了攻占基辅的战役，随后又被转派到中央集团军群。此时，该师再次被派往南方。到达前线后，罗斯没有心情为其盟友正名——"我很清楚，这些人正在后撤，他们正在逃跑……他们的脸吓成了黄色，估计他们的裤子里也好不到哪去"。但即使是罗斯也能看出，这种怯战行为在意大利人中并不普遍，有些人仍在"疯狂地试图重建阵地，以便将那些正在逃跑的人重新集结起来"。

意大利人遭受了灾难性的损失。在蓝色行动开始时，炮兵上尉乌戈·雷塔尼（Ugo Reitani）拥有230个人、160头骡子，还有在前往苏联时足以装满一整列火车的大炮和装备，但此时的他发现自己只剩"14个人、13头骡子、几支没有子弹的步枪、几把手枪和满腔的怒火"。事实上，整个意大利第8集团军的状况都很堪忧。以"特伦蒂纳"山地师（Tridentina division）为例，该师之前的兵力达到了17000人，但此时只剩不到4500个被冻得半死不活的人。该师师长路易吉·雷凡贝里（Luigi Reverberi）记录道："我的军官和山地兵们都很努力，但很多人都失踪了。我们师与其他师形成了鲜明对比，那些师的人大多成了俘虏，而我的人非死即伤。在尼古拉耶夫卡（Nikolayevka），仅一天之内，我就失去了40名军官。"一些意大利人会继续撤退，直到来年的2月。其中，一位名叫努托·雷维利（Nuto Revelli）的意大利人，描述了他们是如何"崩溃，生病，不同程度地冻伤，不停地腹泻"的，他们此时"只是一群手无寸铁的人……什么都做不了"。

随着轴心国的北部战线被撕开一个巨大的口子，曼施坦因深知与第6集团军会师并将其拯救的通道正在迅速关闭。12月18日，曼施坦因抵达了距离"口袋"只有约35英里的地方，他请求希特勒命令保卢斯尝试发起突围。拉斯滕堡方面没有任何回应。在接下来的三天里，当顿河集团军群顽强地维持着现有阵地时，曼施坦因反复请求希特勒，保卢斯则苦苦等待着"雷鸣"这一突围信号。这期间究竟发生了什么？

答案就在一段被速记员记录下来的讲话中。这是当冬季风暴行动进行时，希特勒于 12 月 12 日举行的每日军事会议上作的讲话。会议上，蔡茨勒想要证实，曼施坦因的目的是否在于帮助保卢斯的集团军撤离伏尔加河河畔的阵地。这位独裁者回答道："在任何情况下，我们都不能放弃（斯大林格勒）……如果我们放弃它，我们就再也赢不回来了，这场战役就失去了所有意义。"

希特勒不赞成撤军。在他看来，曼施坦因应抵达保卢斯的阵地，并帮助保卢斯守住这座城市，直到春天再次发动攻势，以恢复整个南部战线。不用说，这个要求对保卢斯而言是闻所未闻的，对曼施坦因来说更是。不过，保卢斯本人倒不觉得有什么迫切的理由需要果断采取行动。到这时为止，希特勒的部队已"凑不齐同花顺"了。保卢斯从来都不是一个能在指挥部中拜访部下，或者到前线去激发士兵信心和提振部队士气的将军。越发被动的他让施密特承担起越来越多的日常指挥责任，自己则专注于无关紧要的繁文缛节。"我亲爱的将军，首先请允许我为这张纸的质量和这封信是手写的而道歉"，这是在前线最危急的时刻，保卢斯发给曼施坦因的一封公函的开头。

那么石油呢？那么蓝色行动宣传的夺取高加索油田这一目标呢？此前，希特勒一再强调如果没有这些油田，德国的战争机器就会耻辱地停止运转。迟至 11 月 28 日，就在希特勒将德军作战目标的惊人转变告知蔡茨勒的两周前，这位独裁者与正在为冬季风暴行动做准备的曼施坦因将军通过电话。当希特勒拒绝了曼施坦因将 A 集团军群划归他指挥的请求时，这位恼怒的将军反问道："我的元首，请告诉我 A 集团军群应该在高加索地区做些什么？"希特勒不耐烦地回答说："这个问题事关占领巴库，陆军元帅。除非我们得到巴库的石油，否则战争就失败了……如果我不能再为你的行动提供石油，陆军元帅，你将无法做任何事情！"此时，这个万能的理由又被搁置在一边。希特勒完全抛弃了整个进攻的最初目标，而高加索地区发生的一切都变成次要的了。斯大林格勒，而且只有斯大林格勒，才是此时的重中之重。

威廉·霍夫曼在他的日记中提了一个问题。他写道："我们一直等待着突围命令，但由于某种原因，命令已经拖了很久。难道说，曼施坦因要来的事不是真的？这比任何酷刑更折磨人。"沮丧的前线士兵们不知道，第6集团军全体官兵的希望即将因他们指挥官的性格而全都化为泡影。

　　德国空军使出浑身解数，继续空运物资。在截至12月23日的四天时间里，由于曼施坦因一再要求实施"雷鸣"突围，菲比格的运输机部队以平均每天近270吨的运输量向"口袋"内运了1077吨重的物资——这是迄今为止德国空军表现得最佳的一次，特别是考虑到最后两天飞行架次因大雾弥漫而减少的情况。不过，比起每天运输量最少为300吨这一"魔幻数字"，每天270吨的运输量还是较少，这些补给对保卢斯来说仍然不够。保卢斯告诉希特勒和蔡茨勒，他的燃料最多只够突破15到20英里。他把责任完全归咎于德国空军，说如果没有额外的1000吨燃料，他将别无选择，只能留在原地。保卢斯甚至向一名德国空军飞行员抱怨说，自己的手下已经四天没吃东西了，有人看到他们"扑倒在一匹马的尸体上，砸开它的头，生吃它的脑髓"。⁴然而，保卢斯不太可能亲自看到这一景象，因为他愈加倾向于待在自己的总部，足不出户。事实上，他与盛气凌人的参谋长阿瑟·施密特在大声谴责德国空军的同时，却没有胆量亲自去一趟皮托姆尼克机场，看看空运的实际情况。对这两人来说，那是德国空军的责任，与他们无关。

　　沃尔夫拉姆·冯·里希特霍芬在其日记中明确地表达了他对当时形势的看法，他写道："我不再给耶舒纳克打电话，因为我所有的建议都被否决了……我现在只发电报……我请求上级给我下达命令，因为最近我只收到批评而非命令。可能他们也不知道究竟该做什么。"

　　在这种有毒的气氛中，曼施坦因于12月23日（星期三）最后一次恳求希特勒下达"雷鸣"突围命令，但再次遭到断然拒绝。曼施坦因说道："我不明白你在开什么玩笑！保卢斯的汽油最多只够行进15至20英里。他自己说，他目前还不能突围。"曼施坦因不得不承认，他的部队虽然距离"口袋"只有35英里远，但无法继续前进了。没有征得希特勒的同意，曼施坦因也不愿意独自批准"雷鸣"突围。在纳粹德国最高指挥层中，每个人都希望避免做出艰难的决定，并把矛头指向别人。至于希特勒，他不想放弃斯大林格勒，也不愿被迫承认其整个战略都是失败的，而且只要他的高级将领们拒绝联合起来形成一条统一战线，他还可以继续玩弄在过去的20年里已被他玩得炉火纯青的"分而治之"的政治把戏。曼施坦因——战后经常被说成是德国国防军最伟大的战略家和希特勒最激进的批评者——温顺地接受了希特勒的反对意见，也没有彻底验证这一意见，而是任由保卢斯毫无根据的断言来作为支撑它的论点。

至少有一位将领试图改变希特勒的想法，那就是独臂装甲将军——汉斯-瓦伦丁·胡贝。表面上，胡贝从"口袋"里飞出来，为的是亲自接受希特勒授予的新荣誉，即为其橡叶骑士十字勋章再增添双剑饰。但实际上，他决心向希特勒施压，以便第6集团军尝试突围的请求得到允许。一位看到胡贝离开的德军步兵感到非常愤怒，说："一位高级军官带着两个箱子上了一架 Ju-52，然后这架飞机就带着他一个人起飞了！"此时，胡贝在他的元首面前提出了自己的理由，他说："每人每天的面包配给量，作战部队为 200 克，后方人员为 100 克。弹药贮备状况极其糟糕。我们的炮兵不再向敌人的阵地开火，只在抵挡敌人的进攻时才开火。"希特勒面无表情地听着，然后拒绝了胡贝，但承诺如有必要将尝试再次发起救援行动。据胡贝的朋友阿道夫·沃斯（Adolf Voss）回忆，当时的帝国部长马丁·鲍曼（Reichsminister Martin Bormann）"走到胡贝身后，说他应该下次再来进谏。胡贝回复道，该说的他都说了"。

决断权只能留给保卢斯自己了。毕竟，第6集团军受保卢斯指挥，他本可以下令突围并承担后果。早在 11 月 27 日，在保卢斯为商定如何应对包围而召开的高级将领会议上，塞德利茨-库兹巴赫——他本人是一位参加过同年早些时候的德米扬斯克战役的老兵——就敦促保卢斯"以狮子为例"，即让保卢斯参考卡尔·冯·利茨曼（Karl von Litzmann）将军于 1914 年在布热济内（Brzeziny）发起的那次著名突围。汉斯-瓦伦丁·胡贝坚定地宣称："突围是我们唯一的机会！"好斗的卡尔·斯特莱克对此也同样清楚。"我们不能就这样待在这儿等死"，埃尔温·亚内克和瓦尔特·海茨（Walter Heitz）由衷地赞同这一观点。亚内克甚至宣称："我们将像热刀子切黄油一样突破俄国人的包围。"他还回忆起保卢斯的导师，说在这种情况下，"赖歇瑙会打消一切疑虑"。但保卢斯平静地回答道："我不是赖歇瑙。"

的确，保卢斯不是赖歇瑙。保卢斯那位戴单片眼镜的前任在罗斯托夫战役中已经证明，如果他认为希特勒的"不撤退"命令是不明智的，他是愿意无视这位独裁者的命令的人，但保卢斯不是这种人。此时，差不多过了整整一个月，保卢斯仍没有提起勇气。他没有做出最艰难的决定，而是听取了怀疑论者的意见。其中的一些人就在包围圈里，比如格特·法伊弗（Gert Pfeiffer）：

我知道已经不可能把所有伤员都空运出去了。逃出去，把剩下的伤员留在原地？那德国军官和医生们就再也得不到信任了！我们的大多数士兵根本无法携带武器和弹药徒步冲出"口袋"，也无法战胜敌军的围城部队，并占领阵地……我军的绝大部分人都太虚弱了，而且轮式车辆也缺乏。

保卢斯以缺乏燃料和不愿把伤员留给"温柔仁慈"的苏联人为由，一本正经地坐在那里，象征性地签署了整个集团军的"死刑执行令"——他自己连拿起笔的勇气都没有。

第二天，在苏联无情的压力下，曼施坦因别无选择，只能撤退。冬季风暴行动失败了。一位来自第71步兵师的前线士兵写道："陆军公报报道说，曼施坦因的部队已被敌军包围，不得不付出惨重的代价，向南杀出一条血路……这就是我们的结局。第6集团军被舍弃了！"威廉·霍夫曼陷入了绝望，他写道："俄国电台已经宣布了曼施坦因的失败。摆在我们面前的只有死亡或被俘。"另一名士兵写道："冬季风暴行动、从'口袋'内突围都已化为泡影……战争以来，我第一次崩溃并哭了"。

尽管这位年轻的萨克森士兵对事情的全貌了解有限，他的肺腑之言却显得异常真实。

在曼施坦因叫停冬季风暴行动的前一天，红军仍在向前推进的前锋距离菲比格在塔钦斯卡亚实施空运的主要枢纽仅剩几英里。这就印证了一句俗话：大难临头时，往往祸不单行。德国人在塔钦斯卡亚机场附近几乎没有部署什么守军，但顽固的戈林拒绝及时疏散这座机场。结果，灾难不可避免地发生了。平安夜早上5点20分，苏军坦克发射的炮弹在塔钦斯卡亚机场的北部边界接连咆哮，不断爆炸。恐慌在德国空军机组人员中迅速蔓延，他们争先恐后地驾机起飞，炮弹和子弹就从他们周围呼啸而过。在一片混乱中，两架容克运输机在拼命爬升至半空中时相撞，其他几架在起飞前就撞在了一起，还有几架在滑向跑道时被炮火击中并燃起大火。令人难以置信的是，约有108架Ju-52和16架Ju-86成功逃离了机场。一架由陆军通讯军官洛伦兹（Lorenz）上尉驾驶的Ju-52降落在大约80英里外的新切尔卡斯克（Novocherkassk），而洛伦兹既没有飞行执照，也没接受过任何飞行训练。当天深夜，洛伦兹就从沃尔夫拉姆·冯·里希特霍芬本人那里获得了一枚荣誉飞行员奖章。

洛伦兹的惊人举动无法掩盖德国空军巨大的损失。共有24架Ju-86和22架

Ju-52 被摧毁，另外还有 20 架等待维修的飞机不得不被遗弃。[5] 菲比格的主力空运部队有大约四分之一的运输机，以及大量的零配件、维修车间和维护设备都已荡然无存。另外，机场储备的数百吨本应送到第 6 集团军手里的弹药、燃料和食品也被苏军俘获。也许，最重要的是，菲比格不得不重新实施空运行动。这次，菲比格他们又向西后退了 100 英里，这就使其运输机不仅要飞行更长时间，也会消耗更多燃料。难怪菲比格在平安夜写道："我已筋疲力尽，所以我早早就上床睡觉了，甚至错过了将军（里希特霍芬）的圣诞访问。"

德国人永远失去了塔钦斯卡亚机场。12 月 28 日，该机场曾被他们短暂夺回，但三天后就被彻底放弃。莫洛佐夫斯卡娅机场也陷入了困境，该机场面临着苏联坦克的威慑，时刻都可能被苏联人夺回。意大利第 8 集团军在米列罗沃的主要补给基地同样被苏军攻占，而约翰内斯·考夫曼当时正从附近的一座机场起飞。对此，考夫曼写道："突然间，一大批装甲车辆从我们下方的黑暗中现身，我们立即遭到猛烈的火力攻击……附近的米列罗沃镇成了一片火海，我们被敌人包围了……为了象征性地展示我们已经做好了军事准备，上级命令我们据守一条沿着机场东部边缘挖的狭长战壕。"

平安夜，传统上是德国人一年中最欢乐的节日。保罗·沃特曼和他的战友们决心在斯大林格勒也好好过个平安夜，他告诉家人说："我们三个人庆祝了一下，尽管我们没有一棵冷杉树，但我们度过了一个美好、庄严而又快乐的圣诞节。我们的盘子都盛满了，甚至比我们现在的肚子还满，我们肚子塞满了糖果、饼干、脆饼，还掺杂着烈酒和咖啡豆。"[6] 沃特曼的圣诞大餐听起来像是一份愿望清单，而不是现实。相比之下，汉斯·克拉姆弗斯的圣诞食物更符合包围圈内的实际情况，他写道："一支马车部队的士兵们问，他们是否可以在我们的厨房里宰杀两匹小马。他们已经与大部队分开，也没有自己的厨房设施。我们的连级军士长允许了。作为回报，我们得到了一个舌头和一个肝脏。虽然食物不多，但我们还是很享受。"卡尔·瓦格纳（Karl Wagner）在战前是一名推销员，他写信给远在柏林的妻子，描述了那个平安夜的情景：

平安夜到了，与平时相比，我的思绪更多地萦绕在我爱的人身上。我好像看到你装饰的可爱的圣诞树就在面前，我们的小家伙睁着大眼睛，惊奇地看着那些奇妙的彩灯，卡尔海因茨可能收到了一大堆漂亮的礼物，而且非常高兴吧，即使他的爸爸这次什么也给不了他……我今晚的愿望是，你们能健康、安宁地度过这个节日，我也希望有朝一日能够再和我挚爱的人一起庆祝这个节日。我知道你的思念会一直伴随着我，尤其是今晚，所以我们至少在精神上是相通的……我们的处境仍然有些艰难……我们仍被困在一望无际的俄罗斯大草原上，这里十分荒芜，现在又被一层积雪覆盖，刺骨的寒风正吹个不停。我们 14 个人挤在一个地洞里……可以抵御些许寒气和冷风。今天的天空阴沉沉的，会下更多雪，连指明回家方向的星星都隐没不见了……我们没有收到任何礼物，甚至一棵圣诞树也没有……对我们来说，后勤供应方面存在巨大问题，尤其是弹药和最重要的食物都极度短缺。[7]

奥托·盖蒙登（Otto Gemünden）是德国国防军中少有的人物，尽管他只是一个卑微的军士，他的脖子上却戴着骑士铁十字勋章。10 月，盖蒙登仅凭一己之力就挫败了苏联坦克针对斯大林格勒"口袋"北部边界的进攻，从而获得了那枚勋章。当时，盖蒙登也受了伤，只能搭乘飞机飞离"口袋"去后方治疗。不过，他又于 12 月 6 日飞回"口袋"，并重返岗位。作为沃尔夫冈·皮克特指挥下的第 9 高射炮师的一位军士长（Wachtmeister），盖蒙登目睹了前线的景象——"供给越来越少，每个人身上都爬满了虱子"。平安夜也只带来了些许安慰，"只是在平时就很匮乏的配给中添了点儿糖果，还有六到八棵用绿纸精心折叠而成的小圣诞树"。不过在平安夜，德国士兵们至少没有受到红军炮火的打扰，他们"热情地唱着《平安夜》这首圣诞颂歌"。[8]

令人难以置信的是，一些德军前线士兵仍然对宣传部门向他们灌输的内容深信不疑。一个名叫科腾巴（Kotenbar）的技术军士充满信心地说："元首说'我们将拿下斯大林格勒'，你永远可以相信他，他说到做到。"[9]迪特里希·戈德贝克（Dietrich Goldbeck）是第 60 步兵师（摩托化）中的一名专职工兵，他回忆道，他的指挥官莱曼（Reimann）少校在平安夜前来巡视阵地，"分发香烟、巧克力和一些白兰地。（气氛是）无忧无虑、快乐和充满希望的……没人想到被围部队会迎来一个悲惨结局"。卡尔·沃尔夫这个奥地利前线步兵就不那么乐观了，他说："他们（苏联人）用扩音器给我们播放了《平安夜》《圣诞树》，以及其他来自祖国的颂歌和赞美诗。没有一个士兵不迫切希望自己能够回家跟亲人团聚。"不过，德国人的确有些走运，"那晚没有爆发战斗"。一位在临时教堂内刚做完礼拜，经过一堆堆尚未掩埋的尸体，走回自己掩体的后勤军官说："在过去的几周里，我们所有人都开始考虑这一切的结局……"

由于塔钦斯卡亚机场失守，圣诞夜当天没有一架飞机降落在皮托姆尼克，也没有一发炮弹、一枚子弹、一桶燃料或一丁点食物被送进"口袋"内。第 6 集团军正被消磨殆尽——自从 11 月 23 日遭到苏军包围以来，该集团军在一个月内就伤亡了 28000 人。阿瑟·施密特仍然坚定地抱着草原上会出现某种奇迹的幻想，他在集团军的战争日志中写道："食物和燃料即将耗尽……士兵的体力正在迅速下降。"此时，最新的配给名册显示，"口袋"内只有 40000 名前线作战步兵，还有 13000 名被困的罗马尼亚人和 19000 名"希维人"。[10] 赫尔穆斯·格罗斯（Helmuth Groscurth）是第 6 集团军的一名参谋军官，也是反纳粹抵抗运动的早期成员。对于"希维人"，他写道："这真是一种奇怪的状态，一直与我们斗争的'野兽'，现在却与我们紧密和谐地生活在一起。"汉斯·克拉姆弗斯指出，在红军反攻后，他手下的"希维人"本可以回到他们以前的同志身边，但却表现出完全相反的倾向。克拉姆弗斯回忆道："我试图让他们明白，他们现在是自由的，因为（他们）自己的人已经到了。令我惊讶的是，这些话并没有得到他们的认同，他们反而催促我把他们带走。我同意了，他们上了卡车。这时突然又来了十个想上卡车的'希维人'。"部署在"口袋"北部边界的一名军官指出，他的师"据估计，只有约 5000 名战斗兵员，其中的 1000 人都是'希维人'"。

"希维人"和德国人之间的关系很复杂。从个人层面来看，很多德军士兵都将这些原红军士兵视为兄弟和真正的战友，愿意与他们分享自己仅有的一点东西，但同时又认为他们是可以被牺牲的炮灰。在这一点上，整个东线德军都差不多，不论是斯大林格勒的守军，还是他们从前在其他地区作战的同胞，他们都是这样对待"希维人"的。埃里希·冯·洛索（Erich von Lossow）是理查德·斯坦佩尔指挥的第 371 步兵师的一名通讯军官。当苏军发动天王星行动，第 6 集团军被团团包围时，洛索在日记中记录了他决定撤回"口袋"的情况，而这则日记典型地反映出德国人的那种道德矛盾：

分发储存的燕麦，宰杀所有不能套上单马挽具的马匹，把它们都给"希维人"

吃……如果他们中有人趁火打劫或叛变，那就将他们枪毙。（一天后）"希维人"现在只能分到四分之一的午间口粮，没有面包，只有一次咖啡——从那时起，他们中的大多数人就只能以之前一半的速度工作了。

从许多方面来看，用"主人与心爱的宠物"来描述德国人与"希维人"之间的关系或许最为恰当。但不可否认的是，如果没有"希维人"，德国人在斯大林格勒"口袋"乃至整个东线都不可能坚持这么长的时间。

这时，圣诞节即将来临，曼弗雷德·弗莱赫尔·冯·普洛托的心思都在他的妻子身上：

平安夜，我的思绪经常自然而然地飘向你……我无法下定决心写那种刻意的告别信……你那里收藏了很多我写的长信，而且你对我非常了解，我也没有必要写一封"悲惨"的告别信……我知道，你会为我好好地抚养孩子们，我不必担心……或许，我还会给你写一些关于抚养孩子们的想法，毕竟……图奇，下次我们见面时，会有很多话要谈。[11]

对卡尔·恩宁霍夫而言，平安夜带来了一丝喜悦，因为这位前面包师和他的战友们收到了"意外惊喜"，那是一份圣诞节礼包——"军中小贩把所有库存都拿了出来，我们得到了40支香烟、3块巧克力和一些杜松子酒"。德军暂时获得的喘息机会并没有持续多久。对此，恩宁霍夫告诉父母说："前线相对平静，但那是暴风雨来临前的平静。25日上午，俄国人发动进攻，他们想以连为单位突破我方防线。然后，我们这里突然警报大作。所以你们可以想象得到，我们立即就对庆祝圣诞节这事变得兴趣全无了。到了中午，前线又基本安定下来。现在，你们知道我们在这里过的是什么样的圣诞节了吧。"[12]

萨克森炮手鲁道夫·奥胡斯的心情和恩宁霍夫的心情差不多，但他努力地保持平静：

每个人都发了半瓶起泡酒、350克的巧克力、一根香肠和一些烟……我和其他五个战友坐在我们的掩体里，看着俄罗斯荒凉的冬季景色……现在是我们彼此分开度过的第二个圣诞节，两年前谁会想到是这样呢？但有什么办法呢……我们确实该解脱了，但究竟是什么时候呢？

或许和这个炮手战友一样，齐格弗里德·克纳普（Siegfried Knappe）也很忧郁，但在那个命运攸关的圣诞节，幸运女神眷顾了他。10月，这位年轻的炮手在第三次负伤后被送回国内接受治疗。回国后，他却发现"家里什么都缺，特别是……肉、咖啡、茶、巧克力等等，情况开始变得更糟……现在战争进展不顺利，人们就更加憎恨物资短缺。国内民众似乎变得愈加胆怯和萎靡不振了"。到了12月，克纳普已恢复得足够好，可以被送回前线了——"斯大林格勒亟需增援。我的新任务是向第6集团军报到"。圣诞节当天，克纳普抵达罗斯托夫，并前往当地的运输办公室，却被告知"必须在这里待上一段时间，俄国人已经包围了第6集团军……现在进去的唯一途径是搭乘飞机。但天气恶劣，除了运送弹药和转运伤员的航班没有停飞，其他所有航班都已停飞"。[13] 实际上，那个圣诞节被运进斯大林格勒的弹药只有7吨，而从里面运出来的伤员也寥寥无几。

克纳普将留在罗斯托夫，继续数他的幸运星。22岁的汉斯·施陶丁格（Hans Staudinger），一个来自巴德·温巴赫（Bad Wimsbach）这座美丽小城的奥地利人就没那么幸运了。当"口袋"形成时，施陶丁格在德国空军著名的第2殷麦曼对地攻击联队中当屠夫。当时，该部队就驻扎在斯大林格勒附近，施陶丁格眼睁睁地看着飞行员和技术员搭乘飞机前往塔钦斯卡亚机场，而他和其他几百名被认为是"不重要"的地勤工作人员一起被编入特别设立的"殷麦曼营"中服役并被派到前线，他们"在那里，躺在散兵坑里，操着一挺着MG42机枪（在盟军中的绰号为'施潘道'）。几天来，施陶丁格几乎没有吃什么东西，"只得到一些马肉和面包汤"。那个圣诞节让他喜出望外的是，他从姐姐那里收到了"一千克装的冷冻苹果"，他和其他人"马上就把苹果吃得一干二净"，尽管他们听到红军的扩音器播放着邀请他们所有人的广播："过来吧，你们每天都会得到一条面包，别忘了带上你们的饭盒！"[14]

倍感困扰的德国人其实也采取了与红军一样的策略，即利用"希维人"来引诱其以前的红军战友叛逃到自己这里——"你们都应该离开，德国人会给你们很好的食物和待遇的。继续留在俄国那边，无论发生什么，你们都会死的"。

保罗·皮珀（Paul Pieper）更是不幸。在"口袋"形成的前一天，他刚刚完成训练，加入了部队。作为一名新兵，皮珀就"在包围圈西端、面向大草原的一块开阔的田野上"经历了为期数周的惨烈战斗。然后，他所在的部队"在一次猛烈的攻击中，几乎全军覆没"。皮珀几乎是唯一的幸存者，他回忆道："我和一个战友躺在一个约50厘米深的炸弹坑里。我的手臂受伤了，它僵硬、肿胀。我再也无法挥动它了。我的战友当场阵亡。"

在柏林，为了鼓舞士气，宣传机构一直忙个不停，并且还为全国民众安排了一通来自前线将士的圣诞问候广播。"环形广播"响亮而清晰。广播中，有来自大西洋寒冷水域的U型潜艇艇员的问候，有来自突尼斯的非洲军团的一支部队的问候，还有来自大西洋防线（Atlantik Wall）的一些驻军的问候。接着，通过噼里啪啦的无线电连接，播音员自豪地宣布："现在，这里是斯大林格勒。"一阵士兵们欢快的合唱声从"伏尔加河前线"传来。最后，所有部队都突然唱起《平安夜》这首经典的圣诞颂歌。然而，这是一出大师级的戏，是一场彻头彻尾的骗局。帝国宣传部伪造了这一切。

一位真正身处斯大林格勒的年轻军官写信给他的母亲说：

尽管如此，这棵小树还是充满了圣诞的魔力和温馨的家庭气氛，以至于刚看到点燃的蜡烛，我都忍不住想哭……我情绪崩溃了，不得不背过身去。一分钟后，我才能和其他人一起坐下来唱颂歌……

注解

1. Busch, Reinhold, *Survivors of Stalingrad – Eyewitness Accounts from the Sixth Army, 1942-43*, p.149.

2. 引自曼弗雷德·弗莱赫尔·冯·普洛托写给妻子的信，编号为 3.2008.2195。

3. Koschorrek, Günter, *Blood Red Snow*, p.100.

4. Irving, David, *Hitler's War*, p.478.

5. Hayward, Joel, S. A., *Stopped at Stalingrad – The Luftwaffe and Hitler's Defeat in the East 1942-1943*, p.272.

6. 引自 1942 年 12 月 24 日保罗·沃特曼写给家人的信，编号为 3.2002.0935。

7. 引自卡尔·瓦格纳写给妻子的信，编号为 3.2002.7105。

8. Busch, Reinhold, *Survivors of Stalingrad – Eyewitness Accounts from the Sixth Army, 1942-43*, p.50.

9. Neitzel, Sönke, and *Welzer, Harald, Soldaten*, p.217.

10. Mitcham, Samuel W., *Hitler's Field Marshals and their Battles*, p.237.

11. 引自曼弗雷德·弗莱赫尔·冯·普洛托写给妻子的信，编号为 3.2008.2195。

12. 引自 1942 年 12 月 25 日卡尔·恩宁霍夫写给他父母的信，编号为 3.2008.1388。

13. Knappe, Siegfried, Soldat: *Reflections of a German Soldier*, p.254.

14. Busch, Reinhold, *Survivors of Stalingrad – Eyewitness Accounts from the Sixth Army, 1942-43*, p.242.

饥饿与红军

第十二章

12 月 21 日，星期一，第 6 集团军报告了第一起士兵饿死案。当时，一位伯恩哈德·施泰因梅茨率领的第 305 步兵师的军官，因被调到西边的另一支部队而和他的勤务兵一起从路障兵工厂出发。出发时，天气像往常一样寒冷，这位军官看到自己团里的一名士兵蜷缩着身子坐在一处残垣断壁旁，就本能地停下脚步，问那名士兵是否还好。那名士兵含糊不清地回答说自己很好，但很累。由于担心这名士兵受了伤而他自己却不知道，军官与其勤务兵就一起扶起这名士兵，把他半抬到了附近的救护站。医生给士兵检查了一下，没有发现明显的伤口，但他的状态显然很糟。一小时后，这名士兵平静地死去了。困惑的医生对尸体做了进一步检查，确定了死亡的原因——饥饿。

陆军最高司令部不愿相信这样的报告，于是从柏林派了一位高级病理学家到"口袋"内去查明真实死因。这位著名的病理学家从斯大林格勒城内的一个临时停尸房中挑了几具尸体，并将其解冻，以便进行尸检。接下来的发现令他大惊失色：

皮下组织和内部器官周围几乎没有一点脂肪；肠系膜中有水样胶状物；器官的颜色非常苍白；骨髓不是红色和黄色的，而是呈透明的啫喱状；肝脏充血；心脏小且呈褐色，右心室和右心房严重扩张。

这些都是饿死的典型迹象。与此同时，在拉斯滕堡，情绪明显焦虑不安的阿道夫·希特勒正就库尔特·蔡茨勒的饮食习惯与其展开对质。自约德尔在关于进军高加索出现延误的争论中站在李斯特一边后，元首就不再和他的高级幕僚们一起吃饭了，他更喜欢一个人用餐，但即便如此，他还是能看出，中年蔡茨勒的身材正在迅速萎缩。随着蔡茨勒的军服日渐宽松，他告诉希特勒，自己体形突变的原因在于他和困在斯大林格勒的人吃着同样的口粮，以示他对处于困境中的人的同情。效果是惊人的，蔡茨勒在短短几周内就减掉了 26 磅体重。在知晓蔡茨勒对第 6 集团军官兵的支持后，里希特霍芬在日记中尖刻地评论了自己的上司，他写道："花一点时间在'口袋'内，有助于改善他（戈林）的形象。"与以往一样，从不愿意面对难堪真相的希特勒被迫承认了蔡茨勒的观点。为了掩饰认输，希特勒宣布在总部禁止饮用干邑和香槟，以表示支持被困的部队，然后又命令蔡茨勒立即停止现有饮食。

"口袋"内，汉斯·克拉姆弗斯看到"大多数人的脚都冻伤了，许多人没鞋穿。

他们用破布和帐篷帆布条来裹脚、御寒……口粮已经好几天没有配发了"。当配给终于送来的时候，头一天的"汤已冻成冰块，所以得将它解冻"。寒冷难耐，他们"唯一能保护头部的东西就是在钢盔下面垫一层薄薄的衬帽。士兵们用破布给自己缝了手套"。接下来，克拉姆弗斯以一种娴熟的、轻描淡写的方式写道："总之，这真是糟糕的一天。"

回到罗斯托夫后，齐格弗里德·克纳普每天都向空军基地查询，看能否搭上飞往斯大林格勒的飞机，"但天气仍旧很糟"。[1] 约阿希姆·海尔（Joachim Heil）是亚历山大·冯·哈特曼指挥的第 71 步兵师的一名军官。在结束探亲假，重新回到苏联后，海尔决心找到一条进入"口袋"的路。负责运输的军官明确告诉海尔，如果他没有接到命令就飞进"口袋"，他可能会受到军事法庭的审判，甚至可能被处决。海尔和他的两个同僚便冒着风险，设法登上了一架亨克尔 He-111 型轰炸机——"我找到了一个机组，他们的机枪手受伤了，他们准备让我来接替他。不幸的是，这名机枪手带走了降落伞，所以我不得不在没有降落伞的情况下飞行"。海尔对自己的决定感到后悔，因为他不得不忍受"口袋"内的噩梦和随后的长期监禁，但跟他一起进入包围圈的两个同伴的情况更糟糕——"阿诺·沙夫博士（Dr Arno Scharf）后来死在了战俘营，而我至今仍不知道詹森（Jensen）少尉的命运。我自己直到1949 年才被释放"。

恶劣的天气给空运行动造成沉重打击。随着塔钦斯卡亚机场被苏军夺回，马丁·菲比格将他的主力 Ju-52 机群转移到了萨尔斯克（Salsk）机场，而 He-111、"秃鹰"和其他各种轰炸机和运输机需要从新切尔卡斯克机场起飞。两个机场都位于更远的西部，这不但增加了飞行时间，消耗了更多燃料，还减少了有效载荷。迈克尔·戴姆尔就需要从新切尔卡斯克机场起飞，他回忆道：

我们现在只执行补给任务。我们空投了无数箱的粮食和袋装面包，然后着陆去接伤员，偶尔还接战地记者或被击落的机组人员。（在一次任务中）我们于 7 时 45 分从新切尔卡斯克机场起飞，于 9 时 55 分在皮托姆尼克机场降落，那儿有大量受伤的德国士兵……我们开始卸下食品箱，还有 20 袋大面包，并在一些"托特组织"人员的帮助下分发它们。之后，八名伤员和一名战地记者登了机。

像这样将伤员顺利运送至戴姆尔驾驶的飞机的过程绝非常态，转运伤员这项工作正变得愈发困难，因为地面上这些忍饥受冻的士兵已经绝望了，他们意识到自己唯一的生存机会就是登上一架飞机。早在11月苏军发起天王星行动之时，安德里亚斯·恩格尔就已受伤。从那以后，他一直"躺在一个原始、寒冷的小棚子里……由于没有得到合适的治疗，伤口患上了蜂窝织炎（软组织的化脓性感染）……每天的口粮都在减少，主食是一片面包，偶尔有点马肉汤。士气跌到了谷底"。在绝望中，恩格尔爬出了临时搭建的庇护所，他不记得怎么招呼了一辆路过的卡车并把他带到了皮托姆尼克。"这里的人多得难以想象，我的希望化为了泡影，"但幸运女神对恩格尔露出了微笑，他说，"第二天早上，一架飞机在机场降落。由于有众多枪口指着这架飞机，为了避免遭到攻击，机组人员只能停下发动机，等待伤员进入。作为一个身负重伤、不能行走的人，我很幸运地在机舱内得到一个位置，然后飞出了包围圈。"1944年12月，恩格尔在意大利北部的战斗中再次负伤。

鉴于萨尔斯克机场的基础设施已不堪重负，为缓解其压力，一些Ju-52运输机被安置在兹韦列沃（Zverevo）。对于这里，航空运输专家弗里茨·莫尔齐克（Fritz Morzik）上校轻蔑地描述道："这是一块空荡的场地，没有机库，没有宿舍设施……机场完全被积雪覆盖……建造掩体非常困难，因为冻土深达一米。"他没有提到的是，在苏联空军的空袭下，该机场周边的几座建筑物的窗户都被震碎了。这些建筑物此时正四处漏风，因此它们更是像冰窖而非避难所。

原先机组人员每天出动两架次的铁规此时成了白日梦，而且输送至"口袋"内的物资数量也变得极不稳定。在节礼日，被运进"口袋"的物资大约有78吨，第二天增加到127吨，第三天因天气恶劣而又减少到35吨。每天输送300吨物资的目标已成为遥远的记忆，而且这一目标从此时到空运结束前也只被实现过一次。

就在仅127吨的物资被空运到"口袋"内的同一天，愈发绝望的蔡茨勒向希特勒请求道："除非您现在下令从高加索地区撤军，否则我们很快就会面临第二个斯大林格勒。"这位独裁者像往常一样咆哮着反对蔡茨勒。但在第二天，希特勒的态度发生了惊人的转变，他勉强同意了蔡茨勒的请求，说："很好，你去下令吧。"

就这样，蓝色行动失败了。纳粹放弃了夺取高加索地区及其石油财富的计划。希特勒曾宣称没有汽油，他就必须结束战争，但这一点此时已被抛到九霄云外。这时候，一场竞赛已经开始，A集团军群必须趁着苏军还未切断高加索的退路并制造出一个"超级斯大林格勒"之前，赶紧从位于罗斯托夫的"陆地瓶颈"处撤出来。丹麦武装党卫军志愿兵伊瓦尔·科内留森记得自己奉命撤离高加索地区时的情景：

> 我们奉命北上，穿过卡尔梅克（Kalmyk）大草原。这是一段寒冷的旅程，积雪很深，也没有路，所以我们的车只能缓慢前进。那段旅程让我印象最深的不是寒冷，而是我们有一头猪——当然是一头死猪——挂在车的一侧，我们必须把它的肉用斧头砍下来后才能煮了吃——你看，它已经彻底冻硬了。[2]

维京师成员、高级突击队中队长（SS-Hauptsturmführer）施耐德（Schneider）也记得这次撤退及其在德军内部引发的全面混乱——"47000 套全新的冬季制服，还有来自国内一座仓库的崭新的坦克和车辆都被粗暴地点燃了"。[3] 在另一个城镇，施耐德回忆道："工兵们炸毁了铁路桥。很快，最后一批掷弹兵就撤走了……我们转过身去，最后看了一眼正在燃烧的城镇，也跟着掷弹兵向西离开了。"

科内留森和他的战友们走到了距离罗斯托夫不远的地方，然后他们发现：

> 有一个问题，陆路被切断了，所以我们不得不在亚速海的冰面上行走，以抵达城市的南部。我们都很担心冰层突然裂开，况且我们既遭到俄军大炮的轰击，又被俄军飞机袭击了几次，所以我们尽可能快地穿过了那处冰面。我们一到城里，我对这个地方印象最深的就是它的街道到处都结着冰。为了走动，我们有时不得不四肢着地，在街上爬行。食物也不好，我们一直吃着同样的肉和面包，没有蔬菜，所以我们很多人都得了黄疸病，看起来就像黄皮肤的亚洲人。他们经常给我们吃某种炖菜，把它倒在我们的饭盒里。然后，我们在饭盒盖子上放调味品或其他什么东西，当然还有几片面包，我们也喜欢把偶尔发的土豆放到侧盖里。

虽然这些食物可能不怎么开胃，但丹麦人至少得到了食物。在"口袋"内，来自赫尔穆特·施洛默（Helmuth Schlömer）指挥的第 3 步兵师（摩托化）的汉斯 - 于尔根·丁格勒（Hans-Jürgen Dingler）上校提到，"集团军允许屠宰 4000 匹活马，作为圣诞礼物"。由于几乎没有饲料，这些马大多瘦得皮包骨头，但从它们可怜的尸体上费力割下来的肉都被尽可能妥善地分配给了前线官兵。他们每人能分到两份马肉炸饼，以补充他们此时又被减量的午餐和晚餐（包括没有油荤的汤），以及每天仅50克的面包。然而，有些人不愿意等待他们应得的马肉配给，而是自己动手割取马肉，正如一位震惊的前线士兵亲眼见到的那样，他说："入口处，有一匹死去的草原矮马……很多人正试图从它身上割下一些嫩肉。其中一个人成功了，他用双手捧着一坨肉，试图咬下去。但他咬不动，因为他手上和脸上的血都结冰了。这可怕的一幕很久都留在我的记忆中。"如前文所述，坦克乘员、飞行员等一些特殊兵种本应得到更好的口粮，但这在"口袋"内引发了很大的不满，尽管如一名驻扎在皮托姆尼克的德国空军飞行员透露的那样，他们更多是因这种所谓的优惠待遇很少能兑现而得到尊重，而不是因其兑现而受到尊重的：

已经很长一段时间没有什么东西可吃了，我们这些飞行员每天只能得到一点点配给——七个人吃一条面包，三到四个人吃一听沙丁鱼罐头。吃了这些东西，我们可以驾机起飞和降落，但是不能急转弯，也不能与敌机缠斗，因为我们会头晕，然后什么都看不清了。

在罗斯托夫，科内留森和他的战友们得到了悉心照料——"由于我们中的许多人都生病了，我们都被送到军事野战医院（lazarett）去除掉虱子和洗澡，因为我们从高加索撤回来时都非常脏。他们给我们发了新制服，让我们服用了维生素片和葡萄糖，以帮助我们摆脱黄疸。经过几天的治疗，他们说我们全都恢复了健康，并将我们送回了团里"。与此同时，在斯大林格勒的情况是——"我们和15个人蹲在同一个地堡里……太挤了……一个人在洗澡，一个人在给自己除虱子，还有一个人在睡觉"。埃伯哈德·波尔（Eberhard Pohl）指挥的营曾在11月下旬的战斗中拼命阻止苏军到达皮托姆尼克，他此时高兴地收到了一封授予他和全营官兵骑士十字勋章的批准函，但更令他高兴的是，他收到了"一个用肮脏的牛皮纸包着的小包裹。这张纸上，保卢斯将军用铅笔写了几句表扬的话。包裹里有一些陆军烤粗面包和一听番茄酱鲱鱼罐头"。作为一名军官，波尔与他的手下分享了这些奖品。

此时，希特勒针对第6集团军公开讲话的语气突然发生了变化。他不再不断反驳突围救援，而是严厉命令保卢斯要"坚持战斗到最后一个人和最后一颗子弹"。

保卢斯的总部注意到了这种语气转变。威廉·亚当就此事当面质问他的上司。于是,感到局势正在明显恶化的保卢斯向他的下属们宣布:

如果我们派往高加索的军队也被敌军包围了,战争将会出现什么结果呢?这种危险是真实存在的。但是,只要我们继续战斗,红军就必须留在这里。他们需要将这些部队调往高加索地区和从沃罗涅日到黑海的仍不稳定的战线上,并对A集团军群发动大规模进攻。因此,我们必须把他们拖在这里,以便稳定东线。只有这样,战争形势才可能对德国有利。

赫伯特·赛勒是亚当在第6集团军总部的同事,也是战斗工兵司令。他发现自己接到了陆军最高司令部的指示,指示要求他率领手下尽快建造混凝土工事,以使第6集团军能够坚守到下一个春天。因为知道空运的状况,也知道要实现这一目标需要大量原材料,而最近的砾石矿远在亚速海的岸边,赛勒对陆军最高司令部的愚蠢命令怒不可遏,称他们犯了"彻头彻尾的、对当地情况一无所知的罪行"。

抛开德国陆军最高司令部的幻想,回到现实世界中,红军此时继续向西推进,并占领了一系列东线德军的通信中继站。在保卢斯的总部,电传打字机安静了下来。从这时开始,第6集团军只能通过无线电或信使携带书信与外界联络。

天气转晴后,空运又开始了。12月29日,德国空军向"口袋"内输送的物资达124吨,第二天为240吨,第三天为310吨。考虑到当时的形势,这是非常难得的,但也不可能持续下去。一天运进310吨物资是德国空军努力的顶点,也是他们最后一次达到每日最少输送300吨物资的要求。返航的飞机还撤出了数百名伤员,并为前线官兵的家人和朋友们带回了15吨重的邮件。与此同时,所有炮手和炮兵指挥官都得到一则命令:除非得到团级以上指挥官的明确批准,否则每门大炮每天发射的炮弹不得超过五发。"无法取暖,没有让伤员生存的机会,没有弹药,没有武器来抵御俄国坦克,没有从'口袋'外获得救援的前景",对于这种情况,第76步兵师的一位年轻军官大发雷霆。他也惊讶于"在这种情况下,士兵们仍然愿意继续战斗"!

嗜睡开始成为一个严重的问题。由于苏联人利用被德军戏称为"缝纫机"

的乌-2VS双翼飞机加强了对德军阵地的夜间袭扰，德军士兵们在晚上难以入睡。这种过时的飞机由一个100马力的小型发动机提供动力，其时速甚至低于100英里。但到了晚上，天空就属于"缝纫机"了，它们在德军防线上空无休止地飞行着——飞行员们关掉其发动机，让其悄无声息地滑翔到攻击位置，然后投掷小炸弹，有时他们也直接用手来投掷这些小炸弹。约阿希姆·福里希（Joachim Feurich）在去往古姆拉克的单轨弹药列车上就遭遇了这样的袭击——"进攻的飞机沿着铁路线径直冲向我们的火车。这架飞机……会突然关掉发动机，然后像滑翔机一样冲向目标。它没有炸弹挂架，所以炸弹是飞行员用手从机舱里扔出来的"。出于某种原因，福里希决定留在火车上，即使他的战友们都跳下车以避免被爆炸波及，他说："没有时间思考，飞机从我们头顶飞过，但什么也没扔下就飞走了，可能他已经没有炸弹了。"

此类袭扰给德军造成的伤亡很少，损失也很小，但对士气的打击很大，而这才是苏联空军的真正收获。正如一名德军前线士兵描述的那样，"我非常疲惫，但晚上又睡不着，只能睁着眼睛一次又一次地幻想着蛋糕、蛋糕、蛋糕"。为了在德国人的伤口上撒盐，苏联广播声称有不少"缝纫机"都是由女性驾驶的，因此这些女飞行员就被沮丧的德国人称为"暗夜女巫"。威廉·艾辛回忆道："正如人们知道的那样，'飞机跑道的猫头鹰'或'缝纫机'会尖叫着反复发动攻击。每一分钟，我们的战线无不充斥着它们发动机的轰鸣声，但它们投下的炸弹并没有呼啸声和爆炸的巨响。它们没能给我们造成重大伤亡，这一点时常令我们感到诧异。"

被围德军的情况正在进一步恶化。早在10月和11月建造的半地下掩体不足以容纳所有人，许多人不得不在地下室和被烧毁的建筑物中临时搭建的庇护所里勉强度日。德军的后勤补给系统还能勉强运转，但由于燃料极度匮乏，地处偏远的部队经常得不到任何口粮或可用的弹药。即便那些接近几乎无人看守的仓库的士兵们要想获取一点食物，更多靠的也是运气而非判断力。有一次，威廉·霍夫曼发现自己走错了路。对此，他写道："马匹已经被吃掉了。我想吃一只猫，他们说猫的肉很好吃。士兵们看起来就像僵尸或疯子，正在寻找任何可以放进嘴里的东西。他们不再躲避俄国人的炮弹，也没有力气走路、逃跑或藏起来。诅咒这场战争！"

36岁的前木匠弗里茨·帕布斯特与他的建筑部队一起被困在了"口袋"内。此时，由于没有桥梁和道路可修，帕布斯特和其他身穿军服的工人发现他们自己实际上成了这场战役的旁观者，他们无力对战局施加任何影响。帕布斯特无事可做，只能躲在地堡里，给家里的妻子和三个孩子写了不少信：

> 我们仍然没有收到任何邮件，但我们每天都在想善良的"老容克"既然带来了一切，当然也不会忘记我们的邮包。我已经有五个多星期没洗衣服了，我们身上都有虱子，但今天我只在自己身上发现了 15 只，随着时间的推移，它们就像我们一样，似乎变得越来越少了……我在过去的四个星期里没机会洗澡或刮胡子，我们都长了数厘米长的胡子，但没有人失去希望和勇气，我们都知道胜利一定属于我们。我现在有一个小地堡，甚至还有一个炉子。这样，我们至少可以让自己暖和点儿。

像所有的好丈夫和好父亲一样，帕布斯特询问了妻子和孩子们的状况，并告诉他们要保持温暖和健康。即使如此，帕布斯特也不能完全粉饰现实，他给妻子讲了一位来自家乡的朋友与邻居的命运：

> 我必须告诉你一件悲伤的事……保罗·维尔纳被炸弹的碎片炸死了。一块碎片穿透了他的脖子，一块穿过了他的胸部，那时我就在他身边，但他当即就死了。这真是太可惜了，他是个好战友。如果家乡的人还不知道，请你不要告诉他们……不要为我担心。我一定会离开这里的，我几乎可以确信这一点，然后一切都会好起来的。[4]

在帕布斯特的地堡不远处，另一位德军前线士兵写道："我们主要以马肉为食，我自己甚至吃过生马肉，因为我太饿了。"

新年并没有给第 6 集团军的官兵们带来慰藉。新年当天，齐格弗里德·克纳普还滞留在罗斯托夫，他认为"天空明亮而清澈，是非常适合飞行的天气"。他"去了机场，却被告知刚刚收到了元首令（Führerbefehl，所有人都要服从的命令），不再向斯大林格勒派遣任何部队"。这位年轻的炮兵军官意识到，这道命令拯救了他的生命——"我又一次获得了新生"。

菲利克斯·施奈德（Felix Schneider）没有克纳普那么幸运，这位反坦克炮手被因在"口袋"内。回忆起这个悲惨的圣诞节，施奈德说道："我们唯一的快乐就是在圣诞节的中午有土豆吃。"施奈德来自德国西部边境莱茵兰 - 普法尔茨州的比谢尔镇（Büchel），更习惯于下雨而不是下雪的他还是发现这些白色的东西很有用——"地面上有很多积雪，这对我们来说是非常有价值的原料。首先，它为我们提供了水，因为这里根本没有水源。我们用雪做汤，煮咖啡。我们还用它来建造最漂亮的伪装墙，这样，敌人在白天就看不到我们了。我们像隐士一样住在空旷的峡谷里，我们建了掩体，而这就是我们的住所"。[5]

施奈德，还有第 6 集团军的其他官兵仍能接到少量空运补给。天空晴朗的时候，Ju-52 和其他各种各样的飞机继续在"口袋"内起降，它们运送的仍然主要是弹药和燃料，但这些飞机此时不得不腾出更多的空间和载荷来运送食物，因为在"口袋"内，存粮已消失在众多饥饿的官兵的嘴里。对保卢斯来说，更糟的是，后勤人员那里传来消息说集团军在包围圈形成之初所拥有的大量马匹几乎都没了，而且所有粮食储备最迟在 1 月 18 日星期一之前会告罄。在这种情况下，菲比格和他疲惫不堪的机组人员正在创造奇迹，但即便如此，在新年的前两周，平均每天空运的总量也只有 145 吨，还不到规定的最低运输量的一半。

此时的皮托姆尼克机场已成为一个大屠宰场。飞机残骸，还有被遗弃的设备和成堆的各种残渣散落在机场上。炮弹和炸弹留下的弹坑布满机场跑道，许多飞机在试图起飞或降落时都掉进了这些弹坑里，或者被战斗力越来越强的苏联空军战斗机击中，这导致快被冻僵的地勤人员无法再保持跑道的畅通。返航的德国空军飞行员发现，为避免灾难发生，他们必须在着陆时绕过那些障碍物，而且随着清除严重积雪所需的机器出现故障或燃料耗尽，着陆的情况变得更糟。令人遗憾的是，保卢斯和施密特仍然拒绝承认皮托姆尼克机场和其他机场对其部队的生存至关重要，还把皮托姆尼克机场留给了捉襟见肘的德国空军和相对较少的陆军参谋人员，以勉强维持这条生命线的运作。在大雪纷飞、气温极低的情况下，德军强征了数十名"希维人"并将其派往皮托姆尼克机场。这些"希维人"拼命地为飞机装卸货物，以维持机场的正常运转。

鲁道夫·奥胡斯坐在防空洞里，冻得瑟瑟发抖。他在新年那天给父母写信说："这里的一切都和以前一样，'口袋'还没被突破，什么时候能真正突破还无法预测，希望很快能突破……这里的积雪厚度接近 20 厘米。我们现在只剩下十匹马，其他的马都被宰杀了，供应还可以维持几个星期。我们杀了一些马，但这是好事，否则它们全都会被饿死。"

对卡尔·恩宁霍夫来说，寒冷是最糟糕的事情，正如他告诉他兄弟威利的那样：

我刚从车站回来，天气太冷了，我的睫毛都冻在一起了。这个冬天肯定会和上一个冬天一样冷。今天早上3点30分，哨兵把我叫起来，轮到我站岗放哨了。我穿上了所有能穿上的东西，心想，我可不要被冻死。除了毡靴、外套和大衣，我还穿了厚厚的冬裤，戴了头套、毛皮帽，并在鼻子上面和眼睛下面都用羊毛毡遮住。当两个小时的站岗时间到了的时候，我还是非常高兴的。如果你看见我缩成一团的样子，你会认不出我的。刚进入掩体的时候，我的枪就变得像石灰一样白，我的手指几乎粘在它上面了。亲爱的威利，我希望你不要在俄罗斯度过这样一个冬天。我从不希望你那样。看了一下表，我趁着自己已经穿戴整齐，就迅速走到厨房去拿了咖啡。我告诉你，我以为我的手指已经掉下来了。然后，我回到掩体，脱掉衣服，在战友们点燃的炉子前取暖。之后，我坐在角落里，舒舒服服地吃着我的那片面包，还有一杯昨天省下来的咖啡，我已经有一段时间没吃过这么多东西了。现在，我的肚子又空了，我今天中午不得不到我们射击阵地三四千米外的地方去取一罐食物。

与第6集团军几乎所有的成员一样，这位前面包师此时正在到处搜罗能吃的东西，以填饱自己——"昨天我饿得不知道该怎么办了。幸运的是，我在前一天从厨师那里搜罗了一点纸板粉，我就把它和一些牛奶搅在一起吃了"。[6]

并非只有德国人容易受到寒冷的影响。一名苏联战地记者说："如果你对着手套呼气，手套立即会有一层薄薄的冰膜。即使穿着俄罗斯毡靴和两双羊毛袜，你也必须一直活动脚趾来保持血液循环……而德国人没有俄罗斯毡靴。"在试着写一份报告时，这位战地记者发现自己写的字"第一个还行，第二个像一个醉汉写的，最后两个更像是一个瘫痪者的潦草笔迹"，他"迅速地吹了冻得发紫的手指，把它们套进了毛皮手套里"。许多德国人根本没有手套，更遑论毛皮衬里了。

德国人、苏联人和匈牙利人，他们每个人都在寒冷中受苦。在斯大林格勒以南的轴心国盟友军队中，只有古斯塔夫·亚尼所在的匈牙利第2集团军幸存下来，并且还能勉强战斗。这些匈牙利人正可怜兮兮地坐在战壕里，顺着白雪茫茫的大草原向苏军战线望去，对自己的未来忧心忡忡。德裔牧师斯蒂芬·里特利中尉看到，一名死去的马扎尔士兵"在雪地里躺了一段时间后被抬了回来，他已经被冻僵，一只胳膊举过了头顶。当然，这意味着这具尸体无法装入棺材"，所以里特利就问"是否有人愿意将尸体的手臂锯掉"。不出所料，没有人站出来，所以里特利他们"不得不在棺材盖上挖个洞，好让那只胳膊伸进洞里，然后就这样把他埋了"。[7]

接下来，莫洛佐夫斯卡娅机场也被苏军夺回了。莫斯科的近卫第3集团军继续向前推进，终于到达了这座熙熙攘攘的机场。德军的空运行动再次被影响，就像塔钦斯卡亚机场被苏军夺回时那样。

由于A集团军群还在从高加索地区经过罗斯托夫隘口向后方赶来的路上，唯一能阻止红军前进的只有B集团军群和顿河集团军群这两个集团军群的残部。这两个集团军群的纸面实力远比他们的实际实力更令人瞩目。在漫长得荒谬的东部战线上，被部署到其他地区的德军部队无法提供任何帮助。中央集团群刚在勒热夫突出部（后被称为"勒热夫绞肉机"）进行了激战，而北方集团军群即将面对苏军旨在解除列宁格勒围困的又一次猛烈反攻。苏联在人力和物力上的优势，以及他们对冬季作战的偏爱，改变了战争的面貌。一年前的夏秋两季，搬迁到东部的苏联工厂此时正在生产大量坦克、大炮和其他各种军事装备，英美援助的物资也正通过苏联港口源源不断地运抵。这些都通过数字非常鲜明地反映出来。1942年，苏联制造了24446辆坦克和25436架飞机，而德国只制造了6180辆坦克和15556架飞机，而且双方在火炮生产方面的对比更加惊人，德国只生产出23200门，这与莫斯科127000门的惊人产量相比可谓相形见绌。[8]其结果是，红军能够对东线德军的三个集团军群同时发动大规模进攻，而且在遭受巨大损失时，还能恢复被摧毁的部队，并创建新的部队。

在夺回莫洛佐夫斯卡娅机场的第二天，苏联最高军事委员会批准，粉碎斯大林格勒"口袋"的进攻——"科尔措行动"（Operation Koltso，即"环行动"）将于一周后的1月10日星期日展开。

注解

1. Knappe, Siegfried, *Soldat: Reflections of a German Soldier*, p.254.

2. Trigg, Jonathan, *Voices of the Scandinavian Waffen-SS*, p.93.

3. Klapdor, Ewald, *Viking Panzers: The German 5th SS Tank Regiment in the East in World War II*, p.132.

4. 引自弗里茨·帕布斯特写给家人的信，编号为 3.2002.0306。

5. 引自 1943 年 1 月 1 日菲利克斯·施奈德写给妻子的信，编号为 3.2002.7369。

6. 引自卡尔·恩宁霍夫写给弟弟威利的信，编号为 3.2008.1388。

7. Beringer, James, *A Hungarian Odyssey: The Life and Times of Dr Stephen Ritli*, p.34.

8. Taylor, Brian, *Barbarossa to Berlin – volume 2*, p.26.

战斗结束

对斯大林格勒空运行动而言，有一个利好消息，皮托姆尼克的天气非常晴朗。尽管晴空万里，气温却进一步下降了。库尔特·埃本纳对此回忆道："这种寒冷几乎没人受得了。有几天，气温都在零下 25 至零下 30 摄氏度，我们的地勤人员无法启动 Bf-109 战斗机，因为加热设备几乎都有问题，甚至到了可以被直接扔进垃圾箱的地步。"由于莫洛佐夫斯卡娅机场已被苏军夺回，德国空军虽然仍在尽力输送物资，但只能将空运枢纽向西转移到更远的地方。德国空军继续努力空运补给，但在大多数日子里，能运送 100 吨重的物资就已经很幸运了。

这些飞机也在把人带出"口袋"。被困的德军官兵都认为，这简直是个奇迹。当代理下士艾特尔 - 海因茨·芬斯克在他的部队退到"口袋"周围时，他早已将自己从即将被遗弃的补给仓库中偷来的葡萄牙沙丁鱼罐头吃光了。此时，他正在前线抵御苏军的进攻：

我的左手腕被一块炮弹碎片击中，突然肿起了一个鸡蛋大小的肿块，里面都是血。作为一名训练有素的医务兵，我恰当地处理了伤口。我先用小刀在肿块上切了一道小口，以便血流出来。接着，我把伤口按在（一门德军自行火炮的）冰冷的装甲板上进行冰敷。幸运的是，这块碎片是跳弹，否则我可能会失去我的左手。

几天后，艾特尔 - 海因茨·芬斯克在参加一次反击时就没这么幸运了——"一枚炮弹落在我们左边 100 米的地方，另一枚落在我们右边 50 米的地方，又一枚炮弹就在我们七个人的队伍中间爆炸了……我只看到一束明亮的紫丁香色的光，接着听到一声巨响……我的右侧身体就动弹不得了"。一个路过的车夫发现芬斯克还活着，就把他带到野战医院进行治疗。手术室里，一位名叫休伯特·豪丁格（Hubert Haudinger）的年轻医生从芬斯克的右侧身体取出了 48 块炮弹碎片。芬斯克被安排撤出"口袋"，但他在等待航班的过程中又煎熬了好几天。最终，他"转院的日子到了"，他们"被裹在所谓的航空运输袋中，这是一种长约两米的三层纸袋"，这样他们"在飞机上就不会被冻死"。芬斯克躺在那里等着，渴望着轮到自己登机，但先走的是"有孩子的已婚男子，然后是没有孩子的已婚男子，如果飞机上还有空位，其他人才能碰碰运气"。时间一分一秒地过去，18 岁的芬斯克以为"他们已经忘记自己"时，他"突然听到引擎的声音，那是俄罗斯人，还是期待已久的军医？是后者"！被抬上飞机后，载着他们的"三引擎 Ju-52 运输机在萨尔斯克登陆时，天已经黑了"。在一家军事医院接受治疗后，芬斯克被认为不适合继续服役，他再没回到前线执行任务，但他还活着。

或许是意识到"口袋"内的状况有多么糟糕，或许是想预先避免科尔措行动付出代价，苏联于 1 月 7 日单方面停火，并向保卢斯开出了投降条件。届时，德国人及其罗马尼亚盟友将得到食物，伤员会得到医治，他们的勋章和个人物品被允许保留，甚至高级军官的佩剑也能得以留下。苏联人能否遵守他们的承诺是很值得怀疑的，部分原因是他们自己的医疗条件和后勤补给可以说都是相当差的，但这并不重要。保卢斯请求希特勒同意投降。于是，这位独裁者爆发了，他说："投降是不可能的。集团军每多坚持一天，就能帮助整条前线，俄国人就不得不把各师从其他战线上抽走。"再也不需要逐字逐句地解读希特勒的话了，在他心中，第 6 集团军已被全部消灭，而他们现在唯一的任务就是尽可能地让自己的死亡有些价值。

为了完成最后指定的牵制南方红军的任务，被困的德军部队仍然需要弹药和燃料这两样东西。保卢斯仍有约 60 辆坦克以及数百门大炮和迫击炮，但如果这些坦克和主要机动车辆因缺乏燃料而无法移动，那么它们很容易被苏军避开或摧毁，而且因缺乏子弹而无法开火的德军士兵就会更加无助。保卢斯的总部接到的报告说，苏军士兵在德军战线的各个阵地之间随意走动，因为他们知道，德军已接到"除非受到直接威胁，否则不得开火"的命令，而且德军根本没有足够的弹药。很明显，苏联人正在集结，以进攻"口袋"内的德军阵地，但德国人对此无能为力。

最后，苏军大概集中了 1 万门火炮、257 辆坦克和 28.1 万人，准备发动进攻。说实话，苏军这支部队的兵力少得让人意外，因为保卢斯仍能聚拢 19.1 万人的大军。[1]当时的军事手册普遍规定，进攻者要确保取胜，其与防守者的兵力之比通常为 3∶1，而红军这支部队与保卢斯的部队的兵力之比远小于这个比例。不过，苏联人知道他们面对的敌人大部分是后勤服务和辅助人员，尽管这些人员还有斗志，但缺乏训练、武器和战斗经验。苏联人还知道"口袋"内暂时幸存下来的德国人有多惨。一名德军前线士兵绝望地给他的母亲写信说："由于饥饿，我的腿都动不了了，其他人也一样。我们的一个战友死了。他身上一无所有，就去行军了，由于太饿，他就倒在路上，然后被冻死了。"这位不愿透露姓名的前线士兵说，他的部队只收到一条 750 克的过期粗面包，这条面包要供六名士兵食用，而且他们还被告知这是接下来三天的口粮。

为了节省剩下的一点点食物，保卢斯下令释放所有苏联战俘，并把他们交还给红军，这样就无须再为他们提供食物，从而减轻了德军后勤补给的压力。由于害怕遭到苏军报复（这一判断是对的），大批被遣返的苏军战俘——当中的很多人本来就是"希维人"——拒绝回到苏军阵营，并尽量躲到瓦砾堆中任何一处能藏身的地方。绝望已成为被围的德军官兵的一种"流行病"，一名士兵在日记中写道："让我恐惧的是，我看到德军士兵们正从一具腐烂的老牛遗骸上剥下牛皮或者说壳儿吃。它臭气熏天，本来是准备在夏天被加工成皮革的。当我说吃这东西会让他们生病时，他们不解地看着我，好像在说'那就给我们点儿别的吧'。"这名士兵承认这是不可能的，因为"从现在开始，每天只能吃 50 克面包，也就是一片面包"！

1943 年 1 月 10 日，星期日，这是原定的移交战俘的日期。当天早上 6 点 50 分，温度计的读数是零下 35 摄氏度，苏军突然启动科尔措行动。几个小时后，恐慌开始从外围阵地向第 6 集团军总部蔓延，前线传来一条消息："9 点 40 分，敌军已突破我军防线大部分区域……仅有一些孤立的据点还在我们手里。我们正在努力集结和训练最后可用的后勤补给和建筑部队……以建立一条新防线。"苏军炮弹不断轰击着"口袋"内每一处事先标定的德军阵地。这时，保卢斯注意到赫伯特·赛勒正站在从门口到他住所之间的通道上，聚精会神地盯着他看。

"你对这一切有什么看法？赛勒。"

"我赞同其他老参谋的说法，先生。"

"他们怎么说的？"

"将军先生本来可以违抗命令，却让机会白白溜走了。早在 11 月，将军先生就应发出'我将和第 6 集团军一起战斗。战斗结束前，我属于他们。战斗结束后，我的元首，它才属于你'的电报。"

保卢斯沉默了一会，回答说："我知道，军事史已对我做出评判。"[2]

当天傍晚，另一条来自前线的消息传到了保卢斯的总部，声称："我方损失巨大。由于弹药不足，天气严寒，敌人火力相当猛烈且我方缺乏掩护，部队的抵抗正在迅速减弱。"此时，斯大林格勒"口袋"已形成一个菱形包围圈，它有一个突出部，一直向西延伸到马里诺夫卡（Marinovka）镇周围，而此处由赫尔穆特·施洛默指挥的战斗力极强的第 3 步兵师（摩托化）和马丁·拉特曼（Martin Lattman）的第 14 装甲师的部分部队守卫。那里的战斗异常残酷——"大量苏军坦克碾过我方防线，尤其是碾过战壕，以碾压里面的人。接着，成群结队的俄罗斯步兵发起了最后攻击"。不知怎么的，德军守住了防线——"一个小时接一个小时，我们的队伍越打越少。从将军到最底层的士兵，任何还能走路或爬行的人都在前线的战壕里……放眼望去，到处都是被遗弃和被毁坏的掩体以及燃烧的车辆"。

由于没有援军，又严重缺乏重武器和弹药，而且苏军的主要目标就是掐断马里诺夫卡的突出部，德国守军坚持不了多久。不到 24 小时，红军就取得了胜利，第 3 步兵师（摩托化）几乎全军覆没。在马里诺夫卡以北，由埃德勒·冯·丹尼尔斯率领的巴伐利亚部队也在激烈的战斗中被击溃。由该地守军发送给顿河集团军群总部的一则消息写道："弹药太少，无法再与外围敌人作战……由于弹药耗尽，师内部分士兵只能与敌人展开肉搏战。"

苏军继续发动进攻。两天之内，苏军损失了 26000 人和 135 辆坦克（超过了他们全部装甲力量的一半），但保卢斯损失了 60000 人和大量重型武器（主要因缺乏燃料而被遗弃在雪地里）。至于幸存者，他们在暴风雪中跌跌撞撞地向东走，并试图逃回城里，尽管那只是一个虚幻的安全地带。赫尔穆特·施洛默见证了这一切，他说："撤退之路……对我的部队来说充满了恐惧和痛苦。几乎筋疲力尽的士兵们在无边无际、白雪皑皑的荒原艰难前行，到处都是杂乱的坟丘——死去和冻僵的士兵，还有被摧毁和遗弃的车辆。"这位 49 岁的威斯特伐利亚将军亲眼看到"受伤的、残疾的和被冻得半死的人们哭喊着寻求帮助，并恳求路过的人将他们带走"，他感到心碎。行军的士兵都虚弱到无法帮助他们的战友，他们别无选择，只能丢下战友，任其冻死。

至于保卢斯，他用无线电通知了他的顶头上司——埃里希·冯·曼施坦因。保卢斯说："没有预备队了。弹药仅能维持三天。重型武器因缺乏燃料而无法使用。"这时，曼施坦因和希特勒持同样的观点，认为第 6 集团军的任务是牵制尽可能多的红军部队，以稳定南部战线的其余部分。与他的元首一样，曼施坦因也把第 6 集团军的官兵一笔勾销了。

在苏军发动科尔措行动前夕，希特勒曾严令保卢斯不许投降。如今，保卢斯命令沃尔夫冈·皮克特飞离"口袋"，去向最高统帅部解释"口袋"内的确切情况，并希望元首能撤销这一决定。在萨尔斯克降落时，这位高射炮部队的将军受到马丁·菲比格的迎接。菲比格问发生了什么事，皮克特回答说："第 6 集团军正在进行最后的苦战……弹药和燃料储备都用光了。"戴眼镜的皮克特并不是保卢斯派出去的为他自己进行辩护的唯一信使。最后的"申诉人"是身为贵族的科莱斯汀·冯·齐策维茨。这名陆军最高司令部的参谋于 11 月下旬被蔡茨勒派到"口袋"内,以便向后者定期汇报斯大林格勒地面战的情况。在这位身材高大的年轻军官登上飞机,飞离"口袋"的几天前,德国空军最后一次尝试改变空运方式,以扭转第 6 集团军的不利局势。

艾尔哈德·米尔希(Erhard Milch)曾是一位航空公司高管,也是一位老谋深算的阴谋家、一个不折不扣的"笑面虎"。在 1940 年著名的克罗尔(Kroll)大规模晋升仪式上,米尔希被提拔为德国空军元帅,这助长了他推翻戈林并担任空军领导人的野心。1942 年冬至 1943 年春,米尔希成了纳粹高层中的"明日之星",他与时任德国军备部长的阿尔伯特·施佩尔(Albert Speer)建立了互惠互利的关系,二人共同对德国的战时经济进行了改革。此时,米尔希接到"一个看似诱人实则有毒的圣杯"——奉命接管斯大林格勒的空运指挥权。时机再糟糕不过了。就在米尔希为自己的新任命做准备时,苏军的炮弹已落到了皮托姆尼克。库尔特·埃本纳回忆道:"1月 17 日那天,我们能非常清楚地听到对方炮弹落在机场和我们掩体上所发出的巨响。我们当时就知道,俄罗斯人已经突破'口袋'西侧的防线,正在向皮托姆尼克推进。"当天,德国空军仅向"口袋"内输送了 13 吨物资,并将 62 名幸运的伤员撤了出来。又一则消息传来,说:"提供空运补给的行动正面临着灾难性的形势……如果再次承诺增加补给物资,但没有立即兑现,那么继续坚持抵抗将是毫无希望的。"

至此,随着阿瑟·施密特不断攫取指挥权,保卢斯已差不多沦为一名"观察员",尽管他仍试图调兵遣将,以增强城外包围圈西半部分的抵抗力度,但他已无力拯救皮托姆尼克。这正如库尔特·埃本纳亲眼看到的:

第二天早上,我本该起飞作战,去保护机场。前一天傍晚,卢卡斯中尉在为运输机护航并在途中经历空战后,降落在了皮托姆尼克。他的 Bf-109 已暂时无法使用,所以他不可能马上再次起飞,而不得不和我们一起过夜。按照安排,他的 Bf-109 是第二天早上第一架进行预热的飞机,考虑到天气十分寒冷,你需要花更多时间预热飞机。最后,他的飞机启动了,他起飞了。之后,他负责在我们上空盘旋以保护机场,直到我的 Bf-109 准备起飞,他过了一会儿就向西飞走了。几乎在同一时刻,最后一架 Ju-87 起飞,它爬升至 300 米高度,然后向机场的南部边界俯冲投弹。

这位年轻的战斗机飞行员突然意识到这些俯冲轰炸袭击意味着什么:

我们飞行员和地勤人员面面相觑。突然，一名机械师说俄罗斯人来了。我只看到身穿白色迷彩服的士兵——俄罗斯步兵。我的Bf-109无法启动，我正在试图启动发动机时，一名机械师的手被击中，然后对我喊道："快，从飞机里出来，俄罗斯人来了。"机场被占领了，一片混乱……德军的车辆和坦克碾过受伤的德国士兵，其中数百名瘦弱的士兵扔掉步枪，筋疲力尽地倒在雪地里，最终死去。

皮托姆尼克陷落了。然而，由于局势十分混乱，这一消息未能传到一些德军飞行员的耳朵里——"当天晚上，一些运送补给的飞机仍然设法降落在了皮托姆尼克，因为斯大林格勒以外的人还不知道俄国人已占领了这座机场。俄国人没有向他们开枪，而是俘虏了他们"。此时，库尔特·埃本纳和其他成功逃离皮托姆尼克的德国空军飞行员和地勤人员只能向东进发——"我们已彻底陷入恐慌。所有还能走路的人都离开了，步行前往25千米外的古姆拉克机场。我们冒着严寒在厚厚的积雪中行军，没有吃的，还经常遭到敌机攻击。像这样的强行军对我们德国空军人员来说是一项真正的挑战，但生存的意志使我们能坚持走下去。1月18日，天快黑时，我们终于到达古姆拉克机场"。

视线转到德国人控制的领土。米尔希已经抵达前线，他听取了疲惫而沮丧的马丁·菲比格的简报。菲比格报告的都是坏消息：FW-200"秃鹰"没有一架还适合飞行，He-177和He-111只有三分之一可以使用，更糟糕的是，Ju-52这一空运行动的主力飞机只有不到十分之一还能飞。米尔希的空中编队不过是妄想。菲比格接着报告说，"口袋"内剩下的最好的机场是距斯大林格勒市中心以东约4英里的古姆拉克机场。菲比格尽可能提前做考虑，他已经命令16架He-111飞往古姆拉克机场，让他们在那里降落，卸货，并报告机场的准备情况，以了解该机场能否充当第6集团军的新生命线。这些He-111的机组成员的汇报令人沮丧。不出所料，保卢斯和施密特都没访问过古姆拉克机场，也没为其投入使用做任何准备。该机场内没有任何地勤人员或地接人员，只有成群结队的伤员和绝望的人聚集在跑道边，希望能登上任何一架降落于此的飞机。这些He-111的机组成员别无选择，只能自己卸下宝贵的物资，同时试图阻止那些愤怒的伤员靠近飞机。早些时候，一些飞机已降落在古姆拉克机场，还有几架飞机被迫紧急降落在那里或被四处游猎的苏联空军战斗机击落，而这些飞机此时就散落在跑道各处——简直一片混乱。[3]

一位He-111的飞行员对此说道："人们艰难地将Ju-52和He-111的残骸拖到了

狭窄的跑道两侧……跑道宽约 50 米，He-111 的翼展长 24 米，这意味飞机在跑道上滑行时，这些该死的残骸就位于跑道边缘。"这位飞行员还记得他的简报说的是"每名飞行员都可根据自己的判断自由行动"。一名机组人员回忆说，古姆拉克"处于非常危险的状态，到处都是弹坑、飞机残骸和设备"。

结束与菲比格的会面后，米尔希坐上轿车，赶赴塔甘罗格（Taganrog）机场。途中，米尔希陷入沉思，他没有注意到湿雾已覆盖了整条道路，并一直延伸到草原上。他的司机正在尽力找路，但没看到即将出现的铁路线，也没看到不知从哪儿冒出来的火车。在看不见的十字路口，火车擦过了米尔希的轿车。这名德国空军元帅幸免于难，但受了重伤。

第二天早上，缠着绷带但还活着的米尔希派了一架 He-111 前往古姆拉克机场。这架飞机的炸弹舱内不仅塞满了补给，还搭载了德国空军少校埃里希·蒂尔（Erich Thiel）这名乘客。蒂尔的任务是与弗罗伊登菲尔德（Freudenfeld）少校（"口袋"内德国空军最高级别的通讯军官）和保卢斯本人建立直接联络，并大幅改善古姆拉克机场的条件。当天，更多的亨克尔飞机和 Ju-52 紧跟着蒂尔抵达了古姆拉克机场，共有约 32 吨的物资也被运至机场。还有 30 吨被装入补给箱的物资被空投到地面，希望地面部队能把它们找回来——"飞机将重新前往古姆拉克，但根据指示，飞机不会降落，而是直接在机场上空空投物资"。这一策略只取得了部分成功，当时有报道称："由于积雪太厚，地面部队只找到部分补给箱。缺乏燃料的状况同样使寻找补给箱的工作变得异常困难。"这次空投的物资几乎全都是食物，没有一颗子弹或一滴燃料，这样的空运对德国空军而言还是头一次。

在向保卢斯介绍自己时，蒂尔详细说明了他在古姆拉克看到的情况：地面准备不足，机场布满弹坑，状况堪忧。结果是，着陆和起飞——如果还能起降的话——对运输机来说都极其困难，每架飞机在机场的周转时间都超过了五个小时。迈克尔·戴姆尔和他的机组成员试图在古姆拉克机场降落，但没能成功，他们"不得不再绕一圈，因为着陆的跑道上有障碍物"，所以他们"只能把补给箱扔下去，并且打开下机身的入口舱门，在冰冷的气流中把带来的 20 袋面包也扔了出去"。保卢斯不耐烦地挥了挥手，否定了蒂尔的报告，说："你在跟死人说话……德国空军早把我们丢在了一旁。"接着，他又对这位年轻的飞行员说："今天是我的部队断粮的第四天……连最后一匹马都被吃掉了。你能想象这个画面吗？士兵们扑向一具老马的尸体，打碎它的头骨，生吞它的大脑？当一名士兵来到我面前乞求说'大将先生，请给一块面包皮吧'，我该怎么回答？"阿瑟·施密特也加入进来，他告诉蒂尔说："德国空军背叛了我们，这是对第6集团军犯下的不可饶恕的罪行。"蒂尔大吃一惊，他意识到保卢斯和施密特已经放弃了古姆拉克机场和空运计划，他们此时只想把第6集团军行将覆没的责任推给德国空军。为了强调这一点，第6集团军总部向顿河集团军群拍去电报说："德国空军空运行动失利所导致的燃料短缺，使我军的所有行动均已陷入瘫痪，也使士兵的食物无法供应。"令人惊讶的是，这条电报还毫不客气地说："古姆拉克空军基地完全可用。"[4]

至少有一个人在古姆拉克得救了，他就是战斗机飞行员库尔特·埃本纳：

1月19日清晨，一架Ju-52成功绕过弹坑，降落到古姆拉克机场。这架飞机的机组由四名下士组成。他们接到的命令是立即起飞。我加入了他们，从而赢得一点逃离地狱般的斯大林格勒的机会。我能帮助这架Ju-52的机组人员。我告诉他们，只有向南飞行，并且低空飞越草原才能取得一线生机。有几次，当我们看到俄罗斯飞机从更高的空中掠过时，我们都吓得瑟瑟发抖，直到我们降落在克拉斯诺达尔（Krasnodar），补充燃料后，心里才踏实一点。

埃本纳有点不敢相信自己就这样活了下来。他继续从克拉斯诺达尔启程，先是步行，后来乘坐卡车，直到五天后才抵达了他的部队位于顿涅茨地区的驻地。埃本纳的部队已给他贴上了失踪人员的标签，并认为他已经死了。

与埃本纳一样，年轻的约瑟夫·戈布利什也从古姆拉克机场逃走了。当时，被炮弹碎片炸伤的戈布利什被送往机场。在那里，他看到"一幅恐怖的画面——断肢堆积如山，上面还覆盖着厚厚一层氯化钙。白天，战斗轰炸机（jabos）不断发动空袭。晚上，'值班士官'（即'缝纫机'）又带着炸弹来。连老鼠也不断攻击伤员……腹部受伤的人躺在地上，只能靠吗啡来保持镇静"。好不容易搭乘一架Ju-52起飞，又遭到三架苏联空军战斗机的拦截，戈布利什别无他法，只能担任这架飞机上唯一的机枪手，他不断发射曳光弹并抵挡住了苏军战斗机。

值得注意的是，幸运女神不只垂青戈布利什一个人。几个月前，来自但泽的亚瑟·克吕格曾目睹了苏联狙击手迅速消灭他的增援部队的整个过程，他的头部和左

235

肩也受了伤，但伤势不重，所以他无法在撤出"口袋"的飞机上得到一个宝贵的位置。不过，一位Ju-52的飞行员正在等待救援，以便把陷入弹坑的一个飞机轮子拖曳出来，他和克吕格攀谈起来：

> 他问我会不会操作机枪，因为他现在正缺一位机枪手。我回答说："当然，我来自一个机枪连。在连里，我担任过指导员和分队指挥官。"他回答说："当我获准起飞时，我就让你搭乘我的飞机，并担任空中机枪手。"我就这样得救了……飞机装满伤员后，我们顺利起飞，逃出了包围圈……我是我们连最后一个活着离开斯大林格勒的人。在斯大林格勒战役中，我的战友们无一生还。

就在埃本纳飞出"口袋"的同一天，保卢斯这名虔诚的罗马天主教徒，向第6集团军下辖的所有部队下达了禁止自杀的命令。该命令特别指出，士兵站在战壕上引诱苏联人向他们开枪的行为也是不可接受的。尽管保卢斯还可以随心所欲地发布命令，但事实上，他早就失去了干预战事进程的能力，他在士兵中间的个人威望此时也在迅速消失。经过数天异常匆忙的训练，一名年轻的通讯军官已重新成为一名步兵，然后突然又被派往一个装甲团的残余部队去充当通信兵，他说这是因为他的"前任再也无法忍受这种压力了，于是把枪口对准了自己……离末日越近，类似的情况就越多。谁敢充当这些自杀者的审判人呢"？

不管保卢斯和施密特如何批评，蒂尔和弗罗伊登菲尔德都在努力把古姆拉克改造成一个可用的空军基地。这是一项不可能完成的任务，蒂尔深知这一点。1月21日，星期三，这位年轻的军官向正在斯大林诺基地内的米尔希汇报说："一切都太晚了。"米尔希还不愿承认失败，他命令蒂尔继续努力，甚至考虑了一些新方案，比如用装满食物的滑翔机进行补给，具体操作是先把它们拖到古姆拉克的范围内，然后让它们降落在前线士兵的阵地附近。这一方案很快就被放弃了。这对驾驶这些脆弱的木制滑翔机的驾驶员来说可是天大的好消息，对那些滑翔机预计要降落到附近的阵地来说也是如此，因为在10月和11月，被围士兵建造的新掩体寥寥无几。随着"口袋"的西半部分被苏军摧毁，德军只能将大约三分之二的相对安全的避难所彻底遗弃。这时候，数千名保卢斯的士兵发现自己只能躲在弹坑或弹洞里，任凭寒风肆虐，几乎没有毯子来保暖。

就在蒂尔把那份不祥的报告发给米尔希的前一天，科莱斯汀·冯·齐策维茨——比一年前的11月时瘦了很多——终于飞离古姆拉克，随即就被他的老上司带去见希特勒。齐策维茨说："当我们到达时……蔡茨勒将军立即被请进去了，而我被安排在接待室等待。"当齐策维茨终于被叫到希特勒面前时，这位独裁者先是说："你来自一个悲惨而可怕的地方。"然后，针对拯救被围部队的问题，希特勒发表了一场漫长的抨击性演说，并提出可能派一个营的虎式坦克穿过冰冻的草原，在斯大林格勒的苏军战线上"打个洞"，从而恢复前线。齐策维茨难以置信地听着，他注意到"宽敞的房间里灯光昏暗，壁炉前放着一张大圆桌，桌子四周摆着几把俱乐部椅。房间右边有一张长桌，长桌上点着灯，还铺着一幅巨大的东线态势图。后面坐着两个速记员，正记录着每一个词"。最终，齐策维茨再也不能干坐着一言不发：

我趁元首讲话时第一次停顿……描述了第6集团军生存的艰难。我谈到饥饿、冻伤、供应不足和被抛弃的感觉，我谈到伤员和医疗用品缺乏，最后我说："我的元首，部队已经无法再战斗到最后一轮了，因为他们已没了战斗的体力，再没什么最后一轮了。"希特勒惊讶地看着我……然后，他说："人类有很强的恢复能力。"这话一说完，我就被打发走了。

齐策维茨离开后，希特勒给保卢斯传去一条信息，说："绝不投降，坚持到底。"保卢斯回复说小里奥·劳巴尔（Leo Raubal Jr，德国空军工程部队的一名少尉，也是希特勒最喜欢的侄子）受伤了，并请求独裁者派一架轻型飞机把劳巴尔送到安全地带。希特勒直截了当地回绝道："里奥是一名士兵。"此时，整个"口袋"内的德军部队第一次出现了举起白旗投降的现象。

说实话，不论是在国防军总司令部，还是在希特勒位于拉斯滕堡的总部，第6集团军的命运这一议题所占的时间都在不断缩短。在北非，蒙哥马利的第8集团军即将夺取隆美尔的主要补给基地——的黎波里（Tripoli）。同时，红军对德国北方集团军群发动的攻势正在如火如荼地展开，以突破列宁格勒包围圈。更加引人注目的是，1月12日，苏军又发起"小土星二号行动"（Operation Little Saturn Ⅱ）。在差不多摧毁了罗马尼亚第3和第4集团军以及意大利第8集团军之后，苏联人这时又把目光投向了唯一一支建制还保持完整的轴心国盟友军队，即匈牙利第2集团军。

经历了 11 月和 12 月的激烈战斗后，匈牙利第 2 集团军的状况不佳，并与其他轴心国部队濒临覆灭前的状况基本相同。绝大部分匈牙利人都没得到足够的训练，他们的部队严重缺乏重武器，特别是现代反坦克炮，而且几乎没有预备队。名义上，匈牙利第 2 集团军的兵力约为 20 万人，但由于在转战中损失惨重，再加上臃肿的后勤供应系统中有一半的人是不顾一切地想要得到一份安全闲职的人，这意味着其战斗兵员只占总兵力的一半左右。的确，马扎尔人拥有一支小型装甲部队，但这支部队与拉杜·盖尔赫（Radu Gherghe）的罗马尼亚第 1 装甲师一样实力不足，而且主要装备的是过时的坦克和装甲车。

苏联最高军事委员会将小土星二号行动的目标设定为，粉碎匈牙利第 2 集团军，然后向北挺进，消灭汉斯·萨尔穆特的德国第 2 集团军。

菲利普·戈利科夫（Filipp Golikov）于 1 月 12 日早上发起小土星二号行动，他率领的 347000 人的沃罗涅日方面军对匈军防线进行了试探性攻击。在苏军第一次进攻时，德索·拉斯洛（Deszo Laszlo）指挥的匈牙利第 7 轻野战师首当其冲，当他麾下的第 35 团坚守防线时，邻近的第 4 团却在混乱中匆忙后撤。由于匈军第 4 团的逃遁，匈军防线已出现缺口，戈利科夫没有犹豫，于第二天早上下令向该缺口发起总攻。苏军的进攻在匈牙利第 2 集团军各部引发了连锁反应。仅仅四天后，即 1 月 16 日，战况已非常明显——匈牙利人遭受了一场灾难性的失败。斯蒂芬·里特利也被卷入其中，他回忆说："那真是一场大逃亡……我军陷入巨大的混乱当中。我目睹了一位高级军官的举动，这也是我在整个战争期间看到的几个最为愚蠢的行为之一。他从掩体里走出来，一边用手指着西边，一边大喊着'往那边跑'！我们人人自危，各自逃命！"很快，牧师发现自己就"像其他人一样在严寒的天气里、厚厚的积雪中逃跑，跑了数周"。

这一幕不禁让人想起意大利人和罗马尼亚人曾经的命运，这些惊恐万状的匈牙利幸存者向西跋涉，一路不断掠夺一切他们能找到的东西来维生——"人饿了就必须吃东西，有很多次，我们夺走了当地人的食物，尽管他们也非常贫穷，非常饿"。在发现一头被当地人藏起来的小牛后，里特利和他的手下割断了小牛的喉咙，并在雪地里屠宰了它，但无法将肉煮熟，所以他们"生吃了它，吃得血都从脸上淌了下去"。[5]

与意大利人和罗马尼亚人一样，匈牙利人的故事不能被简单地说成是一支逃军的故事，正如一位德军团长在一次反击失利后的报告中明确指出的那样，"匈牙利部队打得很好，他们反击的企图失败的原因在于他们对敌人的装甲部队和寒冷的天气束手无策"。[6]尽管如此，匈牙利第2集团军还是差不多全军覆没了。最后，仅有约4万名匈牙利人逃过这场灾难，里特利就是其中之一。

这场新的灾难给德国最高统帅部带去了更多痛苦，他们此时更关注相对完整的第2集团军那125000人的命运，而不是第6集团军那些衣衫褴褛的"稻草人"。这些总参谋部的绅士们认为，萨尔穆特的人至少还有一线生机。

将视线转回斯大林格勒"口袋"内，蒂尔和弗罗伊登菲尔德创造了一个小小的奇迹，他们以某种方式让古姆拉克机场重新启动并运转了起来——至少在某种程度上是这样的。对此，米尔希也发挥了作用。尽管持续的空运行动遭遇了无数难题，米尔希这位极其能干的组织者还是设法每天向"口袋"内运送60多吨的物资。这一输送量还不到他就任空运主管的两周前每天平均输送量的一半，但考虑到地面的战况，这仍是一件不容易的事情。蒂尔和弗罗伊登菲尔德甚至还抽出时间，开始为启用紧邻斯大林格勒城的斯大林格勒斯基机场做准备，以便其在古姆拉克机场发生意外时充当新的空运枢纽。这个想法很合理，因为苏军炮兵连发射的炮弹已经打到了古姆拉克机场。

有个人从蒂尔和弗罗伊登菲尔德的努力中受益匪浅，他就是保罗·皮珀。皮珀是来自德国著名的条顿堡森林（Teutoburg Forest）深处的一名鞋匠学徒，他在斯大林格勒遭到包围的当天才加入部队。一颗子弹打碎了皮珀的左臂肘关节，他的左手臂受了重伤。因此，皮珀得到一张让他有资格被空运出包围圈的珍贵的飞行通行证，但他认为伤员转运系统已经崩溃，所以他就自己动身去了古姆拉克机场。刚到那里，他就四处寻找食物，并寻找任何能栖身的地方，同时等待时机登上正在日益减少的飞机。最后，来自高射炮部队的两名炮手叫醒了熟睡中的皮珀，并告诉他有两架飞机已经降落。皮珀说："既然得到了飞行通行证，我就一定要飞出去。"但在心里，皮珀"已经放弃了，不想再努力了"。于是，他对自己说："这样做不会有任何好处，机场上肯定又会拥挤不堪。"在高射炮手的劝说和鼓励下，皮珀转变了态度，出发了，当他"到达飞机旁边时……注意到那里几乎没有任何伤员。也许他们没拿到飞行通行证！两架轰炸机已经降落，是 He-111 轰炸机……机场上没有像往常那样，有一大群人挤来挤去"。皮珀不相信自己的运气，他"从以前投掷炸弹的弹仓舱门处"吃力地爬上了飞机，等他们"都爬进去后，舱门就从里面关闭并固定好了。大家紧挨着坐着"。尽管严重超载，但飞行员还是小心翼翼地操纵着飞机，设法飞进了冰冷的夜空中。然后，皮珀和同行的士兵才恍然大悟，他们"几乎不敢相信自己能活着离开包围圈，有些人在哭，有些人想感谢那三名飞行员"。在之后的两天里，皮珀就躺在斯大林诺医院一张干净的病床上，床上铺着刚洗过的白床单，他还享受着国防军中最好的医疗服务。

至于弗罗伊登菲尔德，他遇到了他的老朋友、来自奥地利第44步兵师的营长——埃伯哈德·波尔。弗罗伊登菲尔德不得不告诉波尔一些坏消息，他说："斯大林格勒的士兵们不会再有喘息之机了，战局已变。古姆拉克机场的陷落只是时间问题，该机场已经受到来自北方和西方的敌军炮火的夹击。"波尔被这个消息吓得目瞪口呆。

当晚，也就是1943年1月22日星期五的晚上，保卢斯向最高统帅部发了一条信息：

口粮耗尽。"口袋"内有超过20000名伤员无人照顾。我军有些部队用光了弹药，并遭到苏军重炮火力支援下的大规模进攻。对于这些部队，我该下什么命令？……自1月16日以来，我军用掉数千发炮弹，却只收到36发轻型榴弹炮的炮弹，每门大炮现在平均只剩30发炮弹……弹药基本消耗殆尽，我军部分防线已出现解体迹象……要塞即将失去防御作用。

第二天下午，德国空军正式宣布斯大林格勒斯基机场投入使用，该机场已经能够起降有限的航班。与此同时，苏军坦克碾过了被积雪覆盖的古姆拉克机场的跑道，该机场此时也被红军夺回。约瑟夫·罗斯纳（Josef Rosner）是埃伯哈德·波尔手下的一名奥地利掷弹兵，他当时正在贡沙拉（Gontshara）村附近作战。他回忆道："一个蒙古人穿过战壕，向我的机枪扔了一枚手榴弹。我的双手和右眼都被弹片击中。他又拿自动手枪对准我，用俄语喊着'别动'！不知是他的枪卡住了，还是弹匣空了？我的手枪里还有两发子弹，所以我一枪打死了他，然后躲进了周围的尸堆里，装死。"等到"战斗的浪潮"从身边掠过后，罗斯纳才重新启程。不知不觉间，他来到斯大林格勒斯基机场，并惊讶地看到几架亨克尔轰炸机正停在跑道上——"可怜的人们从三个掩体里出来，跟跄地走向飞机。可当我们即将走到He-111跟前时，俄国人突然用105毫米火炮向这些飞机开火。一架He-111着火了，飞机机枪手们把我和斯托瓦（Storva，罗斯纳的战友）拽进了飞机，我俩分别是第13个和第14个获救的人"。

罗斯纳在医院里失去了所有脚趾——因为严重的冻伤而被截肢——但他活了下来，而这也是蒂尔和弗罗伊登菲尔德等人在斯大林格勒努力的结果。

迈克尔·戴姆尔和他的机组人员在被称为"斯大林格勒斯卡亚"（Stalingradskaya）的应急机场着陆——"在那里，一个异常悲伤的景象映入我们眼帘。在这冰天雪地中，气温只有零下30摄氏度甚至更低，我们见到我军的士兵，他们穿着单薄的制服，饥肠辘辘，冻在一起，几乎一动不动"。正当戴姆尔和他的机组人员卸下装有粮食的补给箱和面包袋时，一位防空部队的上尉走过来说他想把遗嘱交给他们。此后，戴姆尔的亨克尔轰炸机又两度飞赴斯大林格勒斯基机场，他们尽可能多地带走伤员，但被迫留下更多伤员。在最后一次飞行中，他们卸下了面包袋，也尽量带走了伤员。在被派到机尾进行起飞前的小修时，戴姆尔突然发现有一名伤员从打开的弹舱门爬进了飞机：

> 当我跟着他进去时，他激动地看着我，好像在为他的生命而战。他的眼神乞求着我，让我带他一起离开。我永远无法忘记那个眼神。尽管我们的载重量已达极限，但我还是让他进了机舱，并且没有告诉格弗雷特·阿德里安（飞行员）。同一天，斯大林格勒斯基机场落入俄国人之手……最后一架德国飞机飞离了斯大林格勒。

当第一批苏军步枪兵冲到斯大林格勒斯基机场外围时，苏军第21集团军和崔可夫的第62集团军实现了会师，斯大林格勒"口袋"也被一分为二。此时，德国人已没有机场了。一位德军参谋被困在了北部新的"迷你包围圈"中。在瑟瑟发抖之余，他还试着理解当前的战况，他说："一只濒死的鸡的形象不由自主地浮现在我的脑海中。它失去了头，但翅膀仍在拍打，腿仍在抽搐，它似乎可以而且即将摆脱厄运。我们的情况也是如此。现在条件反射般的抵抗实际上宣告了我们行将就木。"

戈特弗里德·格雷夫少尉报告说，他看到"许多散兵游勇在四处游荡，他们脸色灰白，冻僵的四肢裹着碎毯子，不断乞求着面包"。但他们已没了生还的希望。这时候，配给制差不多已经崩溃了。格雷夫说："在最后的日子里，我们每天规定的口粮是35克面包、50克罐头肉和15克用于做汤的麦粒。我们把雪融成水，但得先把碎石和碎片拣出来。"他还说，他们几乎从未得到规定重量的口粮，他们通常能得到一片面包就很幸运了，其他什么都得不到——马匹早已全部消失在锅里。一位参谋回忆说:"长期以来,我们只能得到一点点面包。在最后的日子里,我们每人只分到 38 克面包,野战口粮早就吃光了。"

"口袋"北部有捷尔任斯基拖拉机厂和很大一部分其他工业基地。一年前,第 6 集团军曾在此地血流成河。"口袋"南部囊括了废墟遍地、瓦砾成堆的马马耶夫岗以南的郊区。1 月 24 日 16 时 45 分,阿瑟·施密特给曼施坦因发去最新消息:

> 苏军一直对我西部防线发动猛攻,强度丝毫未减,我军部署在该战线的部队一直试图向东反击,以回到戈罗迪什(Gorodische)地区……我军在拖拉机厂形成了一个"刺猬阵地"……城内的情况很可怕。约有 2 万名伤员无人照料,只能在废墟中寻求庇护,他们与大约同样数量的饥寒交迫的士兵和散兵游勇混杂在一起。这些士兵大多赤手空拳,因为武器都在战斗中损失了……重炮不断轰击着整个市区。我军在城市南郊进行着最后的抵抗……精力充沛的将军们和军官们纷纷奔赴战斗第一线指挥战斗,少数仍有战斗力的士兵聚拢在他们周围。

施密特对战斗结果不抱什么希望。他指出"拖拉机厂或许还能再坚持一段时间"。

被围德军从早上坚持到了傍晚,施密特这时又向最高统帅部发去一则消息,说:"部队没有弹药和食物……崩溃在所难免。"他请求希特勒允许他投降,但再次遭到拒绝。

同一天,曼弗雷德·冯·普洛托的妻子给他写了一封信,她在信中写道:"局势还没到绝望的地步,我们正在设法发动反击。只要还有一线希望,我的整个生命就会流向你……我们相信你,并将我们所有的力量都赋予你,让你再坚持一天,救援或许就到来。如果我们注定要永远分离,我绝不会完全失去你。"[7]

卡尔·恩宁霍夫的父母要悲观得多,他们在信中写道:"从斯大林格勒传回的消息,对我们家乡的人来说是令人心碎和可怕的。我们非常担心你……我写了很多信,也寄去了很多包裹,但没有任何回音,如果你没有收到,那这些邮件去哪了?但我们不会放弃希望……人们每天都希望战争能结束,但战争仍在持续。"[8]

1 月 26 日,星期二,保卢斯正式要求任何继续飞往"口袋"内的飞机都只携带食物,并尽可能地把食物空投到离他的士兵们最近的地方。他说,被围士兵不再需要更多弹药,因为这些士兵手上已没有多少武器。那些躲在地堡和临时阵地中的前线步兵,仅有一部分幸运儿手里还有枪，他们痛苦地说："敌人不停地进攻……而我们必须节省每一发子弹，因为我们几乎没有弹药了。我们多么希望自己能够再一次正常地射击。"此外，还有一些冻得半死、饿得虚弱不堪的德军士兵，只能呆呆地看着开始放松警惕的红军士兵在废墟中若无其事地走来走去。这些红军士兵也知道德国人已无力自卫，懒得寻找掩护了。

令人惊讶的是，德军守军当中有些人还没完全放弃希望。一位名叫卡尔·施瓦茨（Karl Schwarz）的军官说："所有人都在讨论突围。大多数人认为，在如此寒冷的天气里，在没有食物和弹药的情况下，这是不可能的实现的，但有些人认为值得一试。"在对所有可能的出城路线进行侦察后，守军发现"每一个地堡和地洞里都有俄国人的身影"，这时即使是他们中的"乐观主义者也失去了希望"。有几个德国人没被吓倒，他们制定了一个计划，他们"试着藏在（卡车后的）防水油布下面，然后让一个'希维人'及其助手在前面开车"。然而，命运阻挠了他们——"我们激动地准备好一辆卡车，装好东西，准备好防水油布，但在为数不多的逃亡者准备好之前，一枚偶然飞过的迫击炮弹以一次剧烈的爆炸（彻底摧毁了卡车）终结了这个最后的梦想"。

一位士官给帝国国内的妻子写了最后一封信，信中写道："你不应为我的死感到悲伤……我相信一切都要继续下去的。你得找份工作，照顾好孩子们。我将把你放在心里，直到最后一刻。你会一直陪伴着我，直到我咽下最后一口气。"

亚历山大·冯·哈特曼——仍然佩戴着保卢斯在一年前的10月份亲自授予他的骑士十字勋章——眼睁睁看着他心爱的第71步兵师缩减到不足两百个战斗人员。此时，被困在"口袋"南半部分的一段铁路路堤旁的哈特曼，向幸存的手下告别道："对一位将军来说，当俘虏是不光彩的。一名军官应战死沙场。我不会自杀，但我愿意付出自己的生命。"随后，哈特曼带着一把卡宾枪爬上路堤，开始向苏联人开火。与其同行的还有全师最后两个幸存的团长，他们分别是库尔特·科尔顿（Kurt Corduan）中校和拜耶莱因（Bayerlein）少校。战地记者汉斯·里斯卡（Hans Liska）用一幅画描绘了哈特曼的最后一战，并将其发表在了《信号》杂志上（见本书第1页）。不过，在里斯卡的这幅画中，哈特曼是和马克斯·普费弗（Max Pfeffer）、理查德·斯坦普尔（Richard Stempel）这两人一起，用冲锋枪和手榴弹对付不断涌来的、黑压压的苏联人的。里斯卡还回忆道："三个厨师正在野战厨房里忙得不可开交，却被突然出现的苏军坦克吓了一跳。为了自卫，他们抓起放在手边的几枚手榴弹，冲向坦克，摧毁了这几辆庞然大物。之后，他们继续做饭。"⁹然而，在战役的这个阶段，"口袋"内如果还有什么东西能烹饪的话，这对第6集团军的幸存者来说会是一个巨大的惊喜。更不用说，"放在手边"的手榴弹了。至于哈特曼的最后一战，他、科尔顿和拜耶莱因三人都当场死了。普费弗从"口袋"中幸存下来，但成了俘虏，于1955年12月死在沃伊科沃战俘营（Voikovo Prison Camp）。第71步兵师的最后几名士兵由弗里茨·罗斯克（Fritz Roske）率领，不过他们于几天后都被苏军俘虏。

第二天，著名的第44步兵师第134步兵团的团长、正藏在斯大林格勒市前内务人民委员会（NKVD）总部的地窖里的阿瑟·博耶（Arthur Boje）上校站了起来，他面对着手下最后一批士兵们说道："我们没了面包，也没了武器。我建议我们投降。"没人提出异议。因脚部受伤，又因缺乏医疗护理而发着高烧的博耶转过身，痛苦地爬上楼梯，走出了地下室。他的奥地利同胞们也都站了起来，高举双手，跟在他后面。对此，博耶手下的最后一名军官说道："我们已没有弹药了。这种情况下，你还能做什么？我们实际上已到最后一颗子弹了，斯大林格勒战役胜负已分。"在阿瑟·博耶和他的手下拖着沉重的步伐向苏军投降的第二天，阿瑟·施密特给顿河集团军群总部发去一封信，信中写道："由于粮食供应极为紧张，我们被迫暂停向伤病员发放口粮，以维持战斗人员的生存。"这是一种孤注一掷的策略，但几乎起不到任何实际作用，反正一丁点食物也没了。一名前线士兵写道："我只有92磅重，瘦得皮包骨头，活死人一个。"

尽管没有机场可供降落，德国空军仍试图最后一搏，以帮助被围士兵。在1月29日星期五的晚上，124架各式各样的轰炸机和运输机突然出现在两个"迷你包围圈"的上空，并将携带的物资空投下去，以期下面的守军至少能收到部分物资。弗朗茨·雷克伯格（Franz Rechberger）是幸运儿之一，他实实在在地从这次空投中得到一些东西，他说："我们打开了最后几罐蜜饯。那是飞机扔在雪地里，之后被我们收集起来的。为了搭配蜜饯，我们还用斧头磨碎了背包里仅剩的一点豆子，并将其放进融化的雪中煮开，从而制成了一杯'特制咖啡'。吃完后，我们躺下睡觉，为接下来的行动蓄积力量。"尽管雷克伯格运气不错，但绝大多数补给箱和食品袋要么被苏军截获，要么在混乱中丢失。卡尔·沃尔夫对此痛苦地证实道："大多数（飞机）都将这些'补给炸弹'空投到了正在前进的俄国人的头上。偶尔有一些落入我们手中，但我们再也没有力气打开它们了，只能把它们留在原地。"

1月30日，星期六，在1300英里之外，阿道夫·希特勒再次登上柏林体育场的讲台，向全国人民发表讲话。在精心挑选的现场听众中，有一位就是坦克兵理查德·冯·罗森。罗森曾在巴巴罗萨战役中受伤，但此时已完全康复，并刚刚完成了一门军官培训课程。当天早上7点，已晋升为一位中士候补军官的罗森和他的战友们被几辆公共汽车接走——"这些公共汽车将把我们带到体育场去听希特勒的演讲。那里挤满了刚晋升为少尉的陆军、空军和海军的士兵……我们不得不等上四个小时，直到中午，活动才开始"。这是罗森第一次亲眼见到这位独裁者，他说："无论是元首的'入场仪式'、戈林的介绍，还是希特勒的演讲本身，都没给我留下深刻的印象。人们的欢呼更多是机械性的，而不是发自内心的情感表达……我没感到很激动。"[10]

在斯大林格勒，南部"迷你包围圈"的范围已缩小到只剩下保卢斯的总部——位于红场附近的百货商店（Univermag）内那洞穴般的地下室中——周围的几条街道。京特·路德维希（Günther Ludwig）回忆了当时的情况，他说："沙皇皇后区（Tsaritsa sector）的防御已经崩溃，俄军正从南方逼近红场。到了下午，他们和广场之间的距离已仅隔一条街了。"路德维希手下的兵力不多，他知道保卢斯的指挥所就在自己后方约100米的"所谓的'百货商店'之中"。一道来自施密特将军这位第6集团军参谋长的命令使路德维希倍感沮丧：

"无论如何，要阻止俄国人进入红场，要将集团军司令官带离他的指挥所"。（我）手下有约50名士兵还能勉强举起步枪。这个任务不可能完成……我们的武器仅有步枪和手枪。

苏军坦克的出现印证了路德维希的观点。这位装甲军官惊讶地听到，苏联人叫出了他的名字，并且告诉他必须立即撤离其所在的废墟，否则他们的坦克会把那里炸碎。为了救出许多躺在大楼里无人照顾的伤员，路德维希只能打着休战的旗号，出去与苏联人谈判，以避免更多人被杀。

这时，一个前所未有的情况出现了，那就是德军中一些早就逃跑的人又突然出现在他们以前的战友中间，这些人看起来有吃有喝，并得到了良好的照顾。在整个斯大林格勒战役中，甚至在整个苏德战争中，苏联的宣传部门都实施了"心理作战"（psyops）来帮助自己瓦解轴心国军队的抵抗。心理作战的这些措施通常相当粗糙，例如利用扩音器交替播放军乐和德语广播，提供各项优惠条件以使德军士兵越过战线向苏军投诚。随着战争的发展，这种心理作战的战术变得更加复杂，苏联人开始让来自德国本土的人——战前的流亡者（其中很多人本身就是共产主义者），或者逃兵，甚至囚犯——向其以前的战友进行广播宣传，告诉他们一旦投诚会受到多好的优待，还说这不是他们的战争，苏联人只想跟他们这些来自德国工人阶级的同志们结下兄弟般的情谊。不出所料，很少人相信这些宣传，许多人都目睹过苏联人是如何对待俘虏的，或者至少从别人那里听说过此类故事——"俄国人离我们很近，还不停地叫我们去他们那里，那里会有食物等等……没人准备去做俘虏……我们知道他们对待俘虏有多残忍，所以很多人宁愿开枪自杀"。

　　一名前线士兵记得，有天晚上，他所在部队的一名哨兵被苏军活捉——"雪地上的拖痕清晰可见。我们派出一支侦察队，但除了遭到猛烈的炮火袭击外，他们回来时一无所获"。两天后，那名失踪的哨兵又出现了——"一个德国人的声音透过扩音器从俄国战壕里传了过来，说的是'我是士兵波拉克（Pollack）。我很好，这里的口粮比你们的好。快过来吧'"！此时，苏联人在废墟中尝试了一种新方法——"那天晚上，有两个此前被落入俄国人手里的战友回来找我们。他们报告说，他们都受到了良好的治疗，得到了充足的食物。现在，他们又被送回我们身边。我们盯着他们，就好像他们是某种奇怪的动物……难道这只是为了博取我们的信任而耍的花招"。这位迷惑不解的德军前线士兵和他的战友们都没接受这个提议。

　　在保卢斯的总部，一切都笼罩着一层超现实的色彩。在前一天的中午，即便苏军横冲直撞地冲破了保卢斯的部队的防线，这位明显走下坡路的将军还向柏林发去了一条谄媚的消息，说："第6集团军向元首表示问候。纳粹旗帜仍飘扬在斯大林格勒上空。"希特勒用同样可笑的语气回复了保卢斯，并以"我的思念永远伴随着你和你的士兵"作为消息的结尾。为了使他的话更动听，希特勒突击提拔了第6集团军中的一大批军官，包括让保卢斯成为陆军元帅。这些提拔为的是激励第6集团军的官兵对进攻的红军做最后的抵抗，并没有什么实际价值。特别是对保卢斯的提拔，其中蕴含的意义也被保卢斯自己意识到了，他说："人们不禁觉得这是一份'自杀邀约'。然而，我不打算帮他们这个忙。"保卢斯非常清楚历史上从来没有一位德军元帅被活捉过，也完全明白希特勒希望他开枪自杀而不是接受被俘。事实上，希特勒后来愤怒地说："在和平时期的德国，每年有1.8万人到2万人选择自杀，尽管他们没有面临这样的境遇。现在，有个人看着他的五六万名士兵因捍卫他们自己而死，他怎能向布尔什维克投降呢？"

弗里德里希·保卢斯在最后关头决定不遵循他的元首的命令。他相信这样做不仅遵从了自己的良心，而且遵守了德国国防军的规定，特别是第 2 条规定，即"每位德军士兵都希望自己宁可手持武器而死，也不愿被俘。但在变幻莫测的战斗中，即使是最勇敢的人，也可能不幸被敌人俘房"。[11] 此后，关于"如果保卢斯在战斗中能更早发现自己的道德准则，那么第 6 集团军会发生什么"这个问题一直被争论不休。

事实上，在保卢斯授权发出的最后几份报告中，有一份声称北部的"迷你包围圈"还可以坚持一段时间，因为那里的苏军力量较弱。这份报告同时又证明了在保卢斯的总部周围，那些饥饿、寒冷、憔悴的前线士兵们将"遵照命令坚持到最后"。

这场战役的结局，当它到来时，与其说是一场正剧，不如说是一场闹剧。路德维希临时拼凑的防御力量已耗尽了，他说："我绕着我在广场南缘布置的阵地走了一圈。我们的几个哨兵就潜伏在废墟的阴影里。他们已经好几天没有取暖的火堆，没有食物，也没有重型武器了。他们无法抵挡进一步的攻击。"在与红军代表谈了投降相关事宜后，路德维希被派往第 6 集团军总部，并向阿瑟·施密特汇报，而他所担心的最坏的情况出现了。施密特诘问路德维希说："你已和俄国人接触过了。你知道这是严格禁止的吗？"路德维希承认了自己的所作所为，并向施密特和弗里茨·罗斯克——后者在亚历山大·冯·哈特曼死后接管了第 71 步兵师，从而压了施密特一头——解释了他这样做的理由。路德维希悬着的心放下了。他原以为施密特会要了他的脑袋，结果发现后者已不再拥有决定是否投降的权力了。这让路德维希长舒了一口气，他说："我无言以对，完全惊呆了……施密特先生之前一直说的'战斗到最后一个人、最后一颗子弹'就这样不了了之！深感沮丧的我，慢慢走过红场，重新与我的战友们会合。"[12]

1943 年 1 月 31 日，星期日，早晨 6 时 15 分，保卢斯总部的一名通讯员用无线电向顿河集团军群发出通知，说："俄国人就在门口了。我们准备销毁（电台）。"威廉·亚当回忆说："当时天还很黑，但黎明已在不知不觉中到来。保卢斯正在睡觉。"施密特用"我必须通知你，俄国人到门口了"这句粗暴的话唤醒了他的上司。7 时 15 分，第 6 集团军最后发出的消息称："我们正在销毁（设备）。"

第一个进入保卢斯总部的苏联人，是坦克指挥官费奥多尔·埃尔琴科

（Fyodor Elchenko）中尉。埃尔琴科被自己眼前的景象震惊了，他说："里面挤满了士兵——有好几百人……他们又脏又饿，而且看起来很害怕！"他还看到，保卢斯"躺在床上……身穿制服……他看上去没有刮胡子，神情凄惨"。对于苏联人向保卢斯说的话，威廉·亚当在日记中记录道："你做好出发的准备。我们将在9点来接你。你要乘坐你的专车前往目的地。"经过苏联人的允许，亚当带着一名司机去准备专车：

> 爬出地窖后，我目瞪口呆地站在那儿。几个小时前还在互相射击的苏德士兵，现在竟相安无事地站在院子里。他们全副武装，有的手里拿着武器，有的肩上扛着武器……天哪，双方的对比是多么鲜明啊！德国士兵衣衫褴褛，他们穿着轻薄的大衣，脸颊深陷，胡子拉碴，看起来就像幽灵。红军士兵看起来精神抖擞，还穿着暖和的冬季制服……9点整，苏联人来接他们的手下败将——德国第6集团军总司令和他的参谋们，然后向后方进发。向伏尔加河的进军至此结束。

弗罗伊登菲尔德少校这位德国空军军官曾与埃里克·蒂尔一起做了不少工作，他们不但改善了古姆拉克机场的空地协调，还加快了空运补给物资的速度。弗罗伊登菲尔德向德国空军总部报告说："士兵们漫无目的地跑来跑去。战斗人员所剩无几。参谋们已经失去了对部队的掌控力，无法再指挥作战。俄罗斯坦克正在突破我军防线。这就是结局。"之后，他又在1月31日黎明时分发出他的最后一条消息，称苏联人已经"到门口了"。

在保卢斯拒绝对北部"迷你包围圈"中的守军负责后，这些守军就只会面临一种结局，那就是被胜利的苏联人彻底击溃。卡尔·斯特莱克在拖拉机工厂的深处坐镇指挥。尽管在距他不到3米的地方，苏军将大炮排成一排，并用高爆炸药和榴霰弹淹没了他的士兵，但这位好斗的普鲁士人又战斗了整整一天。迪特里希·戈德贝克见证了这场战斗的最后一幕：

> 现在，俄国人的包围异常严密，他们可以向任何一个露面的人开火……我们的战壕遭到可怕的轰炸和炮击。从国防军无线电接收机的扩音器里，我们听到"口袋"南部的守军已经投降的消息。然后，他们为我们演奏了《尼伯龙根之歌》（出自瓦格纳的歌剧《尼伯龙根的指环》）来纪念我们的最后一战……我们再也无法救

助伤员了。我们开始销毁我们的文件……最后一个战地厨房被彻底销毁……我还是无法接受这一切。[13]

第二天（2月1日）拂晓，斯特莱克意识到进一步抵抗只意味着会流更多的血，他坐在废墟深处的朱利叶斯·穆勒中校（Julius Müller）的指挥所中，转身对手下的人说："我现在必须走了。"穆勒回答说："我将履行我的职责。"做出决定后，斯特莱克把他总部周围的五个师的剩余参谋人员都召集了起来，并向他们宣布说："保卢斯将军和南部'口袋'里幸存的全体守军都向俄国人投降了。我们已经没有希望了。因此，作为'口袋'内的高级指挥官，我从现在起赋予你们行动自由，你们可以按照自己的良心行事。任何进一步的抵抗都是毫无意义的。"随后，斯特莱克发出的最后一条消息称："面对拥有压倒性力量的敌军，第11军及其下属各师战斗到了最后一人。德意志万岁！"斯特莱克的一位手下还记得当时的情景，他回忆道："枪声停止了。俘虏被征服者的部队安静地带走，没有任何过激行为……双方都对这一切厌烦得要死，并为这一切终于，终于结束而倍感欢欣。"[14]

汉斯·克拉姆弗斯，这位头发花白的老技术军士在11月做了错误的决定。当时，他驾车开回了包围圈，而没有向西驶向安全地带。早些时候，一位老战友曾邀请克拉姆弗斯参与一场集体自杀，但他拒绝了，他"不愿死在自己手里"。克拉姆弗斯离开了那些想要自杀的人，走进了另一座掩体。这时，"一个俄罗斯人冲进来，用俄语喊着'朋友，举起手来'！我们放下武器，高举双手，走到空地上。这群俄罗斯人非常高兴，对我们也十分友好。对他们来说，这是一场伟大的胜利"！格特·法伊弗的回忆与此类似：

芬克（Finck）上校和我，还有一名信使和一名无线电报务员，我们带着一套完整的无线电设备与第6集团军最后的残部一起投降了……我们都躺在路障兵工厂西端某处的一个地洞里，筋疲力尽，肮脏不堪，浑身虱子……我向无线电设备开了两枪。接着，我让信使把一条白布绑在他的步枪上，然后将它举起来，好让俄国人看到。之后，一位拿着手枪的俄国少校跳进了我们临时搭建的掩体中。

在过去的两个月里，与克拉姆弗斯来自同一个步兵师的年轻炮手——威廉·盖尔克（Wilhelm Gereke）亲眼看着自己的团被歼灭。盖尔克对此感到麻木，他说："我们把所有的弹药都打光了，轻武器也无法使用了。由于再战斗下去已无任何意义，我们投降了……一到敌军阵地，他们战斗部队的人就从他们占领的粮仓里拿出香烟和雪茄递给我们。这些人没有偷我们的东西……根据安排，我们大约250人排成一列纵队，在一名苏军哨兵的带领下，我们开始向南走。"[15]

一天前，这些苏联人还试图杀死盖尔克，而如今他却得到了体面的对待。盖尔克的这种经历在身经百战的老兵中并不鲜见。一旦热血高涨的战斗冷静下来，一名士兵往往只会从敌人的脸上看到自己的形象，并会采取相应的行动来帮助曾经的敌人，也许，他是下意识地希望，如果形势逆转，他自己也能得到人道的对待。不幸的是，盖尔克随后在苏军的后方部队那里经历了"硬币的另一面"，而这些部队的人非常乐意从俘虏的痛苦中获利——"走了1.5千米后，哨兵换了班，大清洗开始了，甚至平民也未能幸免。我们身上一切有用的东西都被扒光……有些人甚至连靴子都被抢走了，所以他们不得不赤脚踩在零下30摄氏度的雪地上"。弗朗茨·雷克伯格也有过类似的经历。他和他的朋友们厚着脸皮开上一辆还能开动的轿车，前往战俘营。路上，一位红军军官拦住了他们的轿车并命令他们立即下车，随后他们"被俄国人包围，这些人一边用俄语喊着'哦，开个玩笑'和'机器拿来，开个玩笑'，一边抢走了手表和打火机"。[16]

同一天，希特勒命令帝国电台广播以下公报：

斯大林格勒战役结束了。忠于誓言、战斗到最后一息的第6集团军，在保卢斯元帅的模范领导下已屈服于敌人的压倒性力量和不利的环境。敌人曾两次要求第6集团军投降，但都被傲然拒绝。此役的最后一场战斗是在斯大林格勒最高的废墟上飘扬的纳粹旗下进行的。

帝国电台的常规节目被安东·布鲁克纳（Anton Bruckner）的《第七交响曲》（Seventh Symphony）中充满悲观情绪的慢板乐章取代。电台还宣布，德国将举行为期数天的全国哀悼。

2月3日，星期三，赫伯特·昆茨少尉听了他的上司汉斯-格奥尔格·贝彻简要介绍的任务——"去看看哪里的战斗还在持续，或者去找找是否有正在逃跑的队伍，要是有，就把物资空投到他们附近"。昆茨驾驶着他的亨克尔轰炸机，飞行在斯大林格勒城的上空。他注意到，没有一门高射炮向自己开火，也看不到任何战斗的迹象。为了识别德军部队，昆茨不断降低高度，他问自己道："我们究竟该向哪里空投物资？高度表的读数从 100 米降至 80 米，而 80 米也是我敢飞的最低高度，因为高度表的读数可能并不准确……我们距离地面实在是太近了。我猛地把飞机拉回了雾中，回到安全的高度……我们不得不把面包袋盲目地扔下去。"昆茨祈祷这些面包"能增强一位前线士兵的体力，使他走得更远"[17]，然后便命令机组成员投下面包袋。空投完成后，昆茨就赶紧调转机头，向西飞去。

在斯大林格勒战役最后几天的大混乱中，年轻的炮兵鲁道夫·奥胡斯失踪了。他的父母疯狂地从那些可能知道他命运的幸存者那里打探消息，想要获得一些关于他的下落的蛛丝马迹。其中一位士兵在幸运地逃离那座城市后给奥胡斯的父母写信说：

> 亲爱的奥胡斯先生，现在我看到了您儿子的照片，我对他记得很清楚，如果单凭这个名字，我可能什么都记不得。关于您的儿子，我只能说他在 1 月 22 日，也就是我受伤和撤离的那天还活着。不幸的是，我不知道他和他的战友们后来怎么样了。不过，我猜他会被俄罗斯人俘虏，所以您的儿子还是有希望活着。即使他当俘虏的日子不会好过，但一想到他还活着，或许还能在战争结束时回来，这对您和您亲爱的家人来说都是一种慰藉。[18]

22 岁的鲁道夫·奥胡斯——这位来自下萨克森州贝尔根的农民子弟于 1940 年被征召加入德国国防军，随即与他的炮兵连一起在乌克兰和俄罗斯南部作战——消失了。官方宣布奥胡斯在战斗中失踪。战役结束后，在绝望地步入牢笼的数千人名幸存者中，奥胡斯的身份没有得到确认，他的尸体也未在废墟中找到。与其他许多人一样，斯大林格勒成了奥胡斯的坟墓。

卡尔·施瓦茨的战友们曾设想躲在卡车后面的油布下，以逃离这座厄运之城。但此时，这名 28 岁的参谋和他所在部队的其他数百名幸存者一起，被可怜地拖进了战俘营。"第 6 集团军……覆灭了"。[19]

注解

1. Taylor, Brian, *Barbarossa to Berlin – volume 2*, p.29.

2. Fowler, Will, *The Battle for Stalingrad,* p.170.

3. Hayward, Joel, S. A., *Stopped at Stalingrad – The Luftwaffe and Hitler's Defeat in the East 1942-1943*, p.288.

4. Wieder, Joachim & Einsiedel, Heinrich Graf von, *Stalingrad: Memories and Reassessments*, p.302.

5. Beringer, James, *A Hungarian Odyssey: The Life and Times of Dr Stephen Ritli,* p.49.

6. Trigg, Jonathan, *Death on the Don*, p.201.

7. 引自 1943 年 1 月 24 日曼弗雷德·弗莱赫尔·冯·普洛托写给妻子的信，编号为 3.2008.2195。

8. 引自卡尔·恩宁霍夫写给他父母的信，编号为 3.2008.1388。

9. 《信号》杂志刊载了相关报道。报道题目为《斯大林格勒的纪念碑》，作者是陆军少校威廉·埃默博士（Dr Wilhelm Ehmer）。

10. Rosen, Richard von, *Panzer Ace,* p.130.

11. Neitzel, Sönke, and Welzer, *Harald, Soldaten*, p.244.

12. Wieder, Joachim & Einsiedel, Heinrich Graf von, *Stalingrad: Memories and Reassessments*, p.312.

13. Busch, Reinhold, *Survivors of Stalingrad – Eyewitness Accounts from the Sixth Army, 1942-43*, p.85.

14. 同上书，p.8。

15. 同上书，p.58。

16. 同上书，p.214。

17. 同上书，p.155。

18. 引自 1943 年 1 月 31 日鲁道夫·奥胡斯写给父母的信，编号为 3.2013.2829。

19. Busch, Reinhold, *Survivors of Stalingrad – Eyewitness Accounts from the Sixth Army, 1942-43*, p.237.

计算损失

1943 年新年伊始，苏联和红军正变得越来越强大，这引发了全世界的关注。在英国，像艾伦·布鲁克（Alan Brooke）这样的人物——帝国总参谋长、爱尔兰新教贵族后裔、不支持共产主义的人——也兴高采烈地宣布道："1943 年年初的情况是我以前想都不敢想的，俄国坚持住了。"《每日电讯报》大肆宣传苏联拯救了欧洲文明。英国政府宣布将 2 月 23 日定为全国"红军日"。斯大林沉浸在赞誉之中，同时再次呼吁英美派兵登陆法国，以便在西欧开辟第二战场。在浮夸的气氛中，斯大林悄然掩盖了火星行动的失败。火星行动旨在包围并摧毁由沃尔特·莫德尔指挥的、驻守在莫斯科对面的勒热夫突出部的德国第 9 集团军，并且在规模上要远大于其南方的"小兄弟"——天王星行动。一旦实现这一目标，苏军将挟胜利之余威，全面击败一直被其视为"东线德军的核心和灵魂"的中央集团军群。结果，斯大林为发动进攻而集结起来的 190 万人、3300 辆坦克、1100 架飞机，以及共计 24000 门的火炮和迫击炮像水泼在石头上一样被投入了战场。"勒热夫绞肉机"使红军付出的代价包括 1600 辆坦克被损失，10 万人阵亡，23.5 万人受伤。这是一次巨大的失败，但马上就被斯大林格勒战役胜利的光芒掩盖了。

　　苏联在斯大林格勒战役中取得的成功确实令人震惊。从那时起，关于这场战役究竟有多重要的争论一直持续不断。像第二次世界大战这样的全球性战争，轴心国和同盟国两大集团在地球的大部分区域内明争暗斗，而其中的任何一场战役，不论其规模有多大，都不可能真正决定某一集团的成败，但斯大林格勒战役的确比其他大多数战役更有资格获得"转折点"这一殊荣。所向披靡的德国国防军于 1941 年冬在苏联的大雪中倒毙，但又于 1942 年年初为计划中的秋季攻势——蓝色行动积蓄力量时表现出惊人的再生能力。不过，这些部队同他们在巴巴罗萨战役中的前辈一样，有着相同的缺陷。在取得初步胜利和些许进展后，整个蓝色行动到 9 月底已耗尽力量，这就跟一年前发生的事情完全相同。事实上，在共产主义制度没有自我崩溃的前提下，德国人根本没有足够的人力和物力来发起一场能从军事上彻底击败苏联的行动。

　　蓝色行动是巴巴罗萨行动失败的另一个写照，也犯了未能专注于某个特定目标的错误，并造成了灾难。希特勒正确地认识到，纳粹德国缺乏石油是他谋求全球霸权的最大问题，而夺取高加索油田不仅可以解决这个问题，还能夺走红军这一天然优势。然而，当德军的南方攻势逐渐成为强弩之末时，希特勒却执着地将"夺取斯大林格勒的每一栋建筑"这一新目标作为继续实施蓝色行动的理由。尽管希特勒在6月曾对保卢斯做出"如果我得不到迈科普和格罗兹尼的石油,那我就必须结束这场战争"的悲观预言,但事实证明,德国国防军在没有得到苏联石油的情况下仍然挣扎了两年半的时间。请注意,这位纳粹独裁者非常喜欢夸大其词,他的下属们应该深知这一点。就在强调高加索石油的重要性的两个月后,希特勒还向其最高统帅部宣布说:"如果钢铁工业的产量因炼焦煤的短缺而不能按计划提高的话,那么战争就会失败。"[1] 紧接着,他又向海因茨·古德里安坦白道:"如果我知道俄国人有这么多坦克,我就不会发动这场战争了。"

事实上,对第三帝国来说,1942年又是一个"战略腹泻"的年份。这一年,第三帝国的目标从来就不只有成功实施蓝色行动,还有攻占列宁格勒,击败北非沙漠中的英国人,持续在大西洋上发动U艇战争,以及推动在万湖会议上达成的在毒气室里消灭欧洲所有犹太人的协议的实施。希特勒和他的将军们自以为对克劳塞维茨(Clausewitz)的军事理论了如指掌,但他们似乎并不明白这位普鲁士骑兵到底写了些什么。

虽然纳粹表现得像一个"战略糖果店"里的孩子一样什么都要抢,但弗里德里希·保卢斯的表现很难不让人倒吸一口冷气。尽管获得了一支据称能冲云破雾的军队的指挥权,保卢斯却越来越多地将决策的责任交给像阿瑟·施密特和瓦尔特·冯·塞德利茨-库兹巴赫这样坚定的下属,同时又消极地默许着从文尼察和后来的拉斯滕堡发来的每一份公报。保卢斯的这支无比强大的野战军拥有建制完整的装甲部队、大量重型武器和一批经验丰富的老兵骨干,但他在战术或作战方面却没表现出什么天赋,这使他自己卷入了斯大林格勒这场消耗战,而这场战役又赋予了他的敌人很大优势。保卢斯是否就像著名历史学家沃尔特·戈利茨(Walter Goerlitz)所描述的那样,实际"只是一个在实践中失败的……参谋人员"?他个人该对伏尔加河河畔发生的悲剧负责吗?他是一个优柔寡断、不敢冒着风险果断做出决定的人吗?具体来说就是,他难道不能违抗希特勒的命令,擅自突围,从而拯救他的部下吗?1941年,保卢斯的导师冯·赖歇瑙在东线无视了这位独裁者守住罗斯托夫的命令,而这对这位独臂将军的职业生涯没有产生任何不利影响,也证明了"希特勒的命令不容挑战"是无稽之谈。的确,当汉斯·格拉夫·冯·施波内克(Hans Graf von Sponeck)在克里米亚同样无视希特勒的命令,以便将他的师从绝境中拯救出来时，他遭到逮捕，审判，并被判处死刑——后来减为七年监禁。但作为一名军队指挥官，赖歇瑙的举措显然比保卢斯的更为恰当。保卢斯想必也会同意纳粹外交部部长阿希姆·冯·里宾特洛甫的儿子、现役武装党卫军军官——鲁道夫·冯·里宾特洛甫的看法，即：

德国军队采用了最古老、最有效的管理制度……这基于这样一种基本认识，即只有当每名士兵都能在"空旷的战场"上独立行动时，所有部队的效率才能达到最高……德国军事法典的基本准则是，德国各级部队都必须能够主动、独立地采取行动。[2]

不幸的是，"勋爵大人"并未依照上述准则来指挥作战行动。

结果，纳粹德国及其盟国的士兵们遭到教科书式的惨败。在1942年10月底至11月初进行的至关重要的第二次阿拉曼战役中，约有9000名德国和意大利的士兵死亡，另有15000多人受伤，而且轴心国联军还损失了大约500辆坦克和254门火炮。就死亡人数而言，这大概只相当于斯大林格勒战役四天的战斗损失。[3]与东线的其他战役一样，斯大林格勒战役损失的数字是有争议的，但有一个数字是没有争议的，那就是"口袋"内约有91000名幸存的守军在投降后被苏军俘虏。其中，德国人占绝大多数，但也有约3000名罗马尼亚人和少数克罗地亚人。当时，第6集团军估计还有19000名"希维人"，但他们没有留下任何记录。那些在战役最后几天没被苏军杀死的"希维人"很可能是试图将自己伪装成难民，并取得了一定成功的人。不过，大多数"希维人"的结局只有一个，那就是被他们原来的战友在后脑勺开上一枪，然后被扔进乱葬坑。

不管苏联人曾经许诺了什么，对于那91000名俘虏来说，他们的苦难都远未结束。一名反坦克炮手痛苦地回忆说：

早晨6点左右，俄军步兵小心翼翼地排成纵队向我们走来，没人开枪……一块白布飘动着。过了一会儿，端着冲锋枪、身穿亮白色雪地罩衫的苏军步兵出现在我们的地堡前。听到他们刺耳的命令，我们都要走出地堡，到外面排队。我赶忙用斧头劈碎了无线电接收机，并成为最后几个离开地堡的人之一。在外面，我们排好队——大约有70个人，其中许多人都受了重伤，还被冻伤——默默等待着出发的命令。[4]

2月3日，英国战地记者、未来著名的历史学家亚历山大·沃斯（Alexander Werth）抵达了斯大林格勒，以便亲睹这场战争造成的破坏。在被带到一栋被烧毁的大型建筑前时，他看到"门廊里有一具马骨架，肋骨上仅粘着点儿肉渣"。然后，他们"来到院子里……那里有更多的马骨架"。看到一个佝偻的人影匆匆走下楼梯，去到地下室后，沃斯跟了下去，他发现：

约有200个德国人躺在这里，由于饥饿和冻伤，他们正濒临死亡。"我们还没来得及处理他们，"一个俄国人说，"我想，他们明天就会被带走。"而在院子的另一头，在另一个粪坑旁边，一堵矮矮的石墙后面，还堆放着不少颜色蜡黄、瘦骨嶙峋的尸体——他们就是那些死在地下室里的德国人——大约有十几具跟蜡像和假人一样的尸体……我们无力帮助他们。

战俘们几乎得不到任何食物或医疗救治，他们凄惨地排着长队，被押往苏联各地的监狱和劳改营。正如有人回忆的那样，他们"开始了为期六天的死亡之旅"。由于营养不良，又被疾病折磨，这些幸存者已非常虚弱，就像秋后的苍蝇一样纷纷死去，他们"有无数的战友没有活下来……死于冻伤和各种疾病……谁跟不上队伍就会被无情的卫兵枪毙"。第6集团军的绝大部分幸存者均在三个月内死亡，仅斑疹伤寒就夺去了数千人的生命。

一名俘虏记得，他得到了"一条面包，但得八个人分着吃，每个人还得到一条盐渍鲱鱼"，这就是他们"接下来八天的口粮"。他被押送到地狱般的别克托夫卡战俘营（Beketovka Camp），那里关押着50000名俘虏。他回忆道："在那个战俘营里，可怕的事情发生了，因为人们都在挨饿……如果幸运的话，你每周能吃一次东西。"当这些俘虏最终被转移到苏联南部前伏尔加—德意志共和国的一座新战俘营中之后，每天死亡的战俘通常多达30人，其中大部分死于斑疹伤寒、营养不良或痢疾。这名战俘还说："（到）1943年9月，我们中有70人还能干活，另有150人在生病，我们都被转移到沃尔斯克战俘营（Volsk Camp）。这些人都是最初的 2000 人中最后幸存下来的。"算上上述那些死去的俘虏，从 1942 年 11 月 19 日至 1943 年 2 月的最后一天，第 6 集团军共有 16 万人丧生。第 6 集团军全军覆没，第 4 装甲集团军的大部分有生力量也紧跟着被歼灭。汉斯·萨尔穆特的第 2 集团军虽侥幸生存下来，但也损失了近 8 万人。德国国防军从来没有经历过这样的事情。

尽管德国人遭受了可怕的损失，但从百分比上看，他们的损失远比不上他们那些命途多舛的欧洲盟友的损失。1941 年，罗马尼亚在攻占敖德萨时伤亡惨重，但与其在斯大林格勒战役中遭受的损失相比，那就不算什么。在斯大林格勒共计损失 15 万人后，罗马尼亚第 3 集团军和第 4 集团军差不多全军覆没，其残部不得不撤出前线。匈牙利第 2 集团军损失了 10 万人并被彻底歼灭，而意大利第 8 集团军也损失了约 10 万人。萨格勒布派出的加强团也被"献祭"。克罗地亚法西斯政权曾把一些最优秀的人派往东线，而此时不得不考虑与铁托的共产主义游击队进行一场日益激烈的内战，但其武装部队已失去了数千名最优秀的士兵。轴心国盟友在东线的核心力量——四个建制完整的集团军都已不复存在，这是永远无法弥补的损失。

年轻的意大利山地兵军官努托·雷维利在战斗中负伤，并被送回意大利本土。在回家的火车上，雷维利路过他挚爱的部队——"第 3 朱莉亚山地师"的招募区，他对自己看到的写道："每个车站都有一小群身穿黑衣的妇女，她们显然正在哀悼，还恳求我们提供一些前线的消息。她们给我们看她们亲属的照片，想知道'朱莉亚'师的命运。我们只知道'朱莉亚'师在俄国前线已差不多全军覆没。我们不知道该说些什么。"

德军在斯大林格勒战役中还损失了大量装备。1942 年，升任帝国军备部长的阿尔伯特·施佩尔开始主导军事装备生产，他与艾尔哈德·米尔希等人通力合作，共同对德国工业（在现实中从未像大众想象的那样高效）进行改革，但这几乎是一场从头开始的大变革，它无法在短时间内满足德国国防军的需求。德国国防军只能越来越依赖马匹进行机动。在这场战役中，德军损失了约 1600 辆坦克、超过 9000 门的野战炮和迫击炮，以及多达 60000 辆珍贵的机动车辆。[5] 当保卢斯被俘时，东线德军甚至无法在其整条战线上调集 500 辆可以投入作战的坦克，而北方集团军群竟然只有 3 辆坦克可用。

然而，对第三帝国来说，空中力量被严重损耗这一点才是最危险的。德军在西线和东线取得的军事成功都是建立在高机动性和强有力的空中力量这两大基础之上的，而在斯大林格勒战役后，德国的空中力量一蹶不振。事实上，在不列颠战役中，德国空军的轰炸机和对地攻击机的机组成员就已遭受巨大损失，而且从未真正得到补充。战斗机部队（jagdwaffe）也在斯大林格勒流了很多血，但作为其核心力量的"专家"飞行员们仍能成为"虚拟得分机器"，从而掩盖这一巨大损失。随着这些"专家"飞行员的战绩不断飙升，约瑟夫·戈培尔和他的宣传机器全力开动，为他们摇旗呐喊。但无论如何，蓝色行动已"剥去了德国空军无敌的外衣"。的确，德国空军把斯大林格勒及其郊区炸成了废墟，并在面对苏联空军战斗机部队时保持了自己的优势，但它未能对这场战役的结果起到决定性作用。而且在苏军发起天王星行动和小土星行动期间，德国空军也未能进行有效干预，从而直接导致轴心国盟友的集团军陷入不利境地。最重要的是，德国空军的空运行动完全是一场灾难。

德国空军的运输部队在斯大林格勒的空运行动中损失惨重，共计损失了约 266 架 Ju-52，这令本已在入侵克里特岛期间遭受重创的该部队雪上加霜。这一损失相当于德国空军整个 Ju-52 机队拥有的三分之一以上的 Ju-52 运输机，另外还有 165 架 He-111、42 架 Ju-86、9 架 Fw-200 "秃鹰"、5 架 He-177 轰炸机和 1 架 Ju-290 运输机在空运行动中损毁。也就说是，德国空军总共损失了 488 架飞机，这相当于一整个航空军都不复存在了。作为对比，德国空军在第二次阿拉曼战役中只损失了 84 架飞机。[6]

德国空军一千名训练有素、经验丰富的多引擎飞机飞行员和机组人员在斯大林格勒的空运行动中丧生，其中包括几十名不可替代的飞行教官，这令第三帝国后方的航空学院和培训学校极度缺乏合格的工作人员，从而导致新飞行员流向前线中队的速度进一步减缓。此次空运行动从 1942 年 11 月 24 日开始，到 1943 年 2 月 2 日结束。在这 71 天内，付出巨大代价的德国空军一共向"口袋"内输送了约 8350 吨重的弹药、燃料和食品。把这一总运输量平均到每一天后，每天的运输量就只占到要求的每天运输 300 吨的最少运输量的三分之一多一点。这几乎无法保证第 6 集团军官兵的体力和健康，也无法满足其战斗所需。不过，返航的飞机仍带回了 3 万多名伤员和国防军总司令部认为值得被疏散出包围圈的专家。还有数千人幸运地搭上了飞离"口袋"的飞机，却在途中丧生，因为苏军在这些飞机的必经之地部署了密集的防空阵地，苏联空军的战斗机部队也不断在天空中搜寻、猎杀它们，而那些成功飞离的人有理由认为自己是真正的幸运儿。[7]

到第 6 集团军投降时，东线德国空军已精疲力竭。除了少量运输机仍被部署在这一战场，德国空军在东线仅剩 1657 架飞机，只有可怜的 38% 的适航率，而这些飞机约为蓝色行动刚启动时的一半。其中，曾被誉为"皇冠上的明珠"的第 4 航空队也只能出动 240 架飞机。从这时开始，空军这个在第三帝国早期胜利中发挥了重要作用的军种（service arm），在纳粹德国的战争战略中被降为次要角色。

空运永远不可能为第 6 集团军这样庞大的部队供应足够的补给。1942 年，一个德国装甲师每天需要 300 吨到 400 吨的物资才能在进攻中发挥作用。这些每天所需的物资包括了 100 吨到 200 吨重的弹药、约 150 吨的燃料，以及吨位不等的食品、备件和医疗用品等。[8]"食物"和"缺乏食物"已成为纳粹德国在斯大林格勒这场灾难中的主题词，但缺乏弹药和燃料更具决定性意义。如有必要，士兵可以在很少或没有食物的情况下生存数天，并且继续战斗，但如果没有弹药，士兵就成了等着挨枪子儿的活靶子，而且坦克和重型武器对于斯大林格勒"口袋"内的积极防御非常重要，但它们需要燃料才能在战场上机动并反击红军的攻势。由于燃料和弹药供应不足，德国人无法反击，也无法机动，这使他们惨遭失败。

空运在先前的霍尔姆和德米扬斯克这两场战役（尤其是后者）中起到的作用，已使德国空军受到诱惑。的确，在德米扬斯克战役中，空运行动取得了巨大的成功。德国空军以平均每天 265 多吨的运输量，一共向德米扬斯克包围圈输送了约 24303 吨的补给物资，另外还输送了 500 万加仑（1 加仑约为 4.5 升）的燃料和 15446 名替补人员，同时又疏散了 22093 名伤员。从 1942 年 2 月 20 日至 5 月 19 日的三个月里，德国空军运输机部队每天都飞行 100 至 150 架次，直到瓦尔特·冯·塞德利茨 - 库兹巴赫率领的部队顺利突破包围圈，这使得 10 万名被困官兵一直保持战斗状态。[9]

1916 年，奥斯曼帝国军队曾在底格里斯河河畔围攻英军据守的库特（Kut）城，这场战役对德国人而言或许更有启发意义。此战中，英国守军成为有史以来第一支接受空投补给的部队。不过，英军的空运行动显然未能向被困部队运送充足的补给，这导致守军每天的口粮只有 170 克面包和 450 克马肉。当时，每架飞机只能装载三袋补给品，总的运输量也就不言而喻。到该城投降时，城内军民平均每人只得到 5 盎司（1 盎司约为 28.3 克）空投下来的食物。[10]

斯大林格勒战役之后，关于德军运输机携带着装满避孕套、铁十字勋章和数千只右靴（没有左靴）的补给箱飞进"口袋"的报道很多，还有其他大量关于空运行动组织混乱的报道。的确，其中有些报道是真实的。保卢斯的军需官——维尔纳·冯·库诺夫斯基（Werner von Kunowski）中校在得知一个被打开的补给箱里面装满了胡椒和马郁兰的消息后，勃然大怒道："这批货是哪个混蛋负责的？"米尔希也曾亲自阻止过一批鱼粉的运送，但空运进来的无用物资从来都不多，当然也就不足以决定被围官兵是生还是死了。

在第三帝国国内，民众对于这场灾难的反应是一种冷淡的沉默。德国民众还没为投降做好准备，因为直到1943年1月初，他们得到的消息还说，第6集团军正在坚守阵地，并且很快就会被解救。当新闻片和无线电广播的宣传基调转变为赞颂守军在进行顽强防御和最后抵抗时表现出的英雄主义时，大多数德国平民都只能尽量捕捉其背后的含义。"报纸和电台对斯大林格勒的局势始终保持沉默。我和下级军事指挥部，当然还有德国民众，都没发现那里正在发生一场灾难的蛛丝马迹，"陆军高级军官希格弗里德·韦斯特法尔（Siegfried Westphal）说，"斯大林格勒的灾难深深地震撼了德国民众和国防军……在德国历史上，从未有如此庞大的部队落得这般凄惨的结局。"商人赫尔曼·沃斯（Hermann Voss）甚至想得更多更远，他说："只有傻瓜才会对这场战斗的最终结果视而不见。在北非，德军正在全面撤退。在德国占领的巴尔干地区，局势不断动荡。德国当局已经预测到在北非登陆后的盟军，其下一个目标是入侵法国南部。"[11]一位前线士兵说："斯大林格勒是一次可怕的打击。这次惨败的规模是无法估计的。"[12]

就连意大利法西斯独裁者墨索里尼（此时已完全受制于希特勒这个暴君伙伴）也承认，这是一场灾难。只不过，他的看法略有不同，他认为这场战役"向群众表明了俄罗斯人民对斯大林政权的极大依恋，这一点已被他们表现出的非凡的抵抗意志和牺牲精神证明了"。

令人惊讶的是，另一位德军前线士兵对赢得最后胜利仍旧抱有希望，这个名叫施雷伯（Schreiber）的技术军士说道："如果我们明年不把俄国人干掉，那么我们就完了。"对一些人来说，这场战役动摇了他们对希特勒本人的信心。在伦敦北部的特伦特公园（Trent Park），英国情报部门对两名关押于此的德国空军飞行员进行了窃听，他们听到其中一人说"开始怀疑他了"。[13]然而，即使在斯大林格勒战役之后，这种观点也不普遍。对英美战俘营中的德军战俘的大规模窃听发现，在1945年之前，很少有军官或士兵对纳粹政权提出批评，对希特勒本人提出批评的就更少了。比特伦特公园里那位满腹狐疑的德国空军少尉的说法更具代表性的是，失业水手、纳粹冲锋队成员——弗里茨·穆尔巴赫（Fritz Muehlebach）的说法：

> 斯大林格勒战役有些令人担忧，但元首自己已解释了这一切……这只是表面上的失败，因为它将有助于我们赢得最后的胜利。当然，对于普通士兵来说，元首的深谋远虑有点难以理解，但我们都明白，他知道自己在做什么。毕竟，他在过去已多次证明了这一点。[14]

不同寻常的是，美国总统竟给穆尔巴赫这样的人注入了新的决心。在保卢斯投降的前一周，罗斯福、斯大林和丘吉尔这三巨头在法属摩洛哥的卡萨布兰卡（Casablanca）举行了会议。会后，罗斯福向全世界宣布，他们三人已就共同的战争目标达成一致，那就是让纳粹德国"无条件投降"。事实上，丘吉尔已经明确表示这是一个错误的目标，只会激励纳粹德国战斗到最后一刻，但因自认为已与苏联领导人达成政治谅解而感到兴奋的罗斯福，还是决定继续朝着这一目标推进。戈培尔的反应是可以预见的，他向德国人民大声疾呼道："这意味着奴役，阉割，以及德国作为一个国家的终结。"罗斯福还提到了有争议的"摩根索计划"（Morgenthau Plan），即在战后对德国实施去工业化并将其分割成几个小国家。对此，柏林电台大肆宣传道："犹太人摩根索（美国财政部长小亨利·摩根索）与克里姆林宫中的犹太人是一丘之貉。"

对于许多德国人来说，他们此时似乎别无选择，只能继续战斗，付出更多代价，以期赢得最后胜利。但并非所有人都认为这是最好的出路。弗朗茨·韦特海姆医生——仍在被轴心国占领的敖德萨市的一家野战医院中工作，并与苏联情人奥尔加住在一起——持不同想法。韦特海姆"开始认真思考战争可能的结果"，他决定离开前线，并声称早些时候发生的一场车祸给他造成了严重的后遗症。他说："我显然患有早期运动共济失调症。在谨慎服用巴比妥片后，症状更加明显。"因"疾病"而退役后，韦特海姆回到了自己的私人诊所。在那里，他躲过了英军的一次空袭，那次空袭在他的"房子上投下了几吨炸药，把诊所和 36 名病人都送进了地狱"。[15]当时，他恰巧在一位女性朋友家过夜。

至于弗里德里希·保卢斯，他受到苏联当局相对较好的对待（苏联对全部22名被俘的德国将军都给予了不同程度的优待），但他拒绝与苏联人合作，拒绝公开批评希特勒和纳粹政权。但私下里，保卢斯重申了他对希特勒一直暗示他自杀而不许他主动投降的愤怒，他告诉斯大林格勒"口袋"内的同僚——马克斯·普费弗将军说："我无意为那个波西米亚下士开枪自杀。"在刺杀元首的"炸弹阴谋"（Bomb Plot）于1944年7月20日失败后，保卢斯改变了态度，加入了反纳粹的"自由德国全国委员会"（NKFD），并代表该委员会发表了广播讲话，鼓励国防军成员放下武器，加入苏联阵营。在纽伦堡审判中，作为控方证人出庭的保卢斯试图将斯大林格勒战役的责任归咎于除自己之外的所有人，并将大部分的愤怒指向了希特勒及其党羽。

然后，一位记者突然问保卢斯，他的手下在苏联战俘营中的命运如何——这或许是保卢斯最严重的几次背叛之一。被问及这样一个无礼的问题后，保卢斯感到恼火，他轻描淡写地宣称其手下的妻子和母亲可以高枕无忧，因为她们的男人都很安全，而且被照顾得很好。为此，弗里德里希·保卢斯的罪行清单上恐怕又得添上一笔，那就是造谣。1953年，莫斯科允许保卢斯在共产主义东德的德累斯顿定居。两年后，前第6集团军幸存的官兵终于被遣返，但在12年前成为战俘的91000名官兵中，这时仅剩下5000人还活着。保卢斯于1957年去世，最终被安葬在西德的罗马尼亚妻子旁边。她最后一次见到他是在1942年，那时他正动身前往东线，准备进军伏尔加河。保卢斯把给他妻子的结婚戒指放到了最后一架飞离斯大林格勒"口袋"的飞机上。

注解

1. Evans, Richard J., *The Third Reich at War*, p.329.

2. Ribbentrop, Rudolf von, *My Father Joachim von Ribbentrop*, p.388.

3. 德军伤亡数字因统计日期而异，德国历史学家保罗·卡雷尔给出的数字是共有 80500 人在战斗中丧生，彼得·杨（Peter Young）引用了 280000 人伤亡的数字，布莱恩·泰勒（Brian Taylor）详细说明了是 162000 人伤亡。要准确地说出精确的伤亡数字是不可能的，但泰勒给出的数字看起来较为可信，所以我在文中使用了他的数字。

4. Busch, Reinhold, *Survivors of Stalingrad – Eyewitness Accounts from the Sixth Army, 1942-43*, p.85.

5. Young, Peter Brigadier (ret'd), *The Two World Wars*, p.396.

6. Eriksson, Patrick G., *Alarmstart East*, p.101.

7. Hayward, Joel, S. A., *Stopped at Stalingrad – The Luftwaffe and Hitler's Defeat in the East 1942-1943*, p.310.

8. McNab, Chris (ed), *Hitler's Armies: A History of the German War Machine 1939-45*, p.142.

9. Bekker, Cajus, *The Luftwaffe War Diaries*, p.277.

10. Rogan, Eugene, *The Fall of the Ottomans*, p.262.

11. Hagen, Louis, *Ein Volk, Ein Reich*, p.109.

12. Neitzel, Sönke, and Welzer, Harald, *Soldaten*, recording of *landser* Faust, p.197.

13. 同上书，p.217。

14. Hagen, Louis, Ein Volk, *Ein Reich*, p.36.

15. 同上书，p.53。

附录 A

以下为本书引用的士兵的名单，在此补充一些他们个人经历的额外细节。

伊斯特万·巴洛格下士应征加入匈牙利皇家陆军（Magyar Királyi Honvédség，缩写为 "Honvéd"），后在东线阵亡。一名红军士兵从巴洛格的尸体上找到一本日记，并且觉得日记可能有情报价值而将其上交。巴洛格日记的字里行间充满了绝望，而且透露出匈牙利军队士气低落的状况。据此，苏联人下定决心发起天王星行动并将纳粹德国的轴心国盟友作为主攻目标。巴洛格在东线只待了三个月就战死了。他的日记是由英国历史学家安东尼·比弗（Antony Beevor）在苏联档案中发现的。

阿瑟·博耶率领他曾经引以为豪的步兵团的残部步入苏军战俘营。在那里，他被迫与自己的部下分开，并忍受了多年艰难的战俘生活。从一个集中营转移到又一个集中营，博耶在莫斯科臭名昭著的卢比扬卡（Lubyanka）监狱度过了一段时间后，被转移到哈萨克斯坦的荒野。博耶拒绝加入亲苏的自由德国全国委员会。他最终于1956 年 1 月获释，并且是最后一批回到祖国的前第 6 集团军的成员之一。

古斯塔夫·伯克于 1920 年出生在下萨克森州的奥贝格（Oberg）。作为一名罗马天主教徒，伯克在完成中学学业后接受了商业职员的培训。伯克是个单身汉，最初在第 3 步兵师服役，并担任反坦克炮手。他曾在乌克兰和苏联南部作战，并在斯大林格勒战役中幸存下来，随后于 1943 年 7 月在苏联前线阵亡。

伊瓦尔·科内留森是武装党卫军维京师的一名丹麦志愿兵。他于 1943 年在第聂伯河的战斗中受伤,失去了一只眼睛,但仍然重返部队,并在东线战斗到战争结束。科内留森本想加入德国海军,但因疑似肺部疾病而被拒绝后,才加入了武装党卫军。他在战争中幸存下来,最终于 2019 年去世。

头发花白、戴着眼镜的赫尔穆特·格罗斯特,与其说是一名专业野战部队的指挥官和参谋,不如说是一位学者。他出生于吕登沙伊德(Lüdenscheid),其父为新教神学家和牧师。格罗斯特是德国国防军中反纳粹抵抗组织的早期成员,作为一名虔诚的基督徒,他批评了纳粹当局在入侵波兰和实施巴巴罗萨行动期间的暴行,这导致他成为一个极不受纳粹当局欢迎的人。在斯大林格勒战役中,作为参谋的格罗斯特为卡尔·斯特莱克起草了最后一封电报,并在电报中要求被困在城北"迷你包围圈"内的德国官兵投降。当这些德军官兵全体投降后,斯特莱克成为苏军的俘虏。此后,在不到三个月的时间里,他在专门关押被俘军官的弗罗洛沃集中营(Frolovo camp)中因斑疹伤寒而死。

职业面包师卡尔·恩宁霍夫于 1920 年出生于鲁尔河河畔的米尔海姆。他来自一个面包师家庭,后来被征召加入德国国防军,确切地说,是第 16 装甲师下属的第 16 炮兵团。在斯大林格勒战役中,恩宁霍夫被苏军俘虏,随即死于战俘营。

弗里茨·帕布斯特于 1906 年出生在图林根州的戈尔马(Görmar)。他结了婚,有孩子,是一个有家室的男人。帕布斯特在小学毕业后成了一名木匠,后又加入了纳粹党。1939 年 8 月,帕布斯特被征召入伍,成为隶属第 6 集团军的第 655 建筑营的成员。随后,他相继在法国、希腊和苏联转战。在 1942 年夏季的战斗中,他被提拔为士官。当德军在斯大林格勒向苏军投降后,帕布斯特被列为作战失踪人员,他的任何消息就再也没有人听说过。他曾在前线给妻子和孩子写了370 多封信。

曼弗雷德·弗莱赫尔·冯·普洛托于 1908 年出生在波茨坦(Potsdam)。在1937 年参军之前,他结了婚,还是一名地主。冯·普洛托曾在第 71 步兵师服役,并先后在比利时、法国和苏联作战。斯大林格勒战役结束后,冯·普洛托少尉被苏军俘虏。经历长期囚禁后,他终于在 1955 年回国。

斯蒂芬·里特利在"大逃亡"中幸存下来,并继续担任匈牙利军队的牧师。他甚至在前线主持了一场代理婚礼(据称),尽管"不幸的是,新郎未能活着见到他的新娘"。战争结束后,里特利在共产党掌权之前逃离匈牙利,并移民到澳大利亚以开启新的生活。多年后，他的澳大利亚女婿为他撰写了回忆录，并于2020年将其出版。

菲利克斯·施奈德来自摩泽尔河河畔的比谢尔。他已婚，有子女。在德国国防军中，施奈德担任一名反坦克炮手，最终晋升至代理下士。斯大林格勒的被围德军投降后，他成了苏军的俘虏，此后所有关于他的记录都就此中止。

约阿希姆·斯坦佩尔少尉是第371步兵师师长理查德·斯坦普尔中将的儿子。1942年10月下旬，这名年轻的军官曾在路障兵工厂附近短暂占据俯瞰伏尔加河的高地。他活了下来。多年后，约阿希姆·斯坦佩尔接受了英国广播公司（BBC）关于东线战争的纪录片——《世纪战争》的采访。1943年1月26日，他的父亲理查德曾对他说："我很快就会在上面见到你，所有的士兵都会去到那儿。保重，我的儿子。"然后，他的父亲就自杀了，以免被俘。

卡尔·瓦格纳是柏林人，出生于1907年，后来成为一名批发和零售的销售员。婚后，瓦格纳于1941年被征召加入德国国防军。他跟随第6集团军在乌克兰和苏联南部作战，并向伏尔加河进军。在斯大林格勒"口袋"内，瓦格纳是一名代理下士，并且幸存了下来。不过，在被围德军大规模投降后，他成了苏军的俘虏，并最终死在萨拉托夫战俘营（Saratov POW camp）。

保罗·沃特曼于1922年出生在西班牙加泰罗尼亚的巴塞罗那。单身的沃特曼是一名罗马天主教徒，也是一所技术学院的学生。1941年10月，沃特曼加入德国国防军。他所受的专业教育使他脱颖而出，并成为奥托·科勒曼的第60步兵师（摩托化）的一位情报参谋。沃特曼于1943年1月在斯大林格勒战死。

附录 B
截至 1942 年 11 月 19 日
德国第 6 集团军的作战序列

德国第 4 军，军长为工兵上将埃尔温·亚内克。

第 29 步兵师（摩托化），师长为汉斯 - 格奥尔格·莱泽（Hans-Georg Leyser）少将。该师于 1934 年至 1935 年期间成立，其兵员主要来自被称为德国的"绿色心脏"的图林根州。在巴巴罗萨行动中，该师作为海因茨·古德里安的第 2 装甲集群的一部分开赴东线。此前，该师也参加了波兰和西线的战役。与大多数摩托化步兵师一样，该师只有两个步兵团，而不是非摩托化步兵师中标准的三个步兵团，但其总兵力仍然约有 14000 人。该师是一支优秀且经验丰富的部队。

第 297 步兵师，师长为马克斯·普费弗中将。该师于 1940 年春天组建。这一年，德国国防军进行了第八波（Welle 8）动员，而该师的兵员就来自这次动员中征得的新兵。从巴巴罗萨行动开始，该师就隶属第 6 集团军，并且随后参加了基辅战役和罗斯托夫战役。

第 371 步兵师，师长为理查德·斯坦普尔中将。该师作为一个全新的师参加了蓝色行动。该师的兵员为第十九波（Welle 19）动员征到的新兵，他们原本打算前往西线作为占领军服役。但在 1942 年 5 月，该师在法国完成训练计划后被转派到东线，并隶属第 6 集团军，以增强该集团军的力量。该师严重缺乏实战经验。

德国第 8 军，军长为炮兵上将瓦尔特·海茨。

第 76 步兵师，师长为卡尔·罗登堡中将。该师于 1939 年夏天组建，其兵员来自训练有素的普鲁士预备役军人。该师在法国战役中表现非常优秀，并在巴巴罗萨行动中跟随第 11 集团军入侵苏联。

第 113 步兵师，师长为汉斯 - 海因里希·西克斯特·冯·阿尼姆（Hans-Heinrich Sixt von Arnim）中将。该师于 1940 年 10 月组建，于 1941 年年底在巴尔干地区执行占领任务，之后奉命东进与 6 集团军会合，以执行蓝色行动。该师是一个缺乏实战经验的师。

德国第 11 军，军长为步兵上将卡尔·斯特莱克。

第 44 步兵师，师长为海因里希 - 安东·德波伊（Heinrich- Anton Deboi）中将。1938 年，奥地利与纳粹德国签订合并协议后，该师以维也纳著名的且历史悠久的"最高条顿骑士团团长"团为基础而被组建起来，因此其兵员均为原奥地利军队的士兵。该师曾先后在波兰和法国作战。在法国，该师的士气出了些问题。从巴巴罗萨行动开始，该师被编入第 6 集团军。

第 376 步兵师，师长为亚历山大·埃德勒·弗赖赫尔·冯·丹尼尔斯中将。该师于 1942 年 5 月组建，主要由巴伐利亚人组成。在蓝色行动中，没有任何实战经验的该师首次投入战斗。

第 384 步兵师，师长为埃卡德·弗赖赫尔·冯·加布伦茨中将。该师于 1941 年冬到 1942 年春在萨克森州组建。在被派往第 6 集团军并参加蓝色行动前，该师与其"姐妹师"——第 376 步兵师一样，没有任何作战经验。该师和第 384 步兵师最初都是作为西线占领区的守备部队组建的。

德国第 14 装甲军，军长为装甲兵上将汉斯 - 瓦伦丁·胡贝。

第 3 步兵师（摩托化），师长为赫尔穆特·施洛默中将。该师的前身是和平时期的魏玛防卫军第 3 步兵师。二战开始后，该师曾在波兰和法国作战，之后加入北方集团军群以参加巴巴罗萨行动。在巴巴罗萨行动中，该师参与了对列宁格勒的进攻。随后，该师被派往南方，并加入了博克的中央集团军群，以参加对莫斯科发起的台风行动。之后，该师被再次分入第 6 集团军，并参与了蓝色行动。

第 60 步兵师（摩托化），师长为奥托·科勒曼少将。该师由但泽国土卫队（Heimwehr Danzig）及冲锋队埃伯哈特突击旅（Sturmabteilung Brigade Eberhardt）的人员组成，并得到了"统帅堂"（Feldherrnhalle）的称号。该师曾在波兰和法国作战，之后跟随埃瓦尔德·冯·克莱斯特的第 1 装甲集群参加了巴巴罗萨行动。该师十分出色，也是第6集团军中几支最好的部队之一。

第16装甲师，师长为京特·安格恩（Günther Angern）中将。1935年至1936年期间，该师最初是作为步兵师组建的，其兵员主要来自威斯特伐利亚，还有一部分兵员来自东普鲁士。1940年夏天的法国战役之后，该师被改编为装甲师。在汉斯-瓦伦丁·胡贝的领导下，该师作为第1装甲集群的一部分参加了整个巴巴罗萨战役。该师是一支受到重视的部队。

德国第51军，军长为炮兵上将瓦尔特·冯·塞德利茨-库兹巴赫。

第71步兵师，师长为亚历山大·冯·哈特曼中将。该师是一支训练有素的后备师，其兵员来自德国北部的汉诺威地区。该师曾参加过法国战役，并且在色当战役和向凡尔登进军的战役中表现出色。随后，该师被派往东线。在巴巴罗萨行动中，该师隶属第17集团军。1941年冬，该师被派回法国进行改装。在重返东线并参加蓝色行动时，该师已是一支经验丰富且可靠的部队。

第79步兵师，师长为理查德·格拉夫·冯·什未林（Richard Graf von Schwerin）中将。该师是另一支由第二波动员征到的兵员组成的部队，并且其兵员主要为来自德国南部斯瓦比亚的训练有素的预备役人员。该师曾参加过法国战役，之后在巴巴罗萨行动期间跟随中央集团军群作战。该师是一支经验丰富的部队。在南下参加蓝色行动之前，该师曾在叶利尼亚（Yel'nya）战役和台风行动中表现突出。

第94步兵师，师长为乔治·费弗中将。该师是在战争爆发不久组建的、由第五波动员征到的兵员组成的部队，其兵员主要来自萨克森和捷克苏台德区的预备役军人。该师在法国战役期间加入第6集团军，随后与后者一起参加了巴巴罗萨行动。

第100猎兵师，师长为维尔纳·桑纳中将。该师前身为第100轻步兵师。这个由两个团组成的师于1940年12月成立。该师的兵员有三分之二为奥地利人，有三分之一为西里西亚人。值得一提的是，该师的官兵都经过特殊训练，可以在困难的地形上作战并适应快速运动战的需要。该师在巴巴罗萨行动期间隶属第17集团军，并且在乌曼战役和基辅战役中表现突出。在参加蓝色行动时，桑纳的师又得到了一个克罗地亚步兵团（即伊万·巴比奇的第369克罗地亚步兵加强团）的加强。总的来说，该师是一支精锐的部队。

第295步兵师，师长为陆军少将奥托·科费斯博士（Dr Otto Korfes）。该师主要由1940年第八波动员征得的新兵组成。在巴巴罗萨行动期间，该师隶属第17集团军，并在乌克兰和顿涅茨地区作战。

第 305 步兵师，师长为伯恩哈德·施泰因梅茨中将。该师是一支于 1940 年年末组建的德国南部部队，由第十三波动员征得的新兵组成。该师原定前往西线执行占领任务，后来于 1942 年 5 月被派往东线参战。在蓝色行动之前，该师没有任何战斗经验。

第 389 步兵师，师长为埃里希·马格努斯（Erich Magnus）少将。该师是埃尔温·亚内克的老部队，即所谓的"莱茵的黄金"（Rheingold）师，由第十八波动员征得的新兵组成。最初，最高统帅部打算将该师作为一支静态的守备部队部署在西部，但后来又决定将该师派往东线。该师原有的兵员主要来自黑森，在派到东线时，该师得到一些退伍老兵的补充，以提升战斗力。

第 14 装甲师，师长为马丁·拉特曼少将。该师的前身是战前的魏玛防卫军第 4 步兵师。这支萨克森部队曾在波兰和法国作战，后于 1940 年秋转为装甲师。该师先是在南斯拉夫作战，然后作为第 1 装甲集群的一部分参加了巴巴罗萨行动。总的来说，该师是一支训练有素、经验丰富的部队。

第 24 装甲师，师长为阿诺·冯·伦斯基（Arno von Lenski）中将。该师的前身是第 1 骑兵师，即德国陆军中最后一个骑兵师。第 1 骑兵师在普鲁士组建，于 1940 年在波兰和西线作战，然后被调往东线，参加巴巴罗萨行动。在巴巴罗萨，第 1 骑兵师在包括基辅战役在内的大规模包围战中证明了自己的价值。1941 年冬，该师被派回西线，并被改编成第 24 装甲师。蓝色行动启动后，第 24 装甲师被派回东线并隶属第 6 集团军。尽管是较晚组建的装甲师之一，但该师仍是一支精锐部队。

沃尔夫冈·皮克特少将的第 9 高射炮师（摩托化）尽管独立于第 6 集团军，但也被困在斯大林格勒"口袋"内。该师是一支德国空军部队，于 1941 年 1 月在法国组建，之后被派到苏联战线的中部区域去参加巴巴罗萨行动。高射炮师虽然在负责的区域上与陆军部队有所重叠，但不归陆军指挥。因此，该师与博克的中央集团军群是分开行动的。该师是一支强大的部队，由三个摩托化高射炮团组成，于 1942 年年初被派到苏联南部作战。

保卢斯也可直接调动一系列额外的集团军直属部队。这些部队包括 2 个迫击炮团和 2 个火箭炮（Nebelwerfer）团，还有 4 个野战炮团和另外 7 个炮兵营。最初，2 个工兵营也直接隶属第 6 集团军总部。

附录 C
二战德国陆军和英国陆军军衔对应表

德国陆军	英国陆军
列兵（Schütze）	列兵（Private）
上等列兵（Oberschütze）	列兵（Private）
代理下士（Gefreiter）	准下士（Lance-corporal）
上等豁免兵（Obergefreiter）	下士（Corporal）
下士 / 中士（Unteroffizier）	代理中士（Lance-Sergeant，仅在英国陆军禁卫旅中使用）
上士（Unterfeldwebel）	中士（Sergeant）
技术军士（Feldwebel）	上士（Colour Sergeant）/ 参谋军士（Staff Sergeant）
军士长（Oberfeldwebel）	军士长（Sergeant-Major）/ 陆军二级准尉（Warrant Officer Class 2）
连级行政军士长.（Hauptfeldwebel）	军士长（Sergeant-Major）/ 陆军一级准尉（Warrant Officer Class 1）
少尉（Leutnant）	少尉（Second Lieutenant）
中尉（Oberleutnant）	中尉（Oberleutnant）
上尉（Hauptmann）	上尉（Captain）
少校（Major）	少校（Major）
中校（Oberstleutnant）	中校（Lieutenant-Colonel）
上校（Oberst）	上校（Colonel）
少将（Generalmajor）	准将（Brigadier）
中将（Generalleutnant）	少将（Major-General）
上将（General）	中将（Lieutenant-General）
大将（Generaloberst）	上将（General）
元帅（Generalfeldmarschall）	元帅（Field-Marshal）

参考书目

Alexander, Christine (editor) & Kunze, Mason (editor), *Eastern Inferno – Journals of a German Panzerjäger on the Eastern Front 1941-1943*, Casemate 2010.

Arthur, Max, *Forgotten Voices of the Second World War,* Ebury 2004.

Baumbach, Werner (translated by Frederick Holt), Broken Swastika, *The Defeat of the Luftwaffe*, Robert Hale 1986.

Baxter, Ian, *The Destruction of 6th Army at Stalingrad*, Pen & Sword 2020.

Beevor, Antony, *Stalingrad*, Viking 1998.

Bekker, Cajus (translated by Frank Ziegler), *The Luftwaffe War Diaries*, MacDonald 1966.

Bellamy, Chris, *Absolute War – Soviet Russia in the Second World War*, Macmillan 2007.

Bergstrom, Christer, Dikov, Andrey, Antipov, Vlad, *Black Cross Red Star: The Air War Over the Eastern Front Volume 3*, Eagle Editions 2006.

Beringer, James, A Hungarian Odyssey: *The Life and Times of Dr Stephen Ritli,* self-published 2021.

Bidermann, Gottlob (translated & edited by Derek S. Zumbro), *In Deadly Combat: A German Soldier's Memoir of the Eastern Front,* University Press of Kansas 2000.

Bullock, Alan, Hitler: *A Study in Tyranny,* Penguin 1962.

Busch, Reinhold (translated by Geoffrey Brooks), *Survivors of Stalingrad: Eyewitness Accounts from the Sixth Army 1942-43,* Frontline 2018.

Carell, Paul (translated by Ewald Osers), *Hitler's War on Russia*, George G. Harrap 1964.

Carell, Paul (translated by David Johnston), *Stalingrad: The Defeat of the German 6th Army,* Schiffer 1993.

Carruthers, Bob, *Voices from the Luftwaffe,* Pen & Sword 2012.

Cawthorne, Nigel, *Panzer! Tank Warfare 1939-45*, Capella 2003.

Cawthorne, Nigel, *Turning the Tide: Decisive Battles of the Second World War,* Capella 2002.

Clark, Alan, Barbarossa: *The Russo-German Conflict 1941-1945,* London 1996.

Cloutier, Patrick, *Regio Esercito: The Italian Royal Army in Mussolini's Wars 1935-1943,* self-published 2013.

Cloutier, Patrick, *Three Kings: Axis Royal Armies on the Russian Front 1941,* self-published 2012.

Cooper, Matthew & Lucas, James, *Panzer – The Armoured Force of the Third Reich,* Book Club 1979.

Craig, William, *Enemy at the Gates; the Battle for Stalingrad,* Reader's Digest Press 1973.

Davies, Norman, *Europe at War 1939-1945: No Simple Victory,* Macmillan 2006.

Erickson, John, *The Road to Stalingrad,* Weidenfeld & Nicolson 1965.

Eriksson, Patrick G., *Alarmstart East: The German Fighter Pilot's Experience on the Eastern Front 1941-1945*, Amberley 2018.

Evans, Richard J., *The Third Reich at War,* Allen Lane 2008.

Everett, Susan & Young, Peter Brigadier, *The Two World Wars,* W. H. Smith 1982.

Fischer, Wolfgang (edited & translated by John Weal), *Luftwaffe Fighter Pilot – Defending the Reich,* Grub Street 2010.

Forty, Simon, German Infantryman: *The German Soldier 1939-45 – Operations Manual,* Haynes 2018.

Fowler, Will, *The Battle for Stalingrad: The Turning Point of the Eastern Front,* Amber 2020.

Galland, Adolf, The First and the Last, Blurb 2018.

Geddes, Giorgio (translated by Natalie Lowe), *Nichivo: Life, Love and Death on the Russian Front,* Cassell 2001.

Giampietro, Sepp De (translated by Eva Burke), *Blood and Soil: The Memoir of a Third Reich Brandenburger,* Greenhill 2019.

Guderian, Heinz (translated by Constantine Fitzgibbon), *Panzer Leader,* Michael Joseph 1952.

Hagen, Louis, Ein Volk, *Ein Reich – Nine Lives Under the Nazis*, Spellmount 2011.

Hamilton, Hope, S*acrifice on the Steppe: The Italian Alpine Corps in the Stalingrad Campaign, 1942-1943,* Casemate 2011.

Harwood, Jeremy, *Hitler's War,* Quantum 2014.

Haupt, Werner, *Army Group South: The Wehrmacht in Russia 1941-1945,* Schiffer 1998.

Hayward, Joel S. A, *Stopped at Stalingrad: The Luftwaffe and Hitler's Defeat in the*

East 1942-1943, University Press of Kansas 1998.

Herrmann, Hajo (translated by Peter Hinchliffe OBE), *Eagle's Wings: The Autobiography of a Luftwaffe Pilot,* Guild 1991.

Holmes, Richard, *The World at War,* Ebury 2007.

Holmes, Tony (editor), *Dogfight – the greatest air duels of World War II* , Osprey 2011.

Hooton, E.R., *Eagle in Flames – The Fall of the Luftwaffe*, Arms & Armour 1997.

Hoyt, Edwin P., *199 Days: The Battle for Stalingrad,* Tom Doherty 1993.

Hozzel, Paul-Werner, *Conversations with a Stuka Pilot,* Verdun Press 2014.

Jukes, Geffrey, *Stalingrad, the Turning Point,* Ballantine 1968.

Kaufmann, Johannes (translated by John Weal), *An Eagle's Odyssey; My Decade as a Pilot in Hitler's Luftwaffe,* Greenhill 2019.

Kershaw, Robert, *Tank Men: The Human Story of Tanks at War,* Hodder & Stoughton 2008.

Kistemaker, Henk, *Wiking: A Dutch SS-soldier on the Eastern Front*, Just Publishers 2019.

Klapdor, Ewald, *Viking Panzers: The German 5th SS Tank Regiment in the East in World War II* , Stackpole 2011.

Knappe, Siegfried (translated by Ted Brusaw), *Soldat: Reflections of a German Soldier, 1936-1949,* Bantam Doubleday Dell 1999.

Koschorrek, Günter K. (translated by Olav R. Crome-Aamot), *Blood Red Snow, The Memoirs of a German soldier on the Eastern Front,* Greenhill 2011.

Lucas, James, *Hitler's Mountain Troops – Fighting at The Extremes,* Cassell 1992.

Lucas, James, *Kommando – German Special Forces in World War II ,* Cassell 1985.

Mahlke, Helmut, *Memoirs of a Stuka Pilot,* Frontline 2013.

Malaparte, Curzio, *The Volga Rises in Europe,* London 1958.

Matthews, Rupert, *Hitler: Military Commander,* Capella 2003.

McNab, Chris, Hitler's Armies: *A History of the German War Machine 1939-45,* Osprey 2015.

McNab, Chris, *The Luftwaffe 1933-45, Hitler's Eagles,* Osprey 2012.

Messenger, Charles, *The Last Prussian,* London 1991.

Metelmann, Henry, *Through Hell for Hitler,* Spellmount 2001.

Michaelis, Rolf, *Panzergrenadier Divisions of the Waffen-SS*, Schiffer 2010.

Mitcham, Samuel W. Jr, *Eagles of the Third Reich,* Stackpole 1988.

Mitcham, Samuel W., *Hitler's Field Marshals and their Battles,* Guild 1988.

Mitcham, Samuel W., *Hitler's Legions: German Army Order of Battle World War II ,* Leo Cooper 1985.

Munk, Jan, *I was a Dutch Volunteer,* self-published 2010.

Muñoz, Antonio J., *For Croatia & Christ: The Croatian Army in World War II 1941-1945,* Europe 2003.

Murray, Williamson, *Strategy for Defeat – The Luftwaffe 1933-1945,* Chartwell 1986.

Neitzel, Sönke and Welzer, Harald, *Soldaten*, Simon & Schuster 2012.

Nowarra, Heinz, *Heinkel He 111 – A Documentary History,* Jane's 1980.

Pabst, Helmut, (translated by Andrew & Eva Wilson), *The Outermost Frontier – A German Soldier in the Russian Campaign,* William Kimber 1957.

Perrett, Bryan, *Knights of the Black Cross,* Robert Hale 1986.

Prüller, Wilhelm, *Diary of a German Soldier,* Faber 1963.

Ribbentrop, Rudolf von, *My father Joachim von Ribbentrop,* self-published 2015.

Roland, Paul, *Nazi Women of the Third Reich: Serving the Swastika,* Arcturus 2018.

Roland, Paul, *The Nazis: The Rise and Fall of History's Most Evil Empire*, Arcturus 2019.

Stargardt, Nicholas, *The German War: A Nation Under Arms, 1939-45,* Vintage 2015.

Taylor, Brian, *Barbarossa to Berlin Volume One: The Long Drive East, 22 June 1941 to 18 November 1942,* Spellmount 2003.

Taylor, Brian, *Barbarossa to Berlin Volume Two: The Defeat of Germany, 19 November 1942 to 15 May 1945,* Spellmount 2004.

Tsouras, Peter (editor), *Fighting in Hell: The German Ordeal on the Eastern Front,* Frontline 2012.

Turner, Jason, *Stalingrad Day by Day,* Windmill 2012.

Wieder, Joachim and Einsiedel, Heinrich Graf von (translated by Helmut Bogler), *Stalingrad: Memories and Reassessments,* Arms and Armour 1993.

Williamson, Gordon, *Loyalty is my Honor,* Motorbooks 1997.

示意图和历史照片

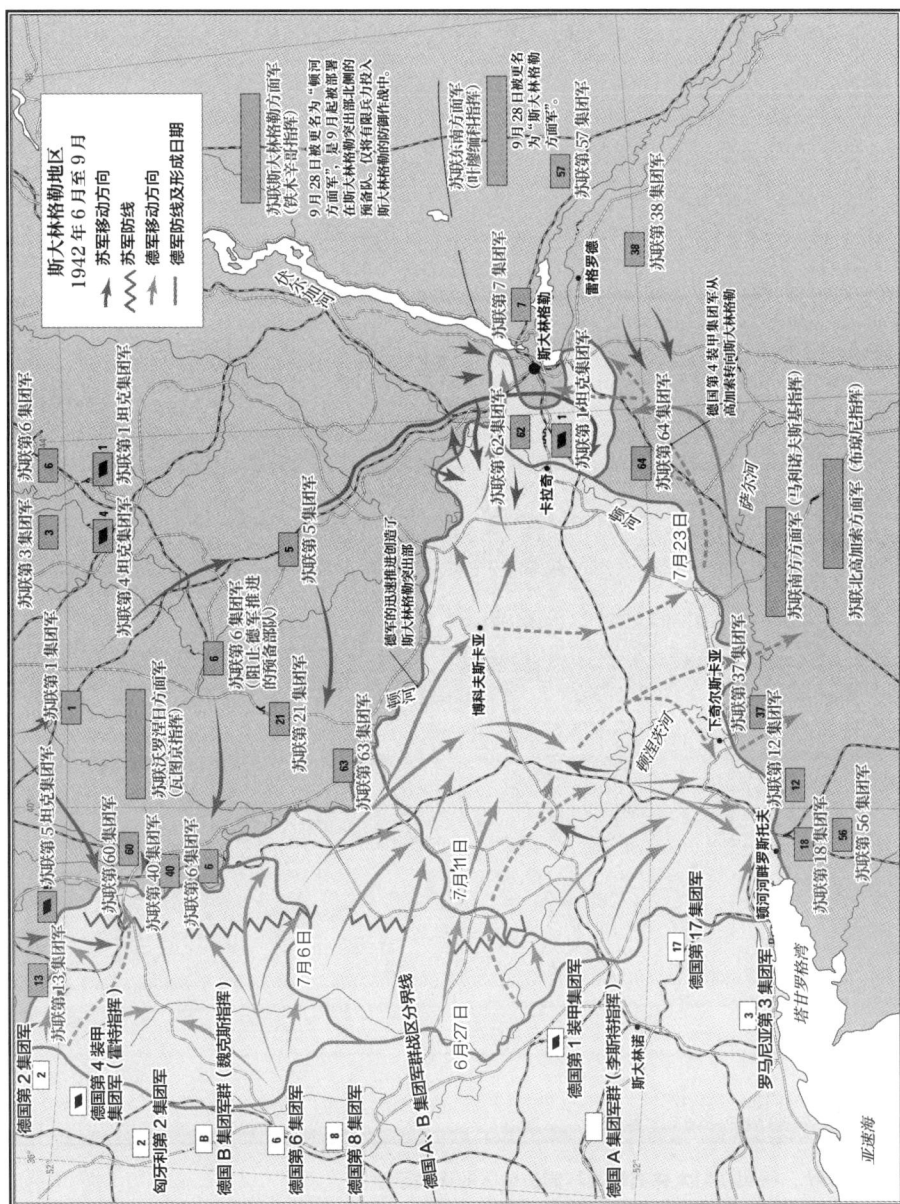

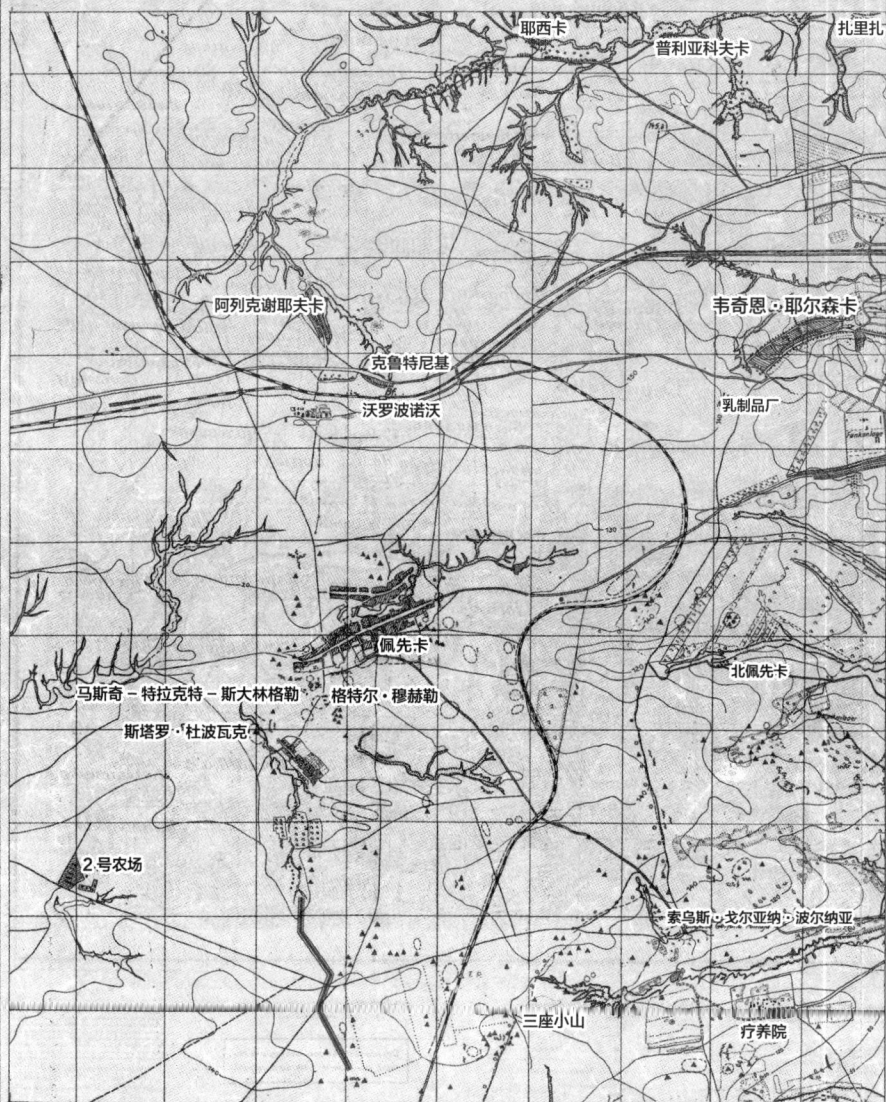

本图不适合标定射击目标　　斯大林格勒

基本资料
草图制作 Sobia RLM（Ⅶ.42）
　　　　 Stabia Pz.AOK 4（Ⅹ.42）

1942 年秋，德军在斯大林格勒及其周边地区的作战示意图

扎里扎

饲料厂

驿站

粮仓

绍德亚

米妮娜郊区

斯大林格勒码头

罐头食品厂

斯大林格勒D

碳酸盐厂

木材加工厂

耶尔森卡

顾博罗斯诺耶

伏尔加河

第3豪瑟营地

埃斯特尔

珀贝里

装甲列车

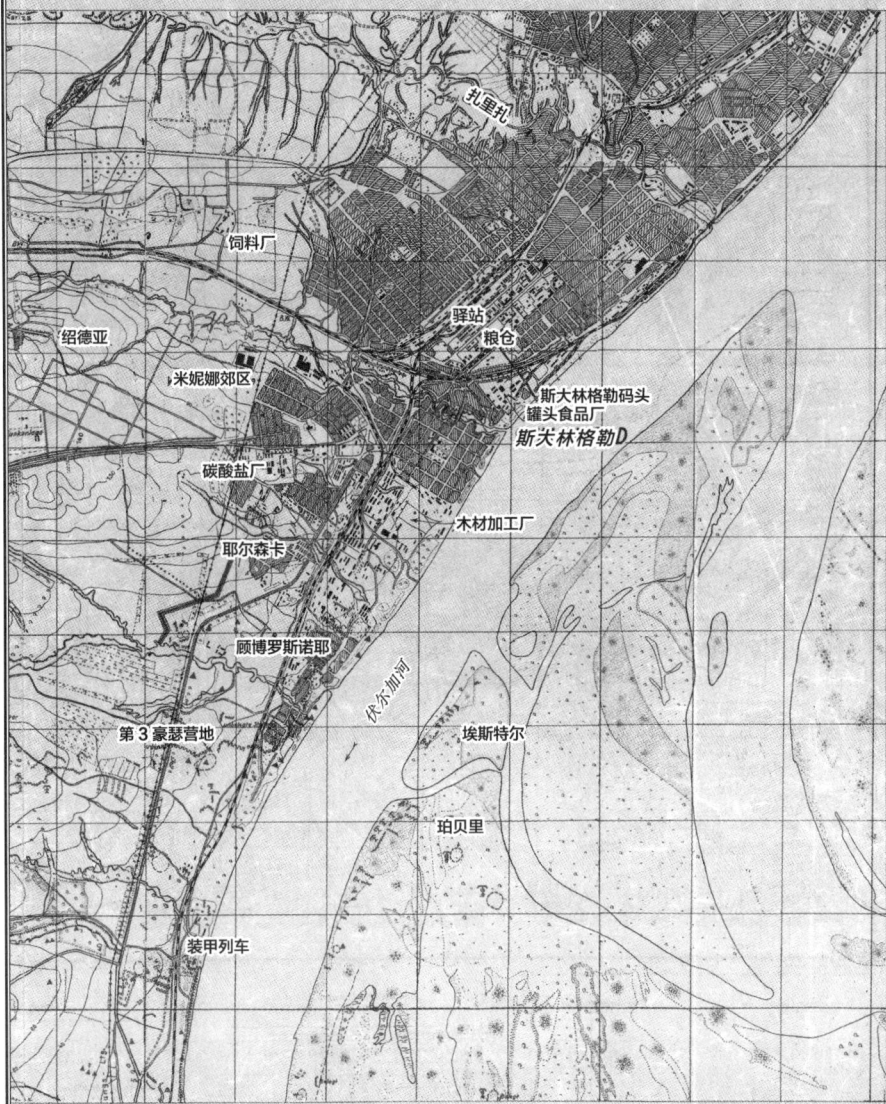

Befestigungen: Stand v. 12.X., 25.X., 27.X.42

67064
.1657
1942
.64

459113

Bearbeitung:
Korps-Kartenstelle 448
Armee-Kartenstelle 473
Druck: Armee-Kartenstelle 473

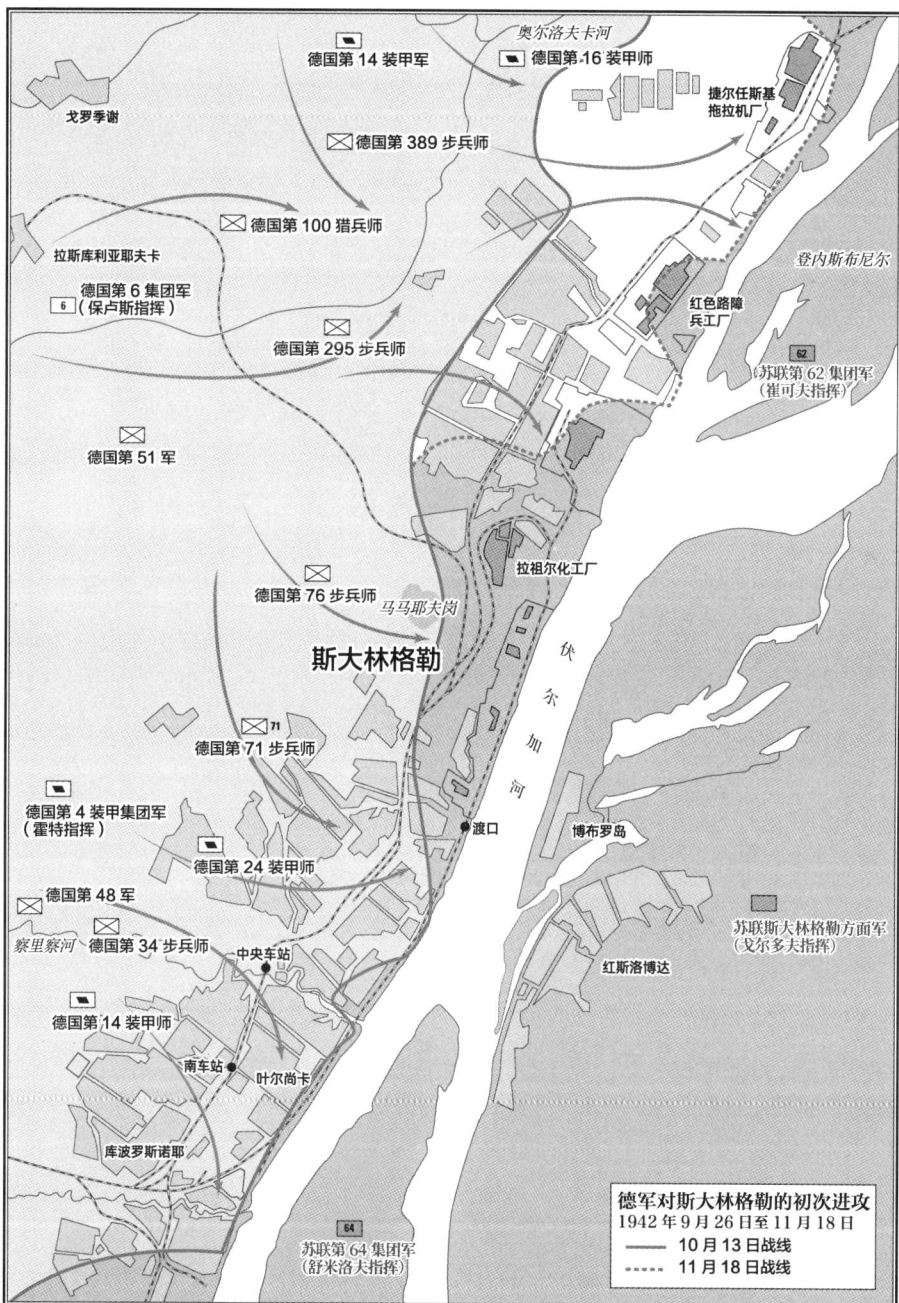

奥尔洛夫卡河

德国第 14 装甲军　　德国第 16 装甲师

捷尔任斯基拖拉机厂

戈罗季谢

德国第 389 步兵师

德国第 100 猎兵师

登内斯布尼尔

拉斯库利亚耶夫卡

红色路障兵工厂

德国第 6 集团军
（保卢斯指挥）

德国第 295 步兵师

苏联第 62 集团军
（崔可夫指挥）

德国第 51 军

德国第 76 步兵师

拉祖尔化工厂

马马耶夫岗

斯大林格勒

德国第 71 步兵师

德国第 4 装甲集团军
（霍特指挥）

伏尔加河

德国第 24 装甲师

渡口

博布罗岛

德国第 48 军

苏联斯大林格勒方面军
（戈尔多夫指挥）

察里察河　德国第 34 步兵师

中央车站

红斯洛博达

德国第 14 装甲师

南车站　叶尔尚卡

库波罗斯诺耶

德军对斯大林格勒的初次进攻
1942 年 9 月 26 日至 11 月 18 日
—— 10 月 13 日战线
‥‥ 11 月 18 日战线

苏联第 64 集团军
（舒米洛夫指挥）

斯大林格勒区域
11月19日至12月28日

德军进攻路线
冬季风暴行动
苏军进攻路线
德军战线及形成日期
⊕ 机场

苏联近卫第1集团军
苏联第5坦克集团军
苏联西南方面军
苏联方面军战区分界线
科佩尔斯基河口
苏联第8机械化军
苏联第26坦克军
苏联第1坦克军
苏联第21集团军
德国第8集团军
福尔巴托夫斯基
拉斯波平斯卡亚
老克雷茨基
克列茨卡亚
苏联第4坦克军
苏联近卫第3机械化军
顿河
苏联第65集团军
茜罗托姆斯卡亚
德国霍利特战役集群
德国第6集团军
梅洛克利特斯基
布里兹尼亚-佩雷普卡
格路巴雅
潘西诺
特雷霍特罗夫斯卡亚
苏联顿河方面军
苏联第24集团军
苏联第16坦克军
苏联第66集团军
埃尔佐夫卡
德国第2集团军
大纳巴托瓦斯基
佩斯科瓦特卡
维尔提亚奇
罗索什克德河
德国第6集团军（保卢斯指挥）
古姆拉克
阿赫图巴河
苏联第62集团军
中阿赫图巴河
卡拉奇
皮托姆尼克
哲尔文纳亚河
苏联第64集团军
苏联斯大林格勒方面军
11月23日，苏联斯大林格勒方面军和西南方面军部队实现会师
里奇科夫
布津诺夫卡
喀纳斯诺尔梅斯克
古姆拉克
苏联第8坦克军
苏联第57集团军
以塔钦斯卡亚机场为起点的补给航线
罗马尼亚第3集团军
德国第48装甲军
苏联第7军
格罗莫斯拉夫卡
苏联近卫第2集团军
浦德维托耶
苏联第4坦克军
苏联第4机械化军
苏联第6军
苏联第51集团军
米苏夫河
阿克塞河
阿克塞
马耶·德贝提
德国顿河集团军群
坎特尼科夫斯基
罗马尼亚第4集团军
德国第4装甲集团军
德国第57装甲军
罗马尼亚第7军（隶属德国第4装甲集团军）
罗马尼亚第6军（隶属德国第4装甲集团军）
德军战线9月13日至11月19日

283

在发起蓝色行动前夕，纳粹面向全球发行的《信号》杂志展现了东线德军的风貌，并将东线德军描述为"命中注定要征服一切"的部队。（照片由作者本人收集）

意大利将军乔瓦尼·梅塞（中间头戴军帽者），检阅即将参加蓝色行动的意大利征俄军团官兵。（照片由作者本人收集）

进攻开始——德军装甲部队驶过草原，向东进发。（照片由德国联邦档案照片提供，编号 101I-218-0510-22）

在闷热的天气下，德军的骨干力量——年轻的步兵们正冒着飞扬的尘土向东行进。（照片由作者本人收集）

弗里德里希·保卢斯（左）与第297步兵师师长马克斯·普费弗正在讨论夏季攻势的问题。（照片由作者本人收集）

1942年8月23日，第6集团军到达斯大林格勒北郊的里诺克。照片中，戴着眼镜、头戴大檐帽并站在半履带车上的是汉斯－瓦伦丁·胡贝——第16装甲师的师长。在其下方，手举双筒望远镜的是空军将领沃尔夫拉姆·冯·里希特霍芬。（照片由作者本人收集）

当第6集团军抵达斯大林格勒时，A集团军群的部队已经将高加索山的山麓景色尽收眼底。（照片由作者本人收集）

充满异域情调的东方。高加索地区的德军山地部队利用巴克特里亚人的骆驼来帮助自己驮运物资。（照片由作者本人收集）

"斯图卡"在燃烧的斯大林格勒的上空飞行。（照片由作者本人收集）

德军第 24 装甲师的坦克抵达斯大林格勒郊区。（照片由作者本人收集）

一名士官班长正准备率领他的手下在城里展开行动。（照片由作者本人收集）

一辆第 24 装甲师的"三号坦克"在驶入斯大林格勒市区的途中经过一辆有轨电车。（照片由作者本人收集）

《信号》杂志对德军成功抵达伏尔加河畔进行了大肆宣扬。（照片来自《信号》杂志）

德军步兵的前进速度减慢了。在进一步深入斯大林格勒之前，他们需要停下来，等待装甲部队的支援。（照片来自《信号》杂志）

在向斯大林格勒城北的工人定居点推进的过程中，一辆半履带自行高射炮正在为第6集团军的士兵们提供火力掩护。（照片由作者本人收集）

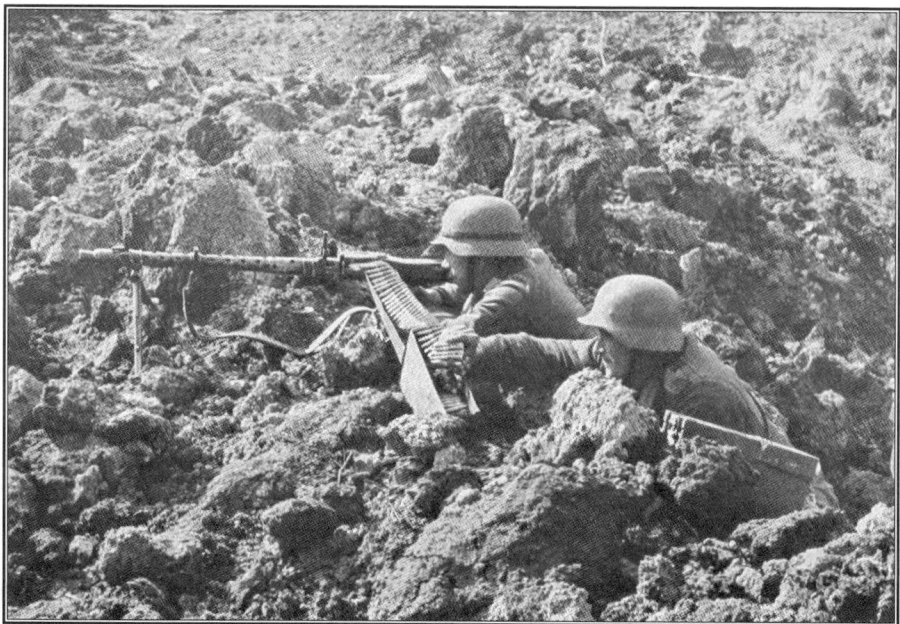

一个德军 MG34 机枪小组，驻守在斯大林格勒的泥土和瓦砾中。（照片由作者本人收集）

在第 305 步兵师的弗里德里希·温克勒上尉的指挥下，德军步兵正在为下一次直冲伏尔加河的行动做准备。（照片由作者本人收集）

位于斯大林格勒城南的谷物升降机和储存综合体的鸟瞰图。这张照片清楚地显示了它在该地区的重要地位。（照片由作者本人收集）

1942 年 9 月 19 日，第 94 步兵师的士兵们准备再次对谷物升降机和储存综合体发动攻击。（照片由作者本人收集）

德军战地记者——布鲁诺·温德沙默少尉拍下了这张德国空军空袭斯大林格勒的航拍照片，这次空袭的目标是位于河附近的储油罐和工厂。(照片来自《信号》杂志)

终于取得成功！1942年9月27日，德军士兵在被重新更名为"红场"的原来的苏共总部升起了纳粹旗帜。（照片由作者本人收集）

斯大林格勒仍未被攻克。图为一个德军步兵班在发动下一轮进攻之前躲在掩体后方的情景。(照片由作者本人收集)

1942 年 10 月，第 305 工兵营营长威廉·特劳布上尉正坐在路障兵工厂的废墟中。他手持一把苏联 PPsh-41 冲锋枪。（照片由作者本人收集）

这张照片反映了斯大林格勒战斗的真实面貌。在一次失败的进攻后，第 16 装甲师的一名疲惫不堪的装甲掷弹兵正在休整。（照片由作者本人收集）

约阿希姆·斯坦佩尔少尉。他的父亲是第 6 集团军的一名师长。年轻的约阿希姆率领的战斗小组几乎突破到了伏尔加河河畔，但随即被苏军的反击逼退。（照片由作者本人收集）

一名德国步兵军官正在为他的士兵们指明前进的方向。天气越来越冷，他穿着一件大衣以抵御凛冽的寒风。（照片由作者本人收集）

1936年，柏林奥运会，男子铅球比赛的获胜者肩并肩地站在一起。从左至右分别是：金牌获得者汉斯－奥托·韦尔克、银牌获得者芬兰人苏洛·贝伦德和铜牌获得者格哈德·斯特克。苏军发起天王星行动时，格哈德·斯特克是德军派驻罗马尼亚第4军的联络官。（照片由作者本人收集）

一个德军野战面包房正在为前线士兵烤制新鲜面包。这种新鲜食物的供应一旦出现问题,第6集团军的官兵就注定要挨饿。(照片由作者本人收集)

1943年1月,一架容克Ju-52运输机即将降落到皮托姆尼克机场。德国空军根本没有足够的运力来支撑第6集团军的日常消耗,整个空运行动陷入一场灾难。(照片由作者本人收集)

在斯大林格勒的废墟中，被冻僵的德军士兵的尸体。（照片由作者本人收集）

赫伯特·昆茨是一名亨克尔 He-111 轰炸机飞行员。在第 6 集团军官兵艰难地迈向战俘营时，昆茨是最后一个向该集团军残余部队空投物资的飞行员。（照片由作者本人收集）